A Política Social Brasileira no Século XXI

A prevalência dos programas de transferência de renda

EDITORA AFILIADA

Conselho Editorial da
área de Serviço Social

Ademir Alves da Silva
Dilséa Adeodata Bonetti (Conselheira Honorífica)
Elaine Rossetti Behring
Ivete Simionatto
Maria Lúcia Carvalho da Silva
Maria Lucia Silva Barroco

Dados Internacionais de Catalogação na Publicação (CIP)
(Câmara Brasileira do Livro, SP, Brasil)

Silva, Maria Ozanira da Silva e
 A política social brasileira no Século XXI : a prevalência dos programas de transferência de renda / Maria Ozanira da Silva e Silva, Maria Carmelita Yazbek, Geraldo di Giovanni. – 7. ed. – São Paulo : Cortez, 2014.

Bibliografia
ISBN 978-85-249-2294-7

1. Brasil – Política social 2. Programas de sustentação de renda – Brasil 3. Renda – Distribuição - Brasil I. Yazbek, Maria Carmelita. II. Giovanni, Geraldo di. III. Título.

14-11534   CDD-361.981

Índices para catálogo sistemático:

1. Programas sociais : Brasil : Bem-estar social   361.981

Maria Ozanira da Silva e Silva
Maria Carmelita Yazbek
Geraldo di Giovanni

A Política Social Brasileira no Século XXI

A prevalência dos programas de transferência de renda

7ª edição

A POLÍTICA SOCIAL BRASILEIRA NO SÉCULO XXI:
A prevalência dos programas de transferência de renda
Maria Ozanira da Silva e Silva; Maria Carmelita Yazbek e Geraldo di Giovanni

Capa: DAC
Preparação de originais: Jaci Dantas
Revisão: Maria de Lourdes de Almeida
Composição: Linea Editora Ltda.
Assessoria editorial: Maria Liduína de Oliveira e Silva
Editora assistente: Priscila Flório Augusto
Coordenação editorial: Danilo A. Q. Morales

Nenhuma parte desta obra pode ser reproduzida ou duplicada sem autorização expressa dos autores e do editor.

© 2004 by Autores

Direitos para esta edição
CORTEZ EDITORA
Rua Monte Alegre, 1074 – Perdizes
05014-001 – São Paulo – SP
Tel.: (11) 3864-0111   Fax: (11) 3864-4290
e-mail: cortez@cortezeditora.com.br
www.cortezeditora.com.br

Impresso no Brasil — novembro de 2014

Sumário

Prefácio — O Prenúncio da Renda Básica de Cidadania 7
Eduardo Matarazzo Suplicy

Apresentação à 7ª edição 13
Maria Ozanira da Silva e Silva

Introdução 17

1. Os programas de transferência de renda: inserção no contexto do Sistema Brasileiro de Proteção Social 27
   1.1 Os Antecedentes 27
   1.2 A Construção do Debate Internacional e Nacional 41
   1.3 A Primeira Proposta Nacional 49
   1.4 As Experiências Pioneiras 57
      1.4.1 O Programa de Garantia de Renda Familiar Mínima — PGRFM da Prefeitura Municipal de Campinas/SP 57
      1.4.2 O Programa Bolsa Familiar para Educação e o Programa Poupança-Escola do Governo de Brasília/DF 77
      1.4.3 O Programa de Garantia de Renda Familiar Mínima — PGRFM da Prefeitura Municipal de Ribeirão Preto/SP 88
      1.4.4 O Programa "Nossa Família" da Prefeitura Municipal de Santos/SP 92

2. Os programas nacionais de transferência de renda........... 99
   2.1 Desenvolvimento Histórico... 99
   2.2 Caracterização dos Programas Nacionais................................ 108
   2.3 A Unificação dos Programas de Transferência de Renda no Governo Luiz Inácio Lula da Silva: O Bolsa Família......... 142
      2.3.1 Os Fundamentos e Justificativas para Unificação dos Programas Nacionais de Transferência de Renda......... 142
      2.3.2 Caracterização do Programa Bolsa Família.................... 147

3. A realidade dos programas de transferência de renda de iniciativa de estados e municípios.. 157
   3.1 O Perfil dos Programas de Transferência de Renda Estaduais e Municipais em Implementação....................... 162
      3.1.1 Identidade dos Programas.. 162
      3.1.2 Caracterização dos Programas....................................... 169
      3.1.3 Monitoramento, Avaliação e Impactos dos Programas... 189
   3.2 Traços Marcantes e Tendências dos Programas..................... 206

4. Qualificando os programas de transferência de renda no Brasil.. 209
   4.1 Características e Especificidades.. 211
   4.2 Problematizando Questões Centrais...................................... 217

Conclusão — Tecendo a ideia de uma Política Nacional de Transferência de Renda... 231

Referências bibliográficas... 237

Sobre os Autores... 245

PREFÁCIO

O Prenúncio da Renda Básica de Cidadania

Eduardo Matarazzo Suplicy*

Maria Ozanira da Silva e Silva, na Universidade Federal do Maranhão, Maria Carmelita Yazbek, na Pontifícia Universidade Católica de São Paulo, e Geraldo di Giovanni, na Universidade Estadual de Campinas, de há tempos vêm se dedicando ao estudo de como será possível criarmos instrumentos de política pública que possibilitem a construção de um Brasil justo e civilizado. Os três realizaram importantes pesquisas e publicaram trabalhos avaliando criticamente as diversas iniciativas tomadas pelos governos nas últimas décadas. Feliz foi a ideia de somarem seus esforços.

Maria Ozanira foi a primeira brasileira a se tornar sócia vitalícia da Rede Europeia da Renda Básica, conhecida por BIEN, ou Basic Income European Network, transformada, em 2004, na Basic Income Earth Network. A BIEN foi fundada em 1986, por um grupo de economistas, filósofos e cientistas sociais, para se constituir num fórum de debates

---

* Senador pelo PT/SP, Ph.D. em Economia pela Universidade Estadual de Michigan, Professor de Economia da Escola de Administração de Empresas de São Paulo, da Fundação Getúlio Vargas, e autor do livro *Renda de Cidadania. A Saída é pela Porta*. Editora Fundação Perseu Abramo e Cortez Editora, 2002.

sobre todas as experiências, no mundo, de transferências de renda, como renda mínima, imposto de renda negativo, renda básica, renda de cidadania, crédito fiscal por remuneração recebida, seguro-desemprego, renda de sobrevivência e outras afins, e também para propugnar para que em cada país da Europa e do mundo venha a se instituir uma renda básica incondicional.

Dentre os fundadores e colaboradores da BIEN estão Philippe Van Parijs, Clauss Offe, Guy Standing, o laureado com o Nobel de Economia James Edward Meade e tantos outros que passaram a se reunir a cada dois anos para debater as experiências de cada país e para aprofundar as suas convicções sobre a conclusão cada vez mais forte a que haviam chegado: a de que a forma mais racional de transferência de renda seria simplesmente a de se pagar a todas as pessoas em cada país uma modesta renda, na medida do possível suficiente para atender às suas necessidades, não importando a sua origem, raça, sexo, idade, condição civil ou mesmo socioeconômica. Com o tempo, o valor desta renda básica seria aumentado em consonância com o progresso da economia, assegurando-se a todos o direito inalienável de participar da riqueza da nação.

Eu próprio passei a ter conhecimento da BIEN em 1992, depois de já ter apresentado no Senado o Projeto de Lei n. 80/1991, e de vê-lo aprovado no Senado, que instituía o Programa de Garantia de Renda Mínima, através de um imposto de renda negativo. Meu parceiro de trabalho, Antonio Maria da Silveira, havia voltado de simpósios de que havia participado na Europa e nos EUA. Perguntei a ele como estava a discussão acadêmica sobre a renda mínima. Ele me informou que então o debate se encaminhava para a Renda Básica Incondicional, a exemplo do que estava no livro, *Arguing for Basic Income. Ethical Foundations for a Radical Reform*, editado por Philippe Van Parijs.

De início, como tantos outros, levantei objeções: mas como pagar a renda mínima a todos, quando o importante é destiná-la aos que pouco ou nada têm. Mais e mais, entretanto, passei a interagir com os pensadores da BIEN, que se abriu para as pessoas de todos os continentes. Assim passei a frequentar e a ler os trabalhos que foram apresentados nos Congressos da BIEN em Londres, 1994; Viena, 1996, quando ali encontrei

Maria Ozanira; Amsterdã, 1998 — ao qual não pude ir porque era nas vésperas de minha segunda eleição para o Senado; Berlim, 2000; Genebra, 2002; Barcelona, 2004; Cape Town, 2006, Dublin, 2008; São Paulo, 2010; e Montreal, 2014. Pois, mais e mais, assim como Maria Ozanira, fiquei tão persuadido de que a renda básica incondicional é a mais racional solução que resolvi em dezembro de 2001 apresentar um novo projeto no Senado: o que justamente institui uma renda básica de cidadania no Brasil a partir de 2005.

O presente livro de Maria Ozanira da Silva e Silva, Maria Carmelita Yazbek e Geraldo di Giovanni se insere na tradição dos melhores trabalhos da BIEN para justamente apresentar um estudo aprofundado das mais relevantes experiências de programas de renda mínima associados à educação e bolsa escola que foram instituídos no Brasil, sobretudo a partir de 1995, por administrações municipais, estaduais e em convênios com a União. Estes ocorreram especialmente depois que os resultados das experiências locais propiciaram ao Congresso Nacional apreciar positivamente o apoio do Governo Federal à expansão de programas daquela natureza.

Ozanira, Carmelita e Giovanni primeiro fazem um histórico de como se procurou no Brasil assegurar cidadania às pessoas que estavam vivendo à margem de quaisquer direitos, assim como se criar instrumentos que contribuíssem para a erradicação da pobreza absoluta e para a construção de maior equidade no Brasil. Mostram a evolução de iniciativas, desde os anos 1930, como o salário mínimo, o seguro-desemprego, o abono salarial, o salário-família, a previdência social, rural, a lei orgânica de assistência social, que define benefícios para idosos e deficientes, até chegar nos programas como os de renda mínima associada à educação e à saúde, respectivamente o Bolsa Escola e o Bolsa Alimentação, programa de erradicação do trabalho infantil, auxílio-gás, cartão-alimentação, até chegarem à proposta de unificação desses programas com a criação do Bolsa Família em 2003.

Com o suporte da CAPES; do CNPq e da FAPEMA, os três professores coordenaram esforços de pesquisadores que examinaram de perto os principais programas implementados em 45 municípios e 11 estados e o Distrito Federal que tomaram a dianteira na aplicação de transferências de renda em nosso país. Depois de obterem as respostas a questionários organizados pelos principais responsáveis pelos programas, e terem saído a campo para também debaterem com os implementadores dos programas, organizaram um encontro na Unicamp para debaterem com aqueles responsáveis os seus resultados.

As conclusões desse estudo estão em harmonia com as decisões recentes do governo do presidente Luiz Inácio Lula da Silva, de outubro de 2003, de dar maior racionalidade aos inúmeros programas de transferência de renda, quatro dos quais foram unificados no denominado Bolsa Família. Este provê, a partir de junho de 2014, um benefício monetário àquelas famílias com renda *per capita* de até cento e cinquenta e quatro reais por mês, com a exigência de algumas contrapartidas: a vacinação das crianças de 0 a 6 anos, segundo o calendário do Ministério da Saúde; a sua apresentação nos postos de saúde para acompanhar seu crescimento e desenvolvimento; a frequência das crianças de 6 a 17 anos às escolas; a alfabetização ou capacitação dos adultos. Com o reajuste, em vigor a partir de junho de 2014, o valor mínimo do benefício é de R$ 35,00, o valor médio para famílias em situação de extrema pobreza é de R$ 242,00, e o valor médio para o conjunto das famílias é de R$ 167,00.

Mais relevante ainda é que este livro está em sintonia com a visão de uma política pública que defina com clareza o direito de todas as pessoas à cidadania e, portanto, tendo o direito inalienável de participar da riqueza da nação e assim recebendo uma renda básica incondicional. É claro que não seria tão fácil instituir-se esta medida do dia para a noite, ou mesmo de um ano para outro. Daí a importância de caminharmos pelas experiências como as examinadas neste livro, tendo noção do horizonte onde almejamos chegar.

Será de fato o melhor chegarmos à incondicionalidade e virmos a garantir a toda e qualquer pessoa o direito a uma renda básica, até mesmo às mais ricas? Sim, pois estas contribuirão para que elas próprias e todas as demais venham a receber. Desta maneira, eliminaremos enormemente a burocracia envolvida em se ter que saber quanto cada um ganha, no mercado formal ou informal. Eliminaremos o estigma ou sentimento de vergonha de alguém precisar dizer "eu só recebo tanto e preciso tal complemento de renda". Mais importante, do ponto de vista da dignidade e liberdade do ser humano será muito melhor para cada pessoa saber previamente que nos próximos doze meses, e daí para frente a cada ano, progressivamente mais com o progresso do país, ela e cada pessoa na sua família irá ter o direito de receber uma renda modesta, na medida do possível suficiente para atender suas necessidades vitais. Relembrando as lições de Amartya Sen, em *Desenvolvimento como Liberdade*, o desenvolvimento só é relevante se significar maior grau de liberdade para todos numa sociedade.

A renda de cidadania garantirá maior grau de opção para toda pessoa estar decidindo qual atividade econômica que deseja exercer. Assim podemos ver os programas de renda mínima aqui examinados como o prenúncio da Renda Básica de Cidadania. A lei aprovada pelo Congresso e sancionada pelo presidente Lula diz que ela será instituída gradualmente, iniciando-se pelos mais necessitados. Os dados aqui coletados e sua análise são informações de grande valia para a definição de como ela será efetivamente implementada.

Apresentação à 7ª edição

A 7ª edição do livro *A Política Social Brasileira no Século XXI. A prevalência dos programas de transferência de renda*, ora apresentada ao público leitor, mantém o compromisso dos autores em disponibilizar uma versão revisada com reflexões e informações quantitativas atualizadas sobre a temática. Isso por considerarmos que este livro aborda uma temática dinâmica que demanda revisões para que possa expressar a atualidade da Política Social brasileira, no campo específico dos Programas de Transferência de Renda. Campo esse de intervenção no social, considerado em todo o texto do livro na centralidade do debate e da prática da proteção social no Brasil, desde a segunda metade dos anos 1990, com crescente relevância nesse início do século XXI.

É importante destacar que, no contexto conjuntural brasileiro, a partir da implantação do Bolsa Família em 2003, pela abrangência geográfica desse Programa, ao ser implementado em todos os municípios brasileiros e por sua dimensão quantitativa, por atender a mais de 14 milhões de famílias, vem fazendo com que muitos programas de transferência de renda criados em nível municipal e estadual tenham sido desativados ou incorporados ao Bolsa Família. Verificou-se também que o processo de avanço na implantação dos programas municipais e estaduais, ocorrido, intensamente, na década de 1990, foi praticamente interrompido. De modo que essas transformações atingiram inclusive os programas pioneiros considerados no item 1.4 desse livro (As Experiências Pioneiras).

Considerando essa dinâmica, resolvemos manter integralmente os resultados de um estudo empírico desenvolvido em 2002 sobre os programas de transferência de renda de iniciativa de estados e municípios, que compõem o capítulo 3: A Realidade dos Programas de Transferência de Renda de Iniciativa de Estados e Municípios, bem como a manutenção das experiências pioneiras, considerando que a realidade e análise desenvolvida sobre esses programas constituem conteúdos históricos altamente significativos para a compreensão da trajetória dos Programas de Transferência de Renda no Brasil e de sua atualidade, representando a centralidade do Sistema de Proteção Social no Brasil nesse desenrolar do século XXI.

Na revisão procedida na 7ª edição procuramos situar o Bolsa Família na conjuntura mais recente em que é destacado o avanço na redução da pobreza e da desigualdade social e a ampliação de uma classe média. Situação essa vivenciada pela sociedade brasileira, principalmente a partir de 2003, sendo, nesse contexto, indicada a contribuição da estabilidade da economia, do salário mínimo, reajustado acima dos índices de inflação, da ampliação da Previdência Social, com destaque à Previdência Social Rural e da implementação do Benefício de Prestação Continuada. Os dois últimos, juntamente com o Bolsa Família, representando a contribuição dos Programas de Transferência de Renda no avanço da superação da pobreza absoluta e da diminuição da desigualdade Social no Brasil.

Consideramos também a relevância na conjuntura brasileira recente da desaceleração do crescimento econômico e da ameaça do crescimento da inflação, em cujo contexto a prioridade atribuída pelo governo federal e acompanhada pelos governos estaduais é a erradicação da extrema pobreza, representada pelos 16.200 brasileiros apontados pelo Censo 2010. No contexto dessa luta, os programas de transferência de renda continuam ostentando sua prevalência no âmbito da proteção social no Brasil, constituindo-se num dos eixos programáticos do Plano Brasil Sem Miséria, juntamente com a inclusão produtiva e a ampliação de serviços sociais básicos.

Nossos estudos, nossa participação nos movimentos da sociedade brasileira e nosso compromisso social apontam que, para além da erradicação da extrema pobreza, muito ainda precisa ser feito para redução dos elevados índices de desigualdade e de pobreza que nosso país continua a ostentar no cenário mundial.

Esperamos que as reflexões desenvolvidas neste livro possam contribuir para que a proteção social seja de fato uma responsabilidade do Estado e um direito de todos os brasileiros, para o avanço em direção da construção de uma sociedade mais justa e mais igualitária.

Introdução*

O debate sobre os Programas de Transferência de Renda, no plano internacional, vivencia uma abrangência e ampliação contemporânea mais precisamente a partir dos anos 1980, situando-se no âmbito das grandes transformações econômicas, sociais e no mundo do trabalho em decorrência da *Revolução Tecnológica da Era da Informação*.

Trata-se de transformações geradoras de um profundo rearranjo do mercado capitalista, cuja maior manifestação são os processos de *Globalização e Regionalização dos Mercados*, com concentração cada vez maior do capital, orientados pela internacionalização da economia, sob a hegemonia do capital financeiro. Daí decorrem situações que demandam ações do Estado para proteção do amplo contingente de trabalhadores que passam a vivenciar o desemprego estrutural ou a precarização do seu trabalho, ampliando e disseminando a pobreza, tanto nos países em desenvolvimento como nos países de capitalismo avançado.

---

* Esse estudo foi realizado como parte das atividades de dois Programas de Cooperação Acadêmica entre o Programa de Pós-Graduação em Políticas Públicas da Universidade Federal do Maranhão; Programa de Estudos Pós-Graduados em Serviço Social da Pontifícia Universidade Católica de São Paulo; Núcleo de Estudos de Políticas Públicas da Universidade de Campinas e da Pontifícia Universidade Católica do Rio Grande do Sul, com aprovação e financiamento da CAPES — Fundação Coordenação de Aperfeiçoamento de Pessoal de Nível Superior; como atividade principal do projeto "A Unificação dos Programas de Transferência de Renda no Brasil: avaliando o Bolsa Família", aprovado e financiado pelo CNPq — Conselho Nacional de Desenvolvimento Científico e Tecnológico e do "Projeto de Acompanhamento e Avaliação dos Programas de Transferência de Renda: o processo e os impactos sobre a pobreza no Brasil", aprovado e financiado pela FAPEMA — Fundação de Amparo à Pesquisa e ao Desenvolvimento Científico e Tecnológico do Maranhão, no que se refere à revisão para a 4. ed. deste livro.

Verifica-se que as transformações ocorridas na economia e no trabalho geram consequências diretas no processo de mudanças sociais, sobretudo na sociabilidade que caracterizou a sociedade salarial, do pleno emprego, conduzindo estudiosos a referenciarem novas questões sociais decorrentes desse processo (Gorz, 1983, 1985, 1991; Rosanvallon, 1995; Castel, 1995).

Nesse âmbito, o *Welfare State* Keynesiano, sustentáculo da sociedade salarial em crise, na maioria das sociedades de capitalismo avançado, também vem sendo questionado. Trata-se de acordo social de classes, desenvolvido a partir dos primeiros anos do século XX e consolidado a partir de meados da década de 1940, expressando um pacto tácito estabelecido entre capital e trabalho: "comprometendo-se o primeiro a instituir uma sociedade de pleno emprego e de bem-estar social e o segundo, a abdicar do ideal revolucionário, para permitir a paz social necessária à florescência dos anos gloriosos" (Silva, 1997, p. 14).

O declínio do pleno emprego, sustentáculo do *Welfare State*, em mutação, faz gerar uma sociedade marcada pela dualidade,

"composta, de um lado, por pessoas muito bem empregadas e, de outro lado, por um contingente mais amplo de pessoas desempregadas ou precária e instavelmente empregadas..., fazendo com que o desenho tradicional do *Welfare State* — seguro social, constituído pela contribuição dos empregadores e empregados (e eles são cada vez menos) e assistência social, representada por auxílios sociais destinados a categorias específicas em dificuldade (inválidos, desempregados, velhos, pais solteiros etc.) (e elas são cada vez mais) — não consiga dar resposta às novas questões sociais que se vêm desenvolvendo". (Silva, 1997, p. 14)

Essa é a conjuntura que favorece o florescimento do debate e o desenvolvimento de experiências internacionais do que aqui estamos considerando como Programas de Transferência de Renda, tomados como alternativas propostas por políticos, organizações sociais e estudiosos das questões sociais nesses países.

Conforme veremos nos capítulos seguintes deste livro, no Brasil, a ideia de Programas de Transferência de Renda passa a integrar a agenda pública a partir de 1991, quando é apresentado e aprovado no Senado Federal o Projeto de Lei de autoria do senador petista Eduardo Suplicy, propondo a instituição do *Programa de Garantia de Renda Mínima — PGRM*, destinado a todos os brasileiros residentes no país, maiores de 25 anos de idade que auferissem uma renda que corresponda, a cerca de três salários-mínimos nos valores de 2007. A partir de então se inicia um longo caminho que se constrói marcado por especificidades, identificadas no desenvolvimento de seis momentos históricos,[1] que vai da instituição de uma renda mínima, representada por um número elevado de programas de iniciativa de municípios, Estados e do Governo Federal, à implementação de um Programa que se propõe a unificar os Programas de Transferência de Renda dispersos nos três níveis de governo, denominado *Bolsa Família*, cuja implementação se iniciou em outubro de 2003, culminando com a sanção, pelo Presidente da República, do *Programa Renda de Cidadania*, no dia 8 de janeiro de 2004, prevendo para todos os brasileiros, e estrangeiros legais residentes no país há mais de cinco anos, um benefício que atenda às despesas mínimas de cada pessoa com alimentação, saúde e educação. Trata-se de um benefício incondicional, portanto, independente de renda e de trabalho, destinado a todos, mas devendo ser implementado gradualmente, iniciando-se pelos mais pobres.[2] Esse Programa é reconhecidamente um avanço no âmbito da Política Social brasileira e só foi possível devido a atuação obstinada e incansável do Senador Eduardo Suplicy, marcando muitos anos de sua vida parlamentar.

A temática dos Programas de Transferência de Renda é considerada, neste livro, no contexto do Sistema Brasileiro de Proteção Social. Os sistemas de proteção social são formas, às vezes mais, às vezes menos, institucionalizadas que todas as sociedades humanas desenvolvem para enfrentar vicissitudes de ordem biológica ou social que coloquem em risco parte ou a totalidade de seus membros. Assim, podemos encontrar,

---

1. Veja item 2.1 (Desenvolvimento Histórico).
2. Entendemos que condicionar o Programa Renda de Cidadania, de natureza incondicional, a iniciar-se pelos mais pobres já significa uma descaracterização do qualificador principal da proposta que é a incondicionalidade.

mesmo em sociedades muito simples, instituições que são responsáveis pela proteção social, tais como a família, as instituições religiosas e até mesmo algumas instituições comunitárias. Entretanto, o que define a proteção social em sociedades complexas como a nossa é a sua formidável institucionalização, a ponto de tornar este conjunto de atividades um significativo e importantíssimo ramo da divisão social do trabalho e da economia.

No mundo atual convivemos com impressionantes sistemas e organizações complexas totalmente dedicadas a prever e sanar riscos de natureza biológica tais como a infância, a velhice, a doença, bem como riscos de natureza social, como o desemprego, a falta de moradia e a perda de rendimentos.

É importante salientar que um dos traços mais definidores das formas e sistemas de proteção social, dos mais simples aos mais complexos, dos mais informais aos mais institucionalizados, implica sempre numa transferência de recursos sociais, seja sob a forma de esforço ou trabalho, seja sob a forma de bens e serviços, ou sob a forma de dinheiro.

Na história recente das sociedades ocidentais, podemos observar que tal transferência, que se faz sob as formas de distribuição ou redistribuição de recursos, tem por orientação três fundamentos: a tradição, o mercado ou a autoridade política (Estado). A forma predominante no mundo atual é aquela que tem a participação do Estado como provedor, produtor, gestor e regulador das transferências de recursos destinados à proteção social, sem que a tradição e o mercado deixem de estar presentes de maneira mais ou menos acentuada.

Particularmente no mundo capitalista, a proteção social e a canalização dos recursos sociais que lhes são necessários têm-se estruturado em torno de alguns eixos que formam o que se poderia chamar de "o núcleo duro" do sistema: Saúde, Educação, Previdência, Trabalho e Emprego e Assistência Social, que são hoje objeto de ações altamente tecnificadas e especializadas no mundo ocidental.

É preciso ressaltar que os modernos sistemas de proteção social não são apenas respostas automáticas e mecânicas às necessidades e carências apresentadas e vivenciadas pelas diferentes sociedades. Muito mais do que isso, eles representam formas históricas de consenso político, de sucessivas e intermináveis pactuações que, considerando as diferenças existentes no interior das sociedades, buscam, incessantemente, responder pelo menos a três questões: quem será protegido? Como será protegido? Quanto de proteção? No fundo, essas questões estão no cerne da organização das políticas públicas de proteção social que o mundo atual conhece. São respostas sociais e politicamente engendradas que determinam a natureza dos sistemas de proteção social: universalismo *versus* particularismo; alto grau de generosidade *versus* baixo grau de generosidade; alto grau de efetivação de direitos sociais *versus* afrouxamento da noção de direito social; mercantilização *versus* desmercantilização da proteção social; participação social democrática *versus* centralismo e autoritarismo na definição das políticas sociais; caráter público *versus* privado etc.

É óbvia a dificuldade de tais definições, particularmente nos países de desenvolvimento e democratização tardios, onde a montagem dos sistemas de proteção social sofreu constrangimentos redobrados, se levarmos em conta as diferenças sociais e culturais, e os traços conservadores de suas culturas. Tudo isso agravado por longos períodos de autoritarismo político, que somente num passado muito recente deram lugar a mecanismos ainda incipientes de prática democrática, sobretudo no seu aspecto social.

Nesse sentido, o caso brasileiro é extremamente ilustrativo.

Entendemos que a construção da proteção social estatal, que remonta aos anos 1930, mostra que a regulação do Estado brasileiro, no campo das políticas sociais, tem, historicamente, se efetivado mediante programas e ações fragmentadas, eventuais, portanto, descontínuas. A histórica e profunda concentração de renda decorrente dos modelos de desenvolvimento econômico adotados ao longo da construção do capitalismo industrial no Brasil e a sobre-exploração da força de trabalho vêm se aprofundando apesar da adoção de um conjunto amplo de programas sociais que são marcados por um caráter essencialmente compensatório, pouco contribuindo para amenizar as condições de pobreza de largo contingente da população brasileira. Isso ocorre apesar do volume elevado de recursos aplicados e da grande quantidade e variedade de programas

(Draibe et al., 1995; Draibe, 1990). Esse sistema tem situado, historicamente, a população beneficiária no campo do não direito ou da cidadania regulada, deslocando o espaço do direito para o terreno do mérito, além de servir como instrumento para a corrupção, demagogia, fisiologismo e clientelismo político.

Por conseguinte, enquanto economia subdesenvolvida, o Brasil não conseguiu construir uma sociedade salarial, nem o que se convencionou denominar de *Welfare State*, que marcaram as sociedades salariais dos países desenvolvidos.

Há que se considerar, todavia, que o processo de rearticulação da sociedade civil brasileira, que marcou os anos 1980, colocou a luta política por direitos sociais básicos. Nesse contexto de efervescência popular é destacada a questão da cidadania, cujo marco foi a ampliação dos direitos sociais na Constituição Federal de 1988, que introduziu a noção de Seguridade Social. Ampliam-se os deveres do Estado para com os cidadãos bem como se vivencia maior visibilidade política e acadêmica sobre as questões sociais.

O discurso popular, que coloca a necessidade do resgate da dívida social, é apropriado pelo Estado. Parece que se estava caminhando para a possibilidade de universalização de direitos sociais básicos, com garantia de mínimos sociais. Todavia, a partir dos anos 1990, com a crise fiscal do Estado e a opção do Governo brasileiro pelo projeto neoliberal, no plano da intervenção estatal, foram impostas limitações para os programas sociais, acompanhadas do desmonte dos direitos sociais conquistados, o que se concretizou nas reformas da Constituição Federal de 1988.

Estamos, por conseguinte, no contexto de profunda crise do padrão intervencionista do Estado, constituído nos anos 1930 e aprofundado durante o período da Ditadura Militar, com maiores consequências para a área social.

Como já foi dito, mesmo durante a vigência do padrão intervencionista do Estado brasileiro, não chegamos a construir um Estado de Bem-Estar Social, pautado pela cidadania. O mais grave é que, mesmo com a redemocratização da sociedade, a possibilidade de constituição de um Estado de Bem-Estar Social, orientado pela cidadania, é colocada na contramão da história, com o estabelecimento da hegemonia do projeto neoliberal. Chega-se, portanto, ao início do século XXI, com um Sistema de Proteção Social marcado pelos traços da reforma dos programas sociais, sob a orientação de organismos internacionais como o Banco Mundial e o Banco Interamericano de Desenvolvimento, expresso pela descentralização, privatização e focalização dos programas sociais.

Se considerarmos a conjuntura brasileira mais recente, verifica-se que o Governo Fernando Henrique Cardoso, ao eleger como prioridade absoluta o ajuste e a estabilidade econômica, como condição essencial para implantação tardia do projeto neoliberal no Brasil, não deu a devida atenção à agenda social brasileira, durante seu primeiro mandato (1995-1998), situação que se prolongou ainda durante os dois primeiros anos de seu segundo mandato (1999-2002). Portanto, as questões sociais e seu enfrentamento, e nesse âmbito, as políticas sociais, foram objeto de verdadeiro descaso. O governo brasileiro tenta reverter essa postura a partir de 2001, propondo criar uma "rede de proteção social", cujo carro-chefe são os programas de transferência direta de renda a famílias pobres, ou seja: são os programas considerados na categoria de Renda Mínima/Bolsa Escola que se ampliaram pelo país, tendo como precursores os programas de iniciativa municipais e estaduais, iniciados em 1995, com o Programa de Garantia de Renda Familiar Mínima da Prefeitura Municipal de Campinas/SP, também implantado, com a mesma designação, pela Prefeitura Municipal de Ribeirão Preto/SP; Programa Bolsa Escola implantado em Brasília/DF, e o Programa "Nossa Família", da Prefeitura Municipal de Santos/SP.

Assim, no ano anterior à realização de eleições majoritárias, em 2001, incluindo a eleição para a Presidência da República, são implantados Programas como o Programa Nacional de Renda Mínima, vinculado à Educação — "Bolsa Escola", considerado pelo próprio presidente de então o maior programa de transferência de renda da história do país, aplicando dois terços do imposto de renda arrecadado; o Programa Bolsa-Alimentação e o Auxílio-Gás, entre outros, além da expansão de programas em funcionamento desde 1996, como o Benefício de Prestação Continuada e o Programa de Erradicação do Trabalho Infantil.

É no âmbito do Sistema Brasileiro de Proteção Social que os Programas de Transferência de Renda, conhecidos como programas de Renda Mínima ou Bolsa Escola, têm se apresentado enquanto possibilidade de construção do que vem sendo veiculado como "Rede de Proteção Social", objeto de considerações e problematização neste livro.

Há que se ressaltar que a proteção social no Brasil, sob a responsabilidade do Estado, vem se ampliando a partir de 2003 com o início do primeiro mandato do presidente Luiz Inácio Lula da Silva, com ampliação de programas sociais e incremento de recursos orçamentários destinados aos programas sociais, cujo destaque vem sendo atribuído ao Bolsa Família, orientado para a unificação dos programas de transferência de renda em implementação no país em níveis municipal, estadual e federal. Tendência essa mantida pela presidente Dilma Rousseff a partir de seu mandato iniciado em 2011, destacando como prioridade, no campo social, o enfrentamento à extrema pobreza, instituindo o Plano Brasil sem Miséria, que mantém como um dos seus pilares a transferência de renda juntamente com a inclusão produtiva e a ampliação de serviços sociais básicos.

É sobre essa realidade que pretendemos interferir. Particularmente, no que diz respeito ao eixo assistencial do Sistema Brasileiro de Proteção Social, em que situamos os Programas de Transferência de Renda, aqui entendidos como aqueles que atribuem uma transferência monetária a indivíduos ou a famílias, mas que também associam a essa transferência monetária, componente compensatório, outras medidas situadas principalmente no campo das políticas de educação, saúde e trabalho, representando, portanto, elementos estruturantes, fundamentais, para permitir o rompimento do ciclo vicioso que aprisiona grande parte da população brasileira nas amarras da reprodução da pobreza.

Este livro procura, por conseguinte, de um lado, estudar, de modo mais sistemático, o conjunto destas experiências, ao mesmo tempo em que procura entender seus pressupostos e fundamentos, procurando também contribuir com esforço de problematizações que nos permitem vislumbrar a possibilidade de se ver implantada no Brasil uma Política Pública de Transferência de Renda enquanto direito.

Além desta Introdução, a obra está organizada em mais quatro capítulos. O primeiro capítulo procura localizar os antecedentes destes programas, bem como reconstruir os diferentes momentos do debate intelectual e parlamentar sobre a questão, além de situar as experiências pioneiras como modelos em seus vários aspectos.

O segundo capítulo busca caracterizar os diversos programas desenvolvidos em âmbito nacional, de iniciativa e suporte financeiro do Governo Federal, tentando reconstruir e interpretar suas recentes trajetórias que apontam para a construção de um programa unificado, chegando a vislumbrar a adoção do Programa Renda de Cidadania, concebido enquanto um direito incondicional e universal de todos os cidadãos brasileiros.

O terceiro capítulo apresenta os resultados de uma pesquisa empírica realizada com 37 programas municipais e 7 programas estaduais de transferência de renda, procurando caracterizar a realidade, o cotidiano destas experiências municipais e estaduais em termos de algumas características relativas a suas arquiteturas, normas, organização e funcionamento e impactos.

O quarto capítulo apresenta o que chamamos de dimensão qualificadora dos programas, ou seja, contém um conjunto de dimensões e atributos que nos permitem emitir alguns juízos sobre as características gerais dos Programas de Transferência de Renda e sobre algumas tendências que poderão se delinear a partir da construção já desenvolvida.

São apresentadas, então, as conclusões, que resultam do conjunto das observações e estudos, bem como da opinião dos autores, procurando tecer a ideia, mesmo que preliminar, de uma Política Nacional de Transferência de Renda para o Brasil.

Por fim, esperamos, com este livro, produto de longos estudos e reflexões que também vêm se acumulando no decorrer da história dos anos que marcam o debate e a implantação de experiências de Programas de Transferência de Renda no Brasil, estar contribuindo para despertar interesse e maior compreensão sobre uma temática central na história atual da Política Social brasileira, neste início do século XXI.

1

Os programas de transferência de renda: inserção no contexto do Sistema Brasileiro de Proteção Social

1.1 Os Antecedentes

Os marcos iniciais de constituição de um sistema de proteção social no Brasil situam-se no período compreendido entre 1930 e 1943.[1] Trata-se de um período marcado por grandes transformações socioeconômicas, pela passagem do modelo de desenvolvimento agroexportador para o modelo urbano-industrial. Nesse mesmo contexto, ocorre também um profundo reordenamento no que diz respeito às funções do Estado Nacional, quando o Estado passa a assumir, mais extensivamente, a regulação ou provisão direta no campo da educação, saúde, previdência, programas de alimentação e nutrição, habitação popular, saneamento, transporte coletivo (NEPP, 1994).

---

1. No documento citado, a periodização utilizada para tratar do desenvolvimento do *Welfare State* no Brasil é a seguinte: 1930-1936 — Introdução e Expansão; 1930-1943 — Introdução; 1943-1964 — Expansão fragmentada e seletiva; 1964-1977 — Consolidação Institucional; 1964-1967 — Consolidação institucional; 1967-1979 — Expansão massiva; 1979-1988 — Crise e ajustamento do sistema; 1979-1984 — Crise e ajustamento conservador; 1985-1988 — Ajustamento progressista; 1988-1993 — Reestruturação do Sistema; 1988 — Definição dos novos princípios — Constituição; 1988-1991 — Implementação das reformas-início; 1992-1993 — Formação da nova agenda de reforma (NEPP, 1994, p. 4).

Nesses marcos, ressalta-se que o Estado, no Brasil, foi sempre o principal sujeito na produção do desenvolvimento econômico. Todavia, mesmo priorizando o mercado, se constitui também numa fonte de solidariedade social, assumindo o papel de promotor da comunidade de interesses e de responsável pela promoção do bem-estar social. Nesse contexto, o padrão de cidadania desenvolvido tinha por base o mercado de trabalho, rigidamente controlado pelo Estado. Ser cidadão significava ter carteira assinada e pertencer a um sindicato, ou seja, forjou-se uma *Cidadania Regulada* (Santos, 1987), restrita ao meio urbano, numa sociedade marcada pela fragilidade de disputa entre interesses competitivos.

Esse Sistema de Proteção Social avançou rumo a sua consolidação e expansão durante as décadas de 1970 e 1980, sob a orientação do autoritarismo da ditadura militar, fazendo com que a expansão dos programas e serviços sociais passasse a funcionar como compensação à repressão e ao arbítrio, aliada à grande demanda posta na conjuntura anterior. Ampliaram-se os programas sociais como uma espécie de compensação pela repressão aberta direcionada aos movimentos sociais e ao movimento sindical.

Todavia, a estratégia de controle social por parte do Estado, via programas sociais, não impediu a rearticulação da sociedade civil, sobretudo a partir de meados da década de 1970, verificando-se forte eclosão dos denominados "novos movimentos sociais" e a estruturação do que se convencionou chamar de "sindicalismo autêntico", além do reordenamento dos partidos políticos com estruturação de novos partidos, entre estes o Partido dos Trabalhadores, o movimento autêntico do PMDB, dos partidos, então, clandestinos da esquerda, além da intensa atuação da Igreja.

Essa dinâmica social tinha como elemento mobilizador novas demandas sociais pelo resgate da dívida social acumulada e agravada durante o período da ditadura militar, e, consequentemente, pela ampliação de direitos sociais, num movimento de alargamento da concepção de cidadania.

O conteúdo desse movimento é assimilado pela Constituição Brasileira de 1988, com a instituição do conceito de Seguridade Social que incorporou a Assistência Social, junto com a Previdência Social e a saúde, enquanto políticas constitutivas da Seguridade Social no país.

Todavia, esse processo de ampliação de direitos sociais rumo à universalização, que se construiu no âmbito do avanço da democratização da sociedade brasileira, passou a ser fortemente combatido e interrompido durante toda a década de 1990, quando o Governo Brasileiro passou a adotar, tardiamente, o chamado projeto de desenvolvimento econômico, sob a orientação da ideologia neoliberal, na busca de inserção do Brasil na chamada competitividade da economia globalizada. Registra-se também forte reação das elites conservadoras no Congresso, impedindo a regulamentação dos direitos sociais indicados na Constituição de 1988.

A opção pelo ajuste econômico no Brasil, como em outros países, sobretudo nos denominados emergentes, teve como consequência a estagnação do crescimento econômico e a precarização e instabilidade do trabalho, o desemprego e o rebaixamento do valor da renda do trabalho, com consequente ampliação e aprofundamento da pobreza, que se estende, inclusive, para os setores médios da sociedade.

Estudos revelam que se chega aos anos 1990 com um Sistema de Proteção Social marcado por superposições de objetivos, competências, clientelas-alvo, agências e mecanismos operadores; instabilidade e descontinuidade dos programas sociais; insuficiência e ineficiência, com desperdício de recursos; distanciamento entre formuladores de políticas e beneficiários; ausência de mecanismos de controle e acompanhamento de programas (Draibe et al., 1995), além do avanço de um movimento de privatização das políticas sociais mediatizado por nefasta articulação do Estado com o setor privado lucrativo, principalmente no que se refere às políticas de educação, saúde e habitação.

Nesse contexto, a questão social,[2] enquanto produto da luta política, coloca na agenda pública novos conteúdos expressos, sobretudo, pelo que passou a se considerar novas formas de exclusão social e econômica, cujo eixo centralizador é representado pelas profundas transformações que vêm ocorrendo no mundo do trabalho, enquanto produto, principalmen-

---

2. Questão social aqui entendida como expressão das relações sociais. Nesse sentido, circunscreve-se num campo de disputas, pois diz respeito à desigualdade econômica, política e social entre as classes sociais na sociedade capitalista, envolvendo a luta pelo usufruto de bens e serviços socialmente construídos como direitos, no âmbito da cidadania.

te, de dois fenômenos constitutivos das transformações que vêm ocorrendo nas relações de trabalho na sociedade contemporânea: o aumento do desemprego estrutural associado à precarização do trabalho e as mutações no perfil do trabalhador requerido pelo mercado capitalista globalizado e competitivo.

Consequentemente, tem-se, um processo que inviabiliza o que se considerava trabalho estável e seguro, representado pela carteira assinada e pela proteção de riscos e contingências sociais, assegurados pelo Estado de Bem-Estar Social dos países de economia desenvolvida, e pelos precários Sistemas de Proteção Social, engendrados nos países em desenvolvimento. Tem-se o incremento das chamadas ocupações terceirizadas, autônomas, temporárias, instáveis e de baixa remuneração e o avanço do já superdimensionado mercado informal de trabalho, que caracterizava as sociedades de capitalismo periférico, desempenhando papel funcional à reprodução e ao desenvolvimento da economia capitalista desses países.

Acrescenta-se a esse processo de flexibilização das relações de trabalho, o desmonte dos direitos sociais e trabalhistas consagrados na Constituição Federal de 1998. Esta passa a ser considerada instrumento inviabilizador da inserção do Brasil na economia internacional, o que vem justificando investidas de reformas na economia, no Estado e no Sistema Brasileiro de Proteção Social durante os dois mandatos do presidente Fernando Henrique Cardoso (1995-2002). Esse aspecto foi retomado, em 2003, pelo presidente Luiz Inácio Lula da Silva, sustentado por uma ampla aliança integrada pelo Partido dos Trabalhadores, que se constitui sujeito fundamental na luta social pelo avanço das conquistas sociais dos anos 1980, no Brasil.

O contexto acima marca uma era na qual o Estado brasileiro passa a orientar sua atuação pelos parâmetros do projeto neoliberal, cujo objetivo principal é inserir o país na competitividade da economia mundial globalizada, embora se saiba que o que vem ocorrendo é uma inserção seletiva e subordinada. Nesse sentido, a chamada reforma do Estado brasileiro passou a lhe atribuir profundas transformações no seu perfil e no seu formato, assumindo como principal função a de Estado ajustador da economia nacional à economia internacional.

Durante os anos 1990, verificou-se que a inserção do Brasil na economia mundial, buscando construir um padrão de competitividade que o permitisse concorrer no interior da economia globalizada, foi, senão o único, mas o objetivo principal do Estado brasileiro. Isso significou atribuir prioridade absoluta às áreas e setores econômicos considerados dinâmicos. Trata-se de um processo que vem se desenvolvendo marcado por profunda submissão aos interesses dos sujeitos globais, com pouca atenção direcionada à integração da economia interna, sobretudo das áreas e setores da economia considerados não competitivos. Em decorrência, registra-se evidente descaso em relação à integração da população brasileira, como um todo, aos possíveis benefícios do processo de ajuste econômico, tendo-se, por conseguinte, um Estado submetido à lógica do mercado, dificultando o processo da luta social por conquistas sociais que possam elevar o padrão de vida da população brasileira. Assim, vêm sendo descartadas conquistas sociais, decorrentes de lutas sociais das décadas de 1970 e 1980, considerando os direitos sociais e trabalhistas conquistados como obstáculo ao ajuste da economia às exigências da economia internacional.

A lógica adotada pelo Estado brasileiro, justificada pela ideologia da modernidade, faz com que se tenha um Estado que rebaixa ainda mais sua responsabilidade social, quando esta demanda o atendimento das necessidades sociais das classes subalternas.[3] Essa responsabilidade vem sendo transferida para uma sociedade como se esta fosse destituída de antagonismos de interesses, sendo homogeneizada por uma realidade que é complexa e heterogênea, ficando a sociedade responsável pela solução dos problemas sociais mediante práticas de parcerias e de "solidariedade". Em última análise, nos anos 1990, assistiu-se a um verdadeiro desmonte do Sistema Brasileiro de Proteção Social que parecia apontar, a partir dos anos 1980, em direção à universalização dos direitos sociais básicos, evidenciando retrocessos nas ofertas de serviços, mesmo nas áreas sociais básicas. Nesse contexto, o movimento rumo à universalização dos direitos sociais cede lugar ao que passou a ser considerado como um mo-

---

3. Esse aspecto parece vir sendo revertido a partir dos Governos Lula e Dilma, que se utiliza de um discurso que coloca em primeiro plano a necessidade de reverter prioridades, com destaque ao enfrentamento da fome e da pobreza no país, embora venha mantendo uma política macroeconômica atrelada a padrões anteriores.

vimento de focalização, todavia longe de significar uma discriminação positiva em direção aos segmentos mais pobres da população brasileira.[4]

Na realidade, os anos 1990, representam um período de profunda contradição no campo do bem-estar social no Brasil. Tem-se, de um lado, um avanço no plano político-institucional, representado, sobretudo, pelo estabelecimento da Seguridade Social e dos princípios de descentralização e de participação social, enunciados na Constituição Brasileira de 1988. De outro lado, tem-se, no plano da intervenção estatal no social, um movimento orientado por posturas restritivas, com a adoção de critérios cada vez de maior rebaixamento do corte de renda para fixação da linha de pobreza, para permitir acesso das populações, por exemplo, aos Programas de Transferência de Renda em grande expansão no Brasil, a partir de 2001. Assim, não se verificou a necessária expansão de programas e serviços sociais numa conjuntura na qual o crescimento da pobreza demanda mais atenção do Estado em relação ao atendimento das necessidades coletivas básicas da população trabalhadora. Tudo isso é agravado pelo desmonte de direitos sociais conquistados.

O entendimento, a partir das reflexões desenvolvidas, é que nos defrontamos com o desenvolvimento histórico de construção de um "Estado de Bem-Estar Social" marcado por uma base meritocrática, com traços corporativistas e clientelistas (Aureliano e Draibe, 1989; Draibe, 1990). Esse Estado, além de privilegiar o trabalhador do setor formal da economia, vem cristalizando uma estrutura de benefícios que só tem contribuído para manutenção da profunda desigualdade social que tem marcado a sociedade brasileira, impedindo a expansão horizontal das conquistas sociais. Tem-se desenvolvido um conjunto amplo, embora disperso, desfocalizado, descontínuo e insuficiente de programas sociais, com marcas prevalentes de traços meramente compensatórios, desvinculando-se as políticas sociais da necessária articulação com as políticas de desenvolvimento econômico. Assim, esse perfil das políticas sociais brasileiras é aprofundado pela política neoliberal dos anos 1990, ampliando as marcas de uma proteção social meramente compensatória e

---

4. Sobre uma noção progressista e conservadora de focalização, veja Silva (2001).

residual, orientada pela agenda de reforma dos programas sociais na América Latina, sob a orientação dos organismos internacionais nos anos 1980. Dada a prioridade atribuída ao ajuste econômico as políticas sociais são consideradas variável dependente do crescimento econômico, com recomendação de cortes nos gastos sociais, ocorrendo consequente desativação e redução de programas sociais, o que representa total abandono do movimento em direção à universalização e ampliação dos direitos sociais, que marcaram as lutas políticas dos anos 1980. Esse ideário preconiza que a intervenção do Estado, no campo social, seja restrita a ações focalizadas na extrema pobreza, buscando a complementação da filantropia privada e das comunidades.[5]

> "O exposto sugere que o enfrentamento da pobreza no país vem sendo orientado por uma lógica, de um lado, representada pela adoção de um conjunto desarticulado, insuficiente e descontínuo de programas sociais compensatórios, que na década de 1990 passam a se orientar pelos princípios da 'focalização', da 'descentralização' e da 'parceria' assentados no ideário neoliberal, tudo movido pela ideologia da 'solidariedade' e da reedição da filantropia e da caridade, agora estendida ao âmbito empresarial. De outro lado, é mantido o Modelo Econômico baseado na sobre-exploração do trabalho e na concentração da riqueza socialmente produzida, cuja expressão é o aumento do desemprego, o incremento do trabalho instável e precarizado; a diminuição da renda do trabalho e a consequente expansão da pobreza". (Silva, 2003, p. 238)

---

5. Como a adoção da política neoliberal no Brasil se deu tardiamente, em relação ao mundo desenvolvido e a outros países da América Latina, só a partir do final da década de 1990, o Estado brasileiro se orientou ainda durante toda aquela década pelas recomendações dos organismos internacionais, especialmente do Banco Mundial, para a reforma dos programas sociais na América Latina preconizados na década de 1980. Ignorou que o próprio Banco Mundial já reconheceu que o ajuste econômico conservador, como foi assumido no continente, foi incapaz de reduzir a pobreza. Ignorou também as recomendações defendidas, principalmente pela ONU/PNUD, a partir da década de 1990, para a reforma dos programas sociais na América Latina que colocou a necessidade de desenvolvimento com equidade e reposição do papel das políticas sociais em articulação com a política econômica, com ênfase na política de saúde, educação e de alimentação e no provimento dos serviços sociais básicos. Somente a partir de 2001, passou-se a considerar a necessidade de criação de uma "Rede de Proteção Social" no país, cuja ênfase se concentrou na criação e expansão de Programas de Transferência de Renda, conforme veremos no decorrer deste livro.

Nesse contexto, é esquecido que

"[...] a pobreza certamente não será debelada tão somente pelas políticas sociais, muito menos se estas são tópicas e de caráter emergencial, como tem sido no Brasil. A articulação das políticas econômicas com as políticas sociais é pressuposto fundamental para priorização da área social, não numa perspectiva de mera subordinação destas àquelas, mas como reconhecimento de que o desenvolvimento econômico não se faz sem desenvolvimento social e que este não pode prescindir do progresso econômico". (Silva, 2003, p. 238)

Por conseguinte, iniciamos o século XXI com distâncias, cada vez mais amplas, entre indicadores econômicos e sociais. Nosso Sistema de Proteção Social tem se mostrado incapaz de enfrentar o empobrecimento crescente e a desproteção social de amplo contingente da população brasileira, sem lugar no mercado de trabalho ou sujeita a ocupar postos de trabalhos precários, instáveis, sem proteção social e com remuneração cada vez mais rebaixada. Ademais, os programas sociais têm sido orientados, historicamente, por políticas compensatórias e desvinculadas das políticas de desenvolvimento econômico, cujos modelos só têm servido para incrementar a concentração de renda e a manutenção de uma economia centrada na informalidade, que exclui a maioria dos trabalhadores dos serviços sociais que deveriam atender à população mais carente.

No contexto desse Sistema de Proteção Social, a temática da renda mínima/bolsa escola, aqui considerada como Programas de Transferência de Renda, ocupou, até o início dos anos 1990, um espaço marginal no âmbito do debate brasileiro sobre as questões sociais, sendo que a possibilidade de prática desse tipo de política pública começa a ser colocada só a partir de 1991, com o Projeto de Lei n. 80/1991, que propõe a instituição do Programa de Garantia de Renda Mínima — PGRM, apresentado ao Senado Federal pelo Senador por São Paulo, Eduardo Suplicy, do Partido dos Trabalhadores.

Buscando os antecedentes do que aqui denominamos Programas de Transferência de Renda, partimos de uma análise histórica da instituição de mínimos sociais no âmbito do Estado brasileiro, que tem sua iniciativa primeira com a instituição do salário mínimo, em 1934, ou, mais precisamente, em 1940, com sua implantação. Não resta dúvida de que a instituição do salário mínimo significou, originariamente, o estabelecimento de um salário de base, tendo por objetivo garantir condições de alimentação, habitação, vestuário, cuidados médicos e educação para o trabalhador e sua família. Todavia, o valor desse salário tem sido historicamente desgastado por elevados índices de inflação e por políticas de arrocho salarial,[6] adotadas com muita frequência no decorrer das inúmeras tentativas de ajuste da economia, principalmente requeridas para manter a capacidade de pagamento de uma dívida externa e interna que vem se avolumando e se tornando impagável.

Há, todavia, que se considerar que o salário mínimo só tem o significado de uma renda mínima para os trabalhadores legalmente inseridos no mercado de trabalho, ficando de fora, portanto, a grande maioria da população que participa do mercado informal de trabalho.

O *Seguro-Desemprego*, instituído em 1986, pode ser considerado outra forma de mínimos sociais no âmbito do Sistema Brasileiro de Proteção Social. É um benefício temporário que concede auxílio em forma de transferência monetária, em valor não inferior a um salário mínimo, pago de três a cinco parcelas e seu valor variando de caso a caso. Integra à Seguridade Social, sendo garantido pelo art. 7º dos Direitos Sociais da Constituição Federal.

Destina-se ao trabalhador formal e doméstico, em razão da dispensa sem justa causa, inclusive a dispensa indireta quando o empregado solicita judicialmente a rescisão motivada por ato faltoso do empregador; ao trabalhador formal com contrato de trabalho suspenso quando da participação em curso ou programa de qualificação profissional oferecido pelo empregador; ao pescador profissional durante o período do defeso (procriação das espécies); ao trabalhador resgatado da condição análoga à de escravo em decorrência de ação de fiscalização do Ministério do Trabalho e Emprego (MTE).

---

6. Essa situação vem sendo modificada com a estabilidade da moeda adotada com a implantação do Plano Real em 1994 e com a política de recomposição do salário mínimo acima dos índices anuais de inflação e ampliação do contingente de famílias e pessoas inseridas em Programas de Transferência de Renda durante os Governos Lula e Dilma.

Para requerer o benefício do Seguro-Desemprego, o trabalhador deve atender aos seguintes critérios de habilitação, considerando a modalidade do benefício:

a) *Trabalhador formal* deve ter sido dispensado sem justa causa; ter recebido salários de pessoa jurídica ou pessoa física equiparada à jurídica (inscrita no CEI), no período de seis meses consecutivos, imediatamente anteriores à data de dispensa; estar desempregado quando do requerimento do benefício; ter sido empregado pelo menos seis meses nos últimos 36 meses que antecedam a data de dispensa.

b) *Bolsa de qualificação profissional*, nesse caso, o trabalhador deve estar com o contrato de trabalho suspenso e devidamente matriculado em curso ou programa de qualificação profissional oferecido pelo empregador.

c) *Empregado doméstico* deve ter sido dispensado sem justa causa; trabalhado, exclusivamente, como empregado doméstico, pelo período mínimo de 15 meses nos últimos 24 meses que antecederam a data de dispensa que deu origem ao requerimento do Seguro-Desemprego; estar desempregado quando do requerimento do benefício; estar inscrito como contribuinte individual da Previdência Social e em dia com as contribuições; ter, pelo menos 15 recolhimentos ao FGTS, como empregado doméstico.

d) *Pescador artesanal* precisa possuir registro como pescador profissional, na categoria artesanal, devidamente atualizado no Registro Geral da Pesca (RGP), emitido pela Secretaria Especial de Agricultura e Pesca da Presidência da República, com antecedência mínima de um ano da data do início do defeso; ter inscrição no INSS como segurado especial; comprovação de venda do pescado a adquirente pessoa jurídica ou cooperativa, no período correspondente aos últimos 12 meses que antecederam ao início do defeso; comprovar o exercício profissional da atividade de pesca artesanal, em caráter ininterrupto, durante o período compreendido entre o defeso anterior e o em curso; não ter vínculo de emprego ou outra relação de trabalho ou outra fonte de renda diversa da decorrente da atividade pesqueira.

e) *Trabalhador resgatado* deve comprovar ter sido resgatado do regime de trabalho forçado ou da condição análoga à de escravo por ação de fiscalização do MTE; não dispor de renda própria de qualquer natureza suficiente à sua manutenção e de sua família.

Além dos requisitos específicos, os trabalhadores que pleiteiam o Seguro-Desemprego não podem dispor de renda própria de qualquer natureza suficiente à sua manutenção e de sua família e não podem usufruir de qualquer benefício previdenciário de prestação continuada, com exceção do Auxílio Acidente e Pensão por Morte.

Série Histórica do quantitativo de atendimento
do Seguro-Desemprego no período de 1996 a 2010 no Brasil

Ano	Total de segurados
1996	4.397.272
1997	4.426.723
1998	4.398.309
1999	4.695.035
2000	4.181.855
2001	4.691.850
2002	4.807.634
2003	4.987.592
2004	4.817.209
2005	5.404.784
2006	5.752.801
2007	6.182.997
2008	6.822.730
2009	7.439.961
2010	7.339.361

Fonte: Sistema de Acompanhamento Estatístico-Gerencial do Seguro Desemprego — MTE (Elaboração própria).

Segundo dados do MTE, Coordenação Geral do Seguro-Desemprego e Abono Salarial, acessados em 15/09/2014, o quantitativo de atendimento do Seguro-Desemprego de 1996, quando foi implantado, até 2010 apresentou comportamento indicado na tabela a seguir, verificando-se que de 1996 a 2004 o atendimento não alcançou cinco milhões de trabalhadores, o que se verificou só em 2005 e 2006, passando para um total superior a seis milhões nos anos 2007 e 2008, chegando a ultrapassar a sete milhões de atendimentos em 2009 e 2010, revelando o caráter ainda limitado desse benefício.

No campo dos mínimos sociais também pode ser incluído o *abono salarial* no valor de um salário mínimo, destinado, anualmente, aos empregados que tenham percebido de empregadores que contribuem para o Programa de Integração Social — PIS, ou para o Programa de Formação do Patrimônio do Servidor Público — PASEP, até 2 (dois) salários mínimos médios de remuneração mensal no período trabalhado e que tenham exercido atividade remunerada pelo menos durante 30 dias no ano-base. É necessário também que estejam cadastrados há pelo menos 5 (cinco) anos no Fundo de Participação PIS/PASEP, ou no Cadastro Nacional do Trabalhador.[7]

Consideramos que um grande avanço na questão dos mínimos sociais no Brasil ocorreu com a Constituição Brasileira de 1988, quando foram instituídos três benefícios, sendo que dois podem ser considerados como grandes Programas de Transferência de Renda em implementação pelo Governo Federal, na atualidade.

O primeiro benefício é representado pela elevação dos benefícios mínimos da Previdência Social, que foram equiparados ao salário mínimo, ampliando-se, portanto, a base atingida por esse mínimo que, atualmente, não chega, sequer, a cobrir as necessidades básicas de um só indivíduo.

Tem-se, também, a instituição da Renda Mensal Vitalícia[8] vinculada à Previdência Social, atribuída aos brasileiros com mais de 70 anos de

---

7. O Seguro-Desemprego e o Abono Salarial são custeados pelo Fundo de Amparo ao Trabalhador — FAT, vinculado ao Ministério do Trabalho.

Ainda pode ser considerado como mínimo social oficialmente instituído no Brasil o Salário-Família, cujo significado é praticamente inexistente em decorrência da insignificância do valor monetário transferido às famílias.

8. A Renda Mensal Vitalícia foi instituída em 1974, no âmbito da Previdência Social urbana, que criou um amparo previdenciário aos maiores de 70 anos ou inválidos, definitivamente incapacitados para o trabalho. Essa renda foi extinta pelo Decreto n. 1.744, de 18/11/1995, que regulamentou a

idade que não dispunham de meios de subsistência. Esse direito foi reafirmado pela Constituição Brasileira de 1988, no âmbito da assistência social, passando a se constituir num direito do cidadão e num dever do Estado (arts. 203 e 204), na categoria de auxílio aos idosos, definido na referida Constituição, sendo estendido aos portadores de deficiência que não possam trabalhar e não disponham de renda *per capita* superior a um quarto de salário mínimo. Ambos, auxílio a idosos e a deficientes,[9] fixados no valor de um salário mínimo, só foram regulamentados pela Lei Orgânica da Assistência Social — LOAS (Lei n. 8.742, de 7 de dezembro de 1993), ficando então instituído o Benefício de Prestação Continuada, tendo o mesmo entrado em vigor só a partir de janeiro de 1996.[10]

Além do salário mínimo, instituído para os trabalhadores, as aposentadorias urbanas e rurais, de caráter contributivo, o Seguro-Desemprego, a Renda Mensal Vitalícia, substituída pelo Benefício de Prestação Continuada, de caráter não contributivo, outras transferências monetárias que podem ser identificadas no âmbito do Sistema Brasileiro de Proteção Social são alguns benefícios, de caráter assistencial, eventual, pontual,

---

concessão do Benefício de Prestação Continuada aos idosos e aos portadores de deficiência. Os critérios de concessão da Renda Mensal Vitalícia eram os seguintes: não exercer atividade remunerada; não ter rendimento, sob qualquer forma, superior a um salário mínimo; não ser mantido por pessoa de quem dependa obrigatoriamente; não ter outro meio de prover o próprio sustento; ter sido filiado à Previdência Social, em qualquer época, por, no mínimo, 12 meses, consecutivos ou não; ter exercido atividades remuneradas que se incluíssem no regime da Previdência Social urbana ou rural, mesmo sem filiação, no mínimo, por 5 anos, consecutivos ou não; ter ingressado no regime da Previdência Social, com mais de 60 anos, sem direito aos benefícios regulamentares. O benefício era, inicialmente, uma transferência monetária igual à metade do maior salário mínimo vigente no país, mas não ultrapassando 60% do valor do salário mínimo local do pagamento, isso quando o salário mínimo era regionalizado, sendo que depois da Constituição Federal de 1988, o valor mínimo desse benefício passou a ser também o de um salário mínimo.

9. O Benefício de Prestação Continuada é destinado a idosos, inicialmente, com mais de 70 anos, sendo posteriormente reduzido para 67 anos e no dia 01/10/2003, com a sanção do Estatuto do Idoso pelo Presidente da República, a idade foi reduzida para 65 anos, conforme já indicava a Lei Orgânica da Assistência Social — LOAS, sancionada em 1993. Esse benefício, no valor de um salário mínimo, é também atribuído a pessoas com deficiência, que não disponham de meios para sua subsistência e vivam em famílias cuja renda *per capita* seja inferior a um quarto do salário mínimo, exigência essa também atribuída aos idosos.

10. O Benefício de Prestação Continuada será considerado no item 2.2 (Caracterização dos Programas Nacionais) deste livro.

localizado e emergencial, destinadas aos pobres, principalmente face à problemática de crianças nas ruas e em situação de risco social, ou no caso de calamidade pública. Talvez se possa incluir, ainda, na categoria de mínimos, a concessão de bolsas de estudo, repassadas pelo Estado, por entidades filantrópicas ou empresas, a filhos de trabalhadores ou a crianças de famílias pobres.

Nesse aspecto, é importante considerar que a LOAS tem o mérito de incluir no ideário e no debate sobre a proteção social a concepção de *Mínimos Sociais,* ao definir, no seu art. 1º, a Assistência Social como uma Política de Seguridade Social não contributiva, definindo mínimos sociais como parâmetro para essa Política,[11] devendo esse conceito ser operacionalizado para orientar o debate e as propostas de renda mínima no país.

Em se tratando de um debate mais específico sobre os programas de Transferência de Renda, o ano de 1991 é considerado o marco inicial desse debate, que foi, inicialmente, mobilizado pela aprovação do Projeto de Lei n. 80/1991, que propõe a instituição do Programa de Garantia de Renda Mínima, em sessão do Senado Federal de 16/12/1991, de autoria do Senador do Partido dos Trabalhadores, Eduardo Suplicy. Essa temática instituiu um debate, embora ainda muito restrito, que introduziu, definitivamente, na agenda pública brasileira, a possibilidade da implementação de Programas de Transferência de Renda, permitindo o surgimento das experiências pioneiras em Campinas, Brasília, Ribeirão Preto e Santos, seguindo-se de um conjunto de propostas em âmbito municipal e estadual, preconizando a transferência direta de auxílio financeiro como forma de complementação da renda de famílias pobres. Essas famílias seriam identificadas pela fixação de um determinado corte de renda, acrescido de outros critérios, em especial, a existência de crianças em idade escolar na família e residência desta, por um determinado tempo, no respectivo município. Têm-se, então, os primeiros

---

11. A concepção de mínimos sociais vem sendo objeto de debate e discussões no âmbito da Política de Assistência Social, apresentando concepções e entendimentos diferenciados, expressos conforme posturas teórico-ideológicas orientadoras do debate. Destacam-se, nesse debate, os trabalhos de: Sposati, 1997; Demo, 1997; Pereira, 2000.

esforços de implantação dos denominados programas de renda mínima ou bolsa escola, no contexto de Sistema Brasileiro de Proteção Social.

Por conseguinte, os Programas de Transferência de Renda inauguram um debate, que se aprofundou durante toda a década de 1990, passando a se constituir, nesse início do século XXI, o que já se pode considerar a estratégia principal no eixo da Política de Assistência Social do Sistema Brasileiro de Proteção Social na atualidade. Assim é que, num esforço de levantar elementos gerais que fundamentem e aprofundem o debate sobre os Programas de Transferência de Renda, enquanto uma nova tendência de política social brasileira, apresentamos, a seguir, uma reflexão sobre o debate nacional e sobre as propostas e experiências pioneiras que despertaram e mobilizaram esse debate, sobretudo no contexto dos municípios brasileiros.[12]

1.2 A Construção do Debate Internacional e Nacional

Suplicy (2002), em estudo sobre Programas de Transferência de Renda de caráter universal e incondicional, denominado de Renda Básica por uns e Renda de Cidadania pelo autor, destaca os fundamentos básicos de sustentação de programas dessa natureza no campo religioso: no Alcorão, no Budismo e no Velho e Novo Testamento da Bíblia Sagrada; em filósofos clássicos como Confúcio e Aristóteles; em revolucionários como Karl Marx: "de cada um de acordo com sua capacidade, a cada um de acordo com suas necessidades". Identifica em Thomas More, no seu livro *Utopia* (1516), a inspiração desses programas pelo destaque dado a importância de se assegurar a todos o mínimo para sobrevivência digna, tendo por fundamento a garantia de sobrevivência apontada por diferentes tendências. Destaca economistas clássicos, defensores de ideias similares, como Adam Smith e Karl Polanyi. Destaca a contribuição

---

12. As experiências e propostas apresentadas a seguir, além de considerar análise de documentações, especialmente leis, decretos, portarias e normas de instituição e regulamentação dos programas considerados, bem como alguns folhetos de divulgação e consulta a páginas WEB, foram atualizadas mediante entrevistas realizadas com representantes dos referidos programas.

de Thomas Paine, no texto "Justiça Agrária" (1795), em que é defendida a ideia de que "todo proprietário que cultiva a terra deve à comunidade um aluguel pela mesma".

Os Programas de Transferência de Renda são apontados por Suplicy como possibilidade concreta, simples e objetiva de garantia do direito mais elementar do ser humano, o direito à vida, mediante uma justa participação na riqueza socialmente produzida. Nesse sentido, o autor faz indicações importantes de experiências dessa natureza ao redor do mundo: em vários países da Europa a partir dos anos 1930;[13] nos Estados Unidos, em 1935, quando o governo de Franklin Roosevelt cria o Social Security Act (Ato de Seguridade Social), no bojo do qual instituiu o Aid for Families with Dependent Children — AFDC (Programa de Auxílio às Famílias com Crianças Dependentes), concedendo um complemento de renda às famílias com renda abaixo de certo patamar, cujas mães eram viúvas e apresentavam dificuldades de cuidar de seus filhos e oferecer-lhes educação. Em 1974, foi criado também nos Estados Unidos o Eamed Income Tax Credit — EITC (Crédito Fiscal por Remuneração Recebida), destinado a famílias que efetivamente estivessem trabalhando e tivessem crianças, tendo sido fixado um corte de renda abaixo do qual as famílias recebem uma transferência monetária variável, conforme a renda e o número de filhos e a partir do qual passam a pagar imposto de renda, ficando assim instituído um grande programa de Imposto de Renda Negativo, com rebatimentos positivos, na redução da pobreza no país.

Suplicy, em *Renda de Cidadania: a saída é pela porta*, também analisa a experiência pioneira do Estado do Alasca, denominada Fundo Permanente

---

13. A partir dos anos 1930, muitos países na Europa introduziram programas com a perspectiva de garantia de uma renda mínima, seja na forma de garantia de benefícios às crianças, de auxílios a famílias com crianças dependentes, de suporte de renda aos idosos, aos inválidos, aos que ganham pouco, de seguro-desemprego, de renda mínima de inserção ou de complexos sistemas de seguridade social (Suplicy, 2002, p. 75). Paugam (1999) relata a introdução de sistemas de renda mínima garantida, todos sob condições de inserção profissional ou social, em países, como Dinamarca (1933); Reino Unido (1948); Alemanha Federal (1961); Países Baixos (1963); Bélgica (1974); Irlanda (1977); Luxemburgo (1986); França (1988); em diversas províncias da Espanha — Andaluzia, Aragón, Astúrias, Catalunha, Galícia, Múrcia, Navarra e no País Basco (1990) e em Portugal (1996).

do Alasca, a partir da qual, anualmente, os moradores daquele Estado recebem uma renda monetária transferida diretamente para sua conta bancária, considerando o volume do Produto Interno Bruto no referido ano; o autor chega à América Latina, indicando o Programa Assignación Familiar, desenvolvido no Uruguai, Chile e Argentina, para complementação de renda aos trabalhadores do mercado formal que tenham crianças frequentando escola; fala da proposta Ingresso Ciudadano, apresentada em 1995 por Rubén ló Vuolo e Alberto Barbeito para a Argentina; faz referência ao Programa Beca Escuela, criado em 1989, na Venezuela, destinado às famílias carentes, para manter seus filhos na escola até o limite de três crianças[14] e destaca a BIEN — Basic Income European Network (atualmente Basic Income Earth Nework), a maior articulação mundial em defesa de uma renda básica para todos, criada em 1986. A BIEN vem mantendo ampla discussão internacional sobre a Renda Básica, enquanto uma modalidade de Programa de Transferência de Renda incondicional, inclusive realizando congressos internacionais a cada dois anos, tendo sido o último o 13th BIEN Internacional Congress, realizado em 2010, em São Paulo, e o 14th BIEN será realizado em setembro de 2012 em Munich.

Todavia, o debate internacional mais recente, sobre Programas de Transferência de Renda, vem sendo colocado de modo mais amplo a partir da década de 1980 no âmbito das grandes transformações que ocorreram na economia, com profundos rebatimentos no mundo do trabalho, cujas consequências mais marcantes são a geração de um número cada vez maior de desempregados, além da ampliação dos chamados trabalhos precarizados, alcançando homens e mulheres de todas as idades, principalmente os jovens, fortemente atingidos pelo desemprego de longa duração. Essas situações têm produzido consequências na sociabilidade da sociedade salarial, inspirando estudiosos a identificarem novas

---

14. Além das indicações registradas em Suplicy (2002) sobre Programas de Transferência de Renda, levantamento realizado em 2012 indica que se encontram em implementação mais de vinte programas de transferência de renda em países da América Latina, América Central, Caribe e México, merecendo destaque, além do Bolsa Família, no Brasil, o Programa Oportunidades, no México, Assignación Familiar por Hijo para el Bem Estar Social, na Argentina, Nuevo Régimen de Asignaciones Familiares, no Uruguai, Avancemos, em Costa Rica, Chile Solidário, no Chile, entre outros.

questões sociais decorrentes desse processo e a necessidade de redimensionamento do *Welfare State*, cujos elementos básicos de sustentação — pleno emprego, crescimento econômico e família estável — ruíram com a sociedade do bem-estar social, não tendo seu desenho original mais sustentação no âmbito da economia globalizada (Gorz, 1983, 1985, 1991; Rosanvallon, 1995; Castel, 1995).

O desenho tradicional do *Welfare State* — seguro social, formado pela contribuição dos que se encontram inseridos no mercado de trabalho, e a assistência social, representada por serviços e auxílios sociais destinados a categorias sociais específicas em dificuldade, não responde mais às novas questões sociais (Silva, 1997). Coloca-se então a necessidade de reforma dos programas sociais e, nesse âmbito, os Programas de Transferência de Renda são destacados como possibilidades para o enfrentamento do desemprego e da pobreza, ampliada na sua face estrutural e pelo que se convencionou denominar de "nova pobreza",[15] decorrente da reestruturação produtiva e dos programas de ajuste econômico. (Atkinson, 1995; Brittan, 1995; Bresson, 1993; Vuolo, 1995; Gorz, 1991).

Nesse âmbito é que o debate internacional tem apontado os Programas de Transferência de Renda como possibilidade de solução para a crise do emprego, e o enfrentamento da pobreza, sendo defendidos por políticos, organizações sociais e estudiosos das questões sociais de diferentes matizes teóricas, dentre as quais se destacam as seguintes perspectivas: a) uma de natureza liberal/neoliberal que considera os Programas de Transferência de Renda como mecanismo compensatório e residual, eficiente no combate à pobreza e ao desemprego e enquanto uma política substitutiva dos programas e serviços sociais e como meca-

---

15. A "Nova Pobreza" é um fato novo que foi registrado nos anos 1980 e 1990, a partir de quando milhões de pessoas, que viviam próximo ou mesmo acima das linhas de pobreza, caíram de nível socioeconômico nos países do Terceiro Mundo; nos países ricos, centenas e milhões passaram a integrar o "Quarto Mundo" e, nos países saídos do socialismo, milhares passaram a viver a insegurança. Trata-se de um novo fenômeno que assume padrões, características e sentidos os mais variados, afetando, diferentemente do passado, grupos e pessoas que nunca tinham vivenciado estado de pobreza, como: empregados do setor moderno, professores, pequenos produtores, artesãos autônomos etc., cujo traço comum é o declínio nos níveis de renda, com considerável deterioração nos padrões de vida (Gaudier, 1993, p. 52-53).

nismo simplificador dos Sistemas de Proteção Social; b) uma perspectiva de natureza progressista/distributivista que considera os Programas de Transferência de Renda enquanto mecanismos de redistribuição da riqueza socialmente produzida e como uma política de complementação aos serviços sociais básicos já existentes e voltada para a inclusão social; c) uma perspectiva que percebe os Programas de Transferência de Renda como mecanismo provisório para permitir a inserção social e profissional dos cidadãos, numa conjuntura de pobreza e de desemprego.[16]

Partindo do entendimento de que os Programas de Transferência de Renda, no Brasil, denominados, por exemplo, Renda Mínima e Bolsa Escola; podem ter orientações político-ideológicas e motivações diferenciadas, que vão de uma perspectiva de apoio à funcionalidade do mercado, apresentando, portanto, caráter meramente compensatório e residual, até uma perspectiva orientada pelo entendimento de que a riqueza socialmente produzida deve, de alguma forma, ser redistribuída aos membros da sociedade, é que é possível se desvendar o significado do desenvolvimento histórico e a natureza desses programas no Brasil.

Nesse sentido, esses fundamentos colocam a possibilidade de duas orientações para os Programas de Transferência de Renda que vêm inspirando o debate e as experiências brasileiras:

a) Transferência de Renda enquanto programas compensatórios e residuais cujos fundamentos são os pressupostos liberais/neoliberais, mantenedores dos interesses do mercado, orientados pelo entendimento de que o desemprego e a exclusão social são inevitáveis. Têm como objetivos garantir a autonomia do indivíduo como consumidor, atenuar os efeitos mais perversos da pobreza e da desigualdade social, sem considerar o crescimento do desemprego e a distribuição de renda, tendo como orientação a focalização na extrema pobreza, para que não ocorra desestímulo ao trabalho. O impacto é, necessariamente, a reprodução de uma classe de pobres, com garantia de sobrevivência no limiar de uma determinada Linha de Pobreza;

---

16. Essa formulação vem sendo apresentada por Maria Ozanira da Silva e Silva, em trabalhos anteriores, com destaque à Silva, 1997.

b) Transferência de Renda enquanto programas de redistribuição de renda, orientados pelo critério da Cidadania Universal, tendo como fundamentos pressupostos redistributivos. Nesse caso, o objetivo é alcançar a autonomia do cidadão e a orientação é a focalização positiva capaz de incluir todos que necessitam do benefício ou os cidadãos em geral, visando à garantia de uma vida digna para todos. O impacto desejado é a inclusão social.[17]

No Brasil, a inspiração de muitos programas, sobretudo os de iniciativa de municípios, iniciados em 1995, se originaram de propostas de políticos do Partido dos Trabalhadores, procurando orientar-se por uma perspectiva rumo à redistribuição da riqueza socialmente produzida. Todavia, a ampliação dessas propostas e a formulação dos programas nacionais de grande abrangência, com aparente consenso entre políticos de diferentes orientações ideológicas, parecem vir direcionando as experiências para uma perspectiva orientada por pressupostos liberais/neoliberais. Assim, os resultados alcançados não parecem ser capazes de ultrapassar a manutenção das grandes desigualdades sociais e parecem direcionar-se para a criação de um estrato de pobres situados num patamar de indigência ou de mera sobrevivência, com impactos insuficientes sobre a interrupção do ciclo vicioso de reprodução da pobreza. Todavia, há que se considerar que estudos realizados indicam a redução da indigência, da pobreza e da desigualdade no Brasil, a partir de 2001, o que vem ocorrendo devido à estabilização da moeda; o reajuste do salário mínimo em patamares superiores aos índices de inflação; a elevação do número de postos de trabalho com carteira assinada; a elevação da renda do trabalho e, particularmente, aos Programas de Transferência de Renda, com destaque ao Bolsa Família, ao Seguro Social Rural e ao Benefício de Prestação Continuada, pelo elevado quantitativo do público atendido por estes e outros Programas de Transferência de Renda e pela capacidade de focalização nas famílias pobres (BIRD, Ascensão e Queda da Desigualdade Brasileira, 2006; IPEA, Radar Social, 2005; IBGE, Miséria em Queda,

---

17. Um exemplo dessa proposta encontra-se em Suplicy, 2002.

2005 e IBGE, Pesquisa Nacional por Amostra de Domicílios — PNAD 2004, 2005 e 2006, 2007, 2008 e 2009, Soares et al., 2007; IPEA, 2008, 2009 e 2010, Censo 2010 e Soares, 2011).

Por conseguinte, importa ressaltar que o debate sobre os Programas de Transferência de Renda, no Brasil, se situa no contexto de hegemonia do projeto neoliberal, com o desmonte do frágil Sistema Brasileiro de Proteção Social, quando a Constituição Federal de 1988 parecia abrir espaço para a universalização dos direitos sociais. Esse momento é marcado pela restrição aos programas sociais em âmbito nacional, pelo debate sobre a descentralização dos programas sociais, verificando-se demanda crescente de políticas para enfrentamento da pobreza, agravada com a crise econômica dos anos 1980 e com as medidas de ajuste da economia nacional às exigências do capital internacional, adotadas nos anos 1990. Destaca-se, ainda, a centralidade que passou a assumir a demanda pela formação de mão de obra com perfil capaz de responder às necessidades da atual matriz de produção da sociedade global.

Portanto, é no bojo de um Sistema de Proteção Social em redimensionamento que vem se ampliando um espaço de debate e de implementação de Programas de Transferência de Renda, alcançando, a partir de 2001, um elevado nível de expansão, sobretudo com a implantação de programas de iniciativa do Governo Federal, implantados em todos os municípios brasileiros.[18]

O avanço desse debate se situa numa conjuntura de crescimento do desemprego, de insegurança nas grandes cidades, do reconhecimento da baixa qualificação de nossa mão de obra para atender a demandas do novo modelo de produção e num quadro de índice elevado de pobreza, em que as crianças e os jovens são os mais atingidos.

Ademais, na identificação e qualificação do debate nacional sobre os Programas de Transferência de Renda, há que se identificar o confronto de dois polos contraditórios. De um lado, encontram-se os limites históricos que imprimem especificidade a qualquer esforço de implementação desses programas, como:

---

18. Sobre os Programas Nacionais de Transferência de Renda, veja o capítulo 2 deste livro.

- existência de um amplo contingente da população vivendo abaixo da linha de pobreza absoluta e até da indigência, com uma longa história de exclusão social e limitado acesso a serviços sociais básicos;
- adoção de modelos econômicos concentradores e excludentes;
- um aparelho estatal, nos três níveis de governo, marcado pela limitação de recursos e sua má utilização, carência de técnicos capacitados, permeabilidade da máquina estatal aos interesses privados e à manipulação político-clientelista;
- dificuldade de focalização dos programas sociais no público que mais necessita deles;
- falta de tradição de acompanhamento e avaliação dos programas sociais;
- fragilidade da organização da sociedade, orientada por uma cidadania baseada no mérito em vez de nas necessidades.

De outro lado, há a identificação de elementos motivadores para adoção dessa política, tais como:
- constatação de vários estudos que evidenciam custos, em termos de montante de recursos, relativamente modestos, necessários para elevar ao nível da linha de pobreza o contingente populacional que se encontra abaixo desta;[19]
- constatação da pouca eficácia dos programas sociais brasileiros, em termos da focalização sobre a população mais pobre,[20] que apesar do elevado gasto social não vem alterando o quadro de

---

19. O "Rapport sur le dévelopment dans le monde", 1990, sobre pobreza, elaborado pelo Banco Mundial, estimou em 1% a percentagem do PIB da América Latina que seria necessária para eliminar toda a pobreza extrema do continente.

20. A dificuldade de focalização dos programas sociais no Brasil tem sido identificada por muitos estudos e vem sendo demonstrada, recentemente, por técnicos do Instituto de Pesquisas Sociais Aplicadas — IPEA. Tais estudos demonstram a dificuldade de tais programas no sentido de alcançar as famílias mais pobres, como um problema maior do que o montante de recursos destinado a esses programas, aliás, considerado alto, em torno de 20% do Produto Interno Bruto. Essa situação vem sendo modificada com a implantação do Bolsa Família que tem demonstrado elevado poder de focalização nas famílias pobres, conforme é visto no decorrer deste livro.

pobreza, instituindo o ciclo vicioso do aumento da pobreza e consequente diminuição das possibilidades de o Estado financiar programas de enfrentamento à pobreza;
- possibilidade de maximização de recursos quando se dá a transferência monetária direta para o beneficiário, cabendo a este decidir como dispor de sua renda;
- sucesso das experiências em desenvolvimento que vêm demonstrando a viabilidade dos programas, embora os resultados mais significativos mencionados sejam, sobretudo, aqueles referentes a melhorias imediatas na condição de vida das famílias e ainda se identifiquem problemas de desvios e corrupção, o que requer maior controle social sobre os programas.

Em síntese, o crescimento do desemprego e a destituição de direitos sociais anteriormente conquistados compõem os eixos polarizadores da conjuntura que vem sustentando o debate e a prática dos Programas de Transferência de Renda no Brasil. Por outro lado, a realidade desses programas, hoje, no Brasil, atesta não se tratar de uma utopia, enquanto algo fora da realidade, como costumava ser colocado no início do debate aqui considerado, mas de uma grande transformação, de conteúdo e de forma de administrar, que vem ocorrendo no Sistema Brasileiro de Proteção Social, nesse início de século, que precisa ser melhor compreendida na sua dimensão quantitativa e qualitativa, nos seus alcances e limites.

1.3 A Primeira Proposta Nacional

Embora as primeiras experiências de Programas de Transferência de Renda tenham sido implementadas em nível local, é, todavia, em âmbito nacional que o processo de inclusão dessa temática se deu na agenda pública brasileira. O marco inicial, conforme já indicado, foi a apresentação e aprovação da proposta do Programa de Garantia de Renda Mínima — PGRM, no Senado Federal, pelo senador Eduardo Suplicy, do Partido dos Trabalhadores de São Paulo, tendo sido aprovada em 16 de dezembro de 1991, permanecendo, desde 1993, na Câmara dos Deputados, na Comissão de Finanças e Tributação, com parecer favorável de autoria do deputado Germano Rigotto (PMDB-RS). Todavia, o projeto do Senador Suplicy foi obstruído no Congresso Nacional e pressionado pela tramitação de vários outros projetos propondo programas similares. O avanço de propostas e experiências em nível de municípios e estados brasileiros fez com que o governo do Presidente Fernando Henrique Cardoso acatasse a proposta de autoria do deputado Nelson Marchezan (PSDB-RS),[21] sendo esta aprovada, com algumas modificações, na Câmara dos Deputados, no dia 3 de novembro de 1996 e, posteriormente, aprovada no Senado (Lei n. 9.533, de 10 de dezembro de 1997) e sancionada pelo Presidente da República em 2 de junho de 1998 (Decreto n. 2.609).[22]

O PGRM foi, portanto, a primeira proposta para criação de um programa nacional de renda mínima, instituída, segundo o autor, sob a forma de imposto negativo.[23] Sustentava a proposta de complementação em 30% da diferença entre os rendimentos brutos apurados e o limite de um mínimo fixado em lei,[24] sendo considerado "rendimento bruto o produto do

---

21. Esse Programa era denominado Programa de Garantia de Renda Mínima "para toda criança na escola" — PGRM, criado em dezembro de 1997, regulamentado em 1998 e iniciada sua implementação no segundo semestre de 1999, sendo substituído pelo Programa Nacional de Renda Mínima vinculado à Educação — "Bolsa Escola", cuja implementação foi iniciada em julho de 2001.

22. Em 1995 e 1996, tramitaram, no âmbito da Câmara dos Deputados e do Senado, diversos projetos de lei propondo a criação de Programas de Transferência de Renda, tipo renda mínima ou bolsa escola, tendo os seguintes autores: senadores José Roberto Arruda (PSDB-DF); Ney Suassuna (PMDB-PB), e dos deputados Pedro Wilson (PT-GO), Zaire Resende (PMDB-MG), Fernando Ferro (PT-PE), Renan Calheiros (PMDB-AL), Chico Vigilante (PT-DF) e Haroldo Saboia (PT-MA), sendo que algumas dessas propostas foram incorporadas ao projeto do deputado Nelson Marchezan. Destes, o Projeto de Lei n. 3.723, de 1997, de autoria do deputado Haroldo Saboia, se destinava, especificamente, para as trabalhadoras rurais dedicadas à extração artesanal de óleo, castanha e outros produtos do babaçu ("quebradeiras de coco") em regime de economia familiar; portanto, apresentava um caráter regional.

23. A ideia de imposto negativo inspiradora do PGRM do senador Suplicy fundamentava-se na proposta de Imposto Negativo formulada por Milton Friedman, propondo que quem ganhe acima de um determinado piso (linha da pobreza) pague imposto de renda e, quem ganhe abaixo desse piso, receba uma renda mínima, em dinheiro, o que significa, portanto, um mecanismo de taxação negativa.

24. No Projeto de Lei foi fixado um valor de Cr$ 45.000,00, correspondendo a cerca de dois salários mínimos da época, o que, em 2007 representa R$ 400,00.

capital, do trabalho ou da combinação de ambos, os alimentos e pensões percebidas em dinheiro e os proventos de qualquer natureza, sem dedução" (PL n. 80, art. 2º, parágrafo 2º).

O pressuposto orientador dessa proposta, na busca de consenso, transitava de ideários que se situavam da direita à esquerda, de modo que o autor da proposta se valeu muitas vezes de pressupostos distributivistas, preconizando a necessidade de redistribuição de renda para o enfrentamento da pobreza, como também se valeu de pressupostos liberais, que apelavam para o livre mercado e para a soberania do consumidor. Por conseguinte, a proposta fundamentava-se em matrizes teóricas as mais divergentes, indo desde Marx, até as figuras do debate contemporâneo, como Friedman, Gorz e Tobim. Evocava o direito de distribuição da riqueza socialmente produzida, perspectiva dos que defendem a renda mínima com base num ideário progressista/distributivista, ao mesmo tempo em que identificava sua proposta com o Imposto de Renda Negativo de Milton Friedman, marcadamente de expressão liberal. Em resumo, o autor da proposta admitiu buscar seus fundamentos teóricos, principalmente, em dois economistas contemporâneos: Milton Friedman (na obra *Capitalismo e Liberdade*), autor da proposta de Imposto Negativo, e Galbraith, que propõe, na sua obra — *A economia e o objetivo público* — equiparar, mais ou menos, o lucro no sistema de mercado ao lucro do sistema de planejamento e oferecer uma renda alternativa aos que não estão empregados e não podem se empregar, propondo o salário mínimo e a garantia de uma renda mínima, de modo que um reforce o outro. No Brasil, o senador Suplicy faz referência ao Prof. Antônio Maria da Silveira,[25] o primeiro a defender o Imposto Negativo na literatura econômica brasileira (Silveira, 1975).

O senador Suplicy buscava, ainda, fundamentar e justificar seu PGRM com base no art. 3º, inciso III, da Constituição Brasileira de 1988, que determina a erradicação da pobreza e da marginalização e a redução das desigualdades sociais e regionais. Indicava a transferência da renda monetária, em forma de renda mínima, como mecanismo a ser atribuído para aqueles que não conseguem satisfazer suas necessidades básicas.

---

25. Veja a opinião do Prof. Antônio Maria da Silveira sobre o PGRM, em artigo publicado em Suplicy, 1992.

As características básicas da proposta são as seguintes:
- trata-se de um imposto de renda negativo para beneficiar todos os residentes no país, maiores de 25 anos, que auferissem menos de 45 mil cruzeiros da época, correspondendo a de 2,25 salários mínimos, também da época, sendo corrigido, nos meses de maio e novembro, sempre que a inflação atingisse 30%, com um acréscimo real no mês de maio de cada ano, igual ao crescimento real, por habitante, do PIB do ano anterior;
- o benefício seria uma complementação monetária de apenas 30% da diferença entre o rendimento auferido e esse patamar mínimo, tendo em vista manter o incentivo para o trabalho;
- a proposta prevê, complementarmente, a criação de programa e projetos que visem à ampliação da oferta de serviços e bens de consumo popular, tendo em vista o aumento da demanda;
- a implantação do programa far-se-ia gradualmente, iniciando-se, em 1995, com pessoas de mais de 60 anos, finalizando a implantação no ano de 2002, atingindo todo o universo previsto — indivíduos, ativos e inativos, maiores de 25 anos;
- o financiamento do programa teria como fonte o Orçamento da União, sendo prevista a desativação de programas e entidades de política social compensatória para recolocação dos recursos para permitir a implementação do programa, sendo que o custo total deste não poderia ultrapassar 3,5% do PIB. Embora se registrasse uma insistência frequente na possibilidade de extinção de programas assistenciais e fundos,[26] que seriam substituídos pelo PGRM, para justificar sua possibilidade de financiamento, era, porém sustentada a ideia de que esse Programa não deveria substituir as ações governamentais básicas na área da saúde, educação e saneamento;[27]

---

26. Os programas e fundos mais apontados, no debate parlamentar, para extinção, foram os programas assistenciais da LBA e CBIA, o Seguro-Desemprego, os programas de alimentação do INAN e os seguintes fundos: FAE, PIS, PASEP.

27. Segundo estudo do IPEA, realizado por Urani (1998), com base na PNAD/1993 (Pesquisa Nacional por Amostra de Domicílios), adotada essa emenda seriam cerca de 31,4 milhões os benefi-

- a transferência do benefício era prevista por intermédio da fonte pagadora ou por procedimentos de devolução de imposto de renda, e a fiscalização deveria estar sujeita às normas do imposto de renda. A rede bancária e a Empresa Brasileira de Correios e Telégrafos eram apontadas como a possível instância administrativa para transferência do benefício.

É importante destacar que o parecer, elaborado em 1993, pelo relator deputado Germano Rigotto, na Câmara Federal, mesmo sendo favorável à aprovação do projeto que instituiria o PGRM, apresentava algumas emendas, destacando-se a proposição de exceção daqueles que, tivessem renda individual menor que R$ 240,00 mensais, pertencessem a famílias com renda total superior a R$ 720,00 mensais. Seguindo o debate, outras propostas de emendas foram apresentadas, indicando a importância da obrigatoriedade em manter as crianças de até 14 anos de idade na escola e a previsão de que o Programa seria iniciado nos três estados de menor renda *per capita* (Piauí, Tocantins e Maranhão), estendendo-se, no segundo ano, pelos estados do Nordeste, norte de Minas Gerais e Vale do Jequitinhonha e atingindo, progressivamente, os estados de maior renda *per capita* (Suplicy, 1996, p. 17).

No amplo processo de debate que se desenvolveu sobre o PGRM, no parlamento, na academia e na sociedade em geral, o autor desenvolveu, em todos os seus pronunciamentos, no Senado e em artigos publicados (Suplicy, 1992), a seguinte argumentação em defesa de sua proposta:

— "relevância de uma renda monetária de base individual, como dispositivo de distribuição de renda e de combate à pobreza;

— relevância da transferência monetária para permitir aos indivíduos terem opção de escolha na aquisição de bens e serviços para satisfazer suas necessidades básicas;

— efeitos positivos no controle do fluxo migratório, por se tratar de um programa nacional" (Silva, 1997, p. 112).

ciários do PGRM, totalizando o custo anual em R$ 17,6 bilhões, representando, aproximadamente, 2,5% do PIB.

Suplicy e outros defensores de sua proposta (Suplicy, 1992) também desenvolveram toda uma argumentação em contraposição às críticas que os programas de renda mínima vinham recebendo, no âmbito do referido debate, destacando-se a crítica relacionada com o problema de os programas de renda mínima, por possibilitar uma transferência monetária independente do desenvolvimento de um trabalho, pudesse produzir desestímulo em relação a este. No que se refere a esse aspecto, os defensores do PGRM realçaram a seguinte argumentação:

— a complementação das rendas já obtidas (30% do salário-base fixado, em torno de dois salários mínimos, no caso do PGRM) é muito baixa para produzir desestímulo ao trabalho;

— a garantia de uma renda mínima aumenta o poder de barganha dos assalariados no mercado de trabalho, permitindo-lhes não se sujeitarem a condições repugnantes, como o trabalho escravo;

— a renda mínima proporciona o fisicamente indispensável para que uma pessoa possa conseguir trabalho, assimilar educação, treinamento etc., posto que o miserável não dispõe sequer de condições mínimas para procurar um emprego (aparência) e, muito menos, para assimilar uma qualificação mínima (aprendizagem) que o capacite para o trabalho (Silveira, 1992, p. 175);

— as aspirações humanas são crescentes e, se o trabalho representasse apenas desprazer, conforme advogam os autores de uma teoria capitalista abstrata, os ricos não trabalhariam;

— se o argumento básico dos liberais, que diz que "ninguém deve ganhar sem trabalhar", fosse válido, os juros, aluguéis, lucro, seriam, também, imorais;

— "a relação de troca, em que o cidadão contribui em trabalho e a sociedade retribui em salário, envolve duas necessidades existenciais. A necessidade de sentir-se útil à sociedade, de dar uma contribuição social, por modesta que seja, e a necessidade de uma renda mínima que satisfaça um padrão de vida mínimo, algo socialmente visto como aceitável, por modesto que seja" (Silveira, 1992, p. 176);

— um poder aquisitivo mínimo é condição para o exercício da cidadania e retira o cidadão da armadilha da miséria (Vasconcelos, 1992, p. 199).[28]

Além da crítica acima, relacionada com a possibilidade de desestímulo ao trabalho, outras críticas ou problemas mais apontados, no debate sobre a instituição de uma renda mínima no Brasil, se referem, principalmente, a questões como o elevado custo desses programas; possibilidade de desonestidade das pessoas ao declararem o seu rendimento; dificuldades na administração; corrupção do governo; desmobilização de lutas sociais pela busca de melhoria das condições de vida; caráter assistencialista desses programas; estímulo à informalização da economia. A essas desvantagens são contrapostas as seguintes vantagens: liberdade para o beneficiário escolher como quer gastar o dinheiro recebido; maior possibilidade de controle e diminuição de fraude na administração dos programas, com a possibilidade de reduzir a burocracia, com a simplificação do sistema, além de ser destacada, positivamente, a abrangência nacional do Programa, no caso, o PGRM, que permitirá a fixação do homem na sua região de origem, evitando a migração e seus custos sociais (Silva, 1997, p. 114).

Apesar de todo esse esforço dos alinhados ao PGRM, no sentido de sua defesa, o avanço das experiências brasileiras na implementação de Programas de Transferência de Renda vem permitindo uma análise mais aprofundada dessa proposta, até por ter sido pioneira, e esse é seu maior mérito, permitindo a identificação, na literatura sobre a temática, de posicionamentos diversos que têm apontado o que se denominam inconsistências, limitações ou críticas ao PGRM, destacando-se:

- a não articulação a outras políticas e programas capazes de alterar, a médio e longo prazo, o perfil da distribuição de renda no país, como a política de educação, saúde e emprego e renda;
- a não contemplação, no desenho do programa, da participação dos municípios e estados no seu financiamento;

---

28. Veja, Silva (1997, p. 113).

- o destaque dado aos mais idosos, quando as novas gerações são potencialmente mais sensíveis a mudanças e têm um ciclo de vida mais extenso, portanto com possibilidades de maior influência sobre gerações futuras;
- a indicação do indivíduo como beneficiário, no lugar da família, quando esta apresenta uma possibilidade de ampliação maior do benefício;
- dificuldade de comprovação de rendimento, principalmente dos mais pobres, considerando que mais de 50% dos trabalhadores encontram-se no setor informal da economia, podendo estes assumir a condição de pessoas sem rendimento ou desencadear fraude generalizada, comprometendo a viabilidade do programa;
- críticas aos custos do programa, sem dotação orçamentária definida, portanto, dependente da vontade política do Presidente da República;
- dificuldades para sua administração, principalmente para efetivação do controle, exigindo uma imensa estrutura burocrática que efetive o cálculo periódico do nível de renda;
- o PGRM é considerado por analistas e críticos como insuficiente enquanto instrumento de combate à pobreza pelo caráter compensatório de uma política *ex-post*, não atacando as causas da pobreza e da desigualdade, portanto, incapaz de mudar a estrutura econômica geradora da marginalidade social e econômica.

Independentemente de críticas e elogios, o PGRM tem o mérito, inquestionável, de ter iniciado o debate sobre a renda mínima na opinião pública brasileira, inspirando a criação de um imenso conjunto de Programas de Transferência de Renda em implementação, por iniciativa de municípios, estados e pelo Governo Federal. Trata-se de uma modalidade de programas sociais não só factíveis, mas prevalentes no âmbito do Sistema Brasileiro de Proteção Social no adentrar do século XXI. Ademais, a luta, constante e incansável, do autor da proposta considerada, senador Suplicy, tem, concretamente, representado um estímulo para o avanço do debate e dos esforços de concretização dessa política no Brasil.

1.4 As Experiências Pioneiras

O ano de 1995 é o marco inicial da concretização de um debate sobre Programas de Transferência de Renda, que se iniciou, no Brasil, em 1991. No contexto do sistema de proteção social, esses programas são entendidos como transferência monetária a famílias ou a indivíduos, transferência esta, na maioria dos programas, associada a exigências de contrapartida no campo da educação, da saúde e do trabalho. Neste ano, são implantados programas com denominações de Renda Mínima ou Bolsa Escola, nas cidades de Campinas (SP), Ribeirão Preto (SP), Santos (SP) e em Brasília (DF). Destes, o Programa de Garantia de Renda Familiar Mínima — PGRFM de Campinas e o Programa Bolsa Escola de Brasília transformaram-se nos modelos inspiradores e orientadores das experiências subsequentes: o *Modelo Garantia de Renda Mínima Familiar* e o *Modelo Bolsa Escola*, incorporaram os dois elementos apontados na crítica que Camargo (1991; 1993) fez ao PGRM do senador Suplicy: tomaram a família enquanto unidade beneficiária e articularam a transferência monetária à política de educação, embora em graus diferenciados. A partir de então os Programas de Transferência de Renda, representados por programas de Renda Mínima, Bolsa Escola e outros, ganham destaque tendo como expectativa romper o círculo da pobreza transgeracional, de modo que a maioria desses programas propõe articulação de uma medida compensatória a uma política de alcance estrutural. Além da busca de introdução das famílias em situação de extrema pobreza em uma rede de segurança social, tendo em vista elevar os padrões de vida ao nível de uma vida digna, esses programas têm, principalmente, como perspectiva, inserir economicamente as gerações futuras, com a elevação de sua escolaridade e com o fortalecimento da família.

1.4.1 O Programa de Garantia de Renda Familiar Mínima — PGRFM da Prefeitura Municipal de Campinas/SP

Segundo estudo, que traçou o Mapa da Exclusão Social no Brasil, realizado por Pochmann e Amorim (2003), Campinas é considerada a vigésima primeira cidade brasileira com menor índice de exclusão social, em relação aos 100 municípios com menor grau de exclusão social no país. Considerando os índices que compõem a formulação do Índice de Exclusão Social[29] que é de 0,681, a situação de Campinas é a seguinte: índice de pobreza, 0,831; índice de juventude, 0,815; índice de alfabetização, 0,912; índice de escolaridade, 0,804; índice de emprego formal, 0,296; índice de violência, 0,763 e índice de desigualdade, 0,548. Foi esta cidade que primeiro implantou um programa de renda mínima, denominado Programa de Garantia de Renda Familiar Mínima — PGRFM,[30] instituído pela Lei n. 8.261, de 06/01/1995, de autoria do prefeito José Magalhães Teixeira, do PSDB — Partido da Social Democracia Brasileira, sendo regulamentado pelo Decreto n. 11.741 do mesmo ano e iniciando sua implementação em março de 1995. É, desde 2005, vinculado à Secretaria Municipal de Cidadania, Trabalho, Assistência e Inclusão Social/Departamento de Trabalho e Renda/Coordenadoria de Gestão e Integração das Informações Sociais.

Segundo dados fornecidos pelo Programa, no seu primeiro ano de funcionamento, isto é, até março de 1996, eram atendidas 2.477 famílias. Em janeiro de 2001, o Programa atendia a 2.392 famílias, com 6.068 crianças; em dezembro, beneficiou 2.844 famílias, com 7.276 crianças. Em outubro de 2003 eram atendidas 3.118 famílias, com 7.517 crianças e adoles-

---

29. O Índice de Exclusão Social, formulado no estudo citado, compõe-se das seguintes variáveis: Pobreza, Juventude, Alfabetização, Escolaridade, Emprego Formal, Violência e Desigualdade, sendo o valor máximo igual a 1,0.

Esse índice foi atualizado em 2014, tomando por referência o Censo do IBGE 2010, cujos resultados são assim expressos: Campinas ocupa a 362º posição no *ranking* dos 5.565 municípios brasileiros, com o seguinte detalhamento: Índice de Emprego (0,793); Índice de Pobreza (0,862); Índice de Desigualdade (0,439); Índice de Alfabetização (0,931); Índice de Escolaridade (0,75); Índice de Juventude (0,684); Índice de Violência (0,920) e Índice de Exclusão Social (0,748) (Guerra; Pochmann; Silva (Orgs.), 2014).

30. O NEPP/UNICAMP desenvolveu, sob a coordenação da Profa. Dra. Sônia Miriam Draibe, iniciando-se com a implantação do PGRFM, um projeto de pesquisa, sob o título: "Acompanhamento e Avaliação da Implementação do Programa de Renda Mínima Familiar da Prefeitura Municipal de Campinas". Esse projeto tinha como objetivo oferecer elementos para correções do Programa, bem como avaliar seu impacto nas populações beneficiárias. A caracterização do PGRFM, aqui apresentada, se fundamenta em informações levantadas junto à equipe desse projeto de pesquisa, bem como em outros documentos e publicações indicados na bibliografia e em entrevistas e reuniões com técnicos do Programa, realizadas para atualização das informações anteriores.

centes. Em 2006 a média de atendimentos do ano permaneceu em 3.118 famílias, com 6.152 crianças/adolescentes. Em outubro de 2007 eram atendidas 3.142 famílias, mas esse número vem variando mensalmente, mantendo, em 2007, a média de 3.118 famílias/mês, o que evidencia a não evolução do número de famílias atendidas pelo Programa desde 2003.

A unidade beneficiária do Programa é a família e o benefício é uma complementação monetária, diferencial, destinada a famílias carentes, com renda familiar mensal *per capita* inferior a R$ 35,00, residentes em Campinas há, pelo menos, dois anos antes da publicação da lei (ou seja, desde 1993) e com filhos menores de 14 anos de idade, tendo as famílias toda a liberdade na utilização do dinheiro.

O PGRFM vem sendo qualificado como pioneiro e inovador, no âmbito das políticas sociais no Brasil, por objetivar o oferecimento de uma complementação monetária de renda a famílias em situação de extrema pobreza, de modo a permitir-lhes atender às necessidades básicas de seus membros, ao mesmo tempo em que articula uma renda monetária com as políticas sociais básicas de educação e saúde.

Para implementação desse Programa, foi apontado, inicialmente, um esforço de focalização nos critérios acima e em outros complementares, considerando como prioridade o atendimento de famílias que apresentassem situações de maior risco biológico e social, representadas por aquelas que tinham crianças qualificadas como desnutridas pela rede municipal de saúde, ou com crianças nas ruas.

Para ter acesso ao PGRFM, as famílias que atendiam aos critérios estabelecidos preenchiam uma ficha de cadastramento que, segundo os responsáveis pelo Programa da época, permitia obter informações que caracterizavam o estado de pobreza dos postulantes.[31]

É mantido um sistema de informações sobre as famílias nas diversas Secretarias de Ação Regional e sobre o volume mensal de recursos neces-

---

31. Essa ficha incluía informações referentes a condições de habitação, escolaridade e atividades remuneradas dos membros da família, e sua vinculação com a Previdência Social; acesso a programas governamentais ou não governamentais e dados de composição da família: sexo, idade, relação de parentesco etc., sendo revista conforme a dinâmica do programa.

sários para manutenção do Programa, sendo esse sistema alimentado pelas informações coletadas através da ficha de cadastramento.[32]

Em relação ao funcionamento do PGRFM, os procedimentos e critérios de seleção, controle e acompanhamento são unificados e a execução é descentralizada em cada Secretaria de Ação Regional, responsável pelo cadastramento, acompanhamento e repasse de recursos, sendo que a coordenação geral ficava, anteriormente, a cargo da então Secretaria Municipal da Família, da Criança, Adolescente e Ação Social, através do Departamento de Assistência à Família, Criança e Adolescente. A essa Secretaria competia a articulação das ações, referentes ao PGRFM, junto às Secretarias de Ação Regional, Secretarias Estadual e Municipal de Educação, Secretaria Municipal de Finanças, com a Secretaria de Governo e com qualquer outro órgão que assumisse alguma atribuição em relação ao PGRFM.

O subsídio monetário mensal, calculado de acordo com a renda e a composição de cada família, era, inicialmente, repassado pelo Banco do Brasil e pela Caixa Econômica Federal, por meio do pagamento na forma de cheques nominativos, entregues aos beneficiários em reuniões socioeducativas mensais.[33] Atualmente, o beneficiário, representante da família, via de regra a mãe, dispõe de cartão magnético para retirar o benefício monetário que tem direito por sua inserção no Programa.

No desenho inicial do PGRFM, a transferência monetária era sujeita à obrigatoriedade de frequência às atividades dos grupos socioeducativos e de as crianças frequentarem a escola e o posto de saúde,[34] objetivando produzir os seguintes impactos:

— melhorar o estado nutricional das crianças;
— oportunizar a permanência das crianças na escola;
— retirar as crianças das ruas;

---

32. Essa era a divisão administrativa das ações da Prefeitura da cidade de Campinas.

33. Inicialmente, a entrega do primeiro cheque era feita em recepção pública, com a presença do prefeito, de autoridades e da imprensa. Esse aspecto foi muito criticado como uso político do Programa.

34. Segundo informações mais recentes, foi retirada qualquer exigência de contrapartida no desenho atual do Programa, conforme veremos adiante.

— melhorar as condições gerais de vida das famílias;
— oportunizar maior integração familiar e participação na comunidade.

Todavia, o acompanhamento desses aspectos, principalmente da frequência das crianças às aulas e postos de saúde, não se dava de maneira sistemática. Quanto às reuniões educativas mensais, os beneficiários demonstravam muita aceitação e alguns expressavam interesse em continuar participando destas, mesmo quando desligados do Programa. Esse é um dos aspectos considerados mais positivos até o presente, visto que, nessas reuniões, os participantes, além de terem informações sobre temas importantes para o cotidiano de suas vidas, colocam suas situações e recebem encaminhamentos para serviços da comunidade. Todavia, esse aspecto também é considerado inviável atualmente, considerando a elevação do número de famílias no Programa; o número limitado de técnicos para desenvolvimento desse trabalho e a própria composição da equipe (assistente social e psicólogo) para dar conta da complexidade da situação e das necessidades das famílias atendidas.

Uma caracterização da população beneficiária do PGRFM, ainda no seu primeiro ano de funcionamento, evidenciou que 47% das famílias eram biparentais, ou seja, o pai e a mãe integravam a família e 53% eram monoparentais, registrando-se que a maioria das famílias monoparentais era chefiada por mulheres. Em termos de renda familiar, verificou-se que 37,4% tinham renda zero; 16,7% tinham renda maior que R$ 100,00 e menor que R$ 140,00; 14,4% tinham renda até R$ 70,00; 21,2%, maior ou igual a R$ 70,00 e menor que R$ 100,00; 8,2%, maior ou igual a R$ 140,00 e menor que R$ 200,00; só 2,1% das famílias beneficiárias tinham renda maior ou igual a R$ 200,00. A situação financeira era ainda mais grave nas famílias monoparentais: 48,2% tinham renda zero; 21%, maior ou igual a R$ 70,00 e menor que R$ 100,00, e 17,9%, menor que R$ 70,00; 10,1%, mais ou até R$ 100,00, e menos que R$ 140,00; 2,7%, iguais ou mais que R$ 140,00 e menor que R$ 200,00. Em termos de procedência, cerca de 70% das famílias eram do Estado de São Paulo e as outras eram procedentes de Minas Gerais e do Paraná.

O benefício recebido pelas famílias, através do Programa, para complementação de uma renda *per capita* de R$ 35,00, ainda no primeiro ano, ia de R$ 3,00 a R$ 385,00. O último valor era concedido a uma família de renda zero, com nove crianças até 14 anos de idade, sendo que mais de 40% das famílias beneficiárias recebiam de R$ 143,00 ao valor máximo, até então atribuído, de R$ 385,00.[35]

Estudos posteriores sobre o Programa evidenciaram a focalização do atendimento sobre famílias com pouca ou nenhuma escolaridade, desempregadas formalmente, vivendo de bicos, com média de mais de três filhos, sendo quase 30% famílias monoparentais e 30% dos chefes, na maioria mulheres, com idade entre 30 e 34 anos, morando em favelas ou em bolsões de miséria, onde a infraestrutura é precária; tinham filhos em escolas sem vínculos fixos, repetentes ou defasados da série em relação à idade. Famílias com casos de subnutrição em crianças abaixo de três anos. Em síntese, eram, na maioria dos casos, famílias que apresentavam um quadro de necessidades que requer intervenção emergencial (Bejarano, 1998), podendo-se dizer que esse quadro vem persistindo ao longo do tempo, sendo insignificante o impacto produzido pelo Programa em relação a alterações significativas na vida das famílias atendidas, conforme depoimento dos operadores do próprio PGRFM.

Segundo os responsáveis pelo Programa, desde o primeiro ano de sua implementação, vêm se verificando dois efeitos positivos: a diminuição da subnutrição e da permanência de crianças na rua.

Embora não tenham sido desenvolvidos estudos específicos sobre desnutrição, dados da Prefeitura Municipal de Campinas de 1998 evidenciaram que 86% dos beneficiários disseram usar a complementação de renda recebida com alimentação, seguindo-se de 50% em vestuário; 39% em eletrodomésticos; 38% em habitação; 33% em pagamento de dívidas e 27% em saúde. Ainda segundo dados da Prefeitura, o número de crianças na escola, das famílias que estavam no Programa, aumentou de 82% para 87% e, segundo o Departamento de Apoio à Família, a permanência

---

35. Esses dados foram compilados pelo NEPP/UNICAMP, 1995, a partir de informações da PMC/SMFCAAS, através da equipe do projeto de pesquisa em desenvolvimento, citado anteriormente.

de 550 crianças de rua, que viviam no centro da cidade de Campinas, no início da implantação do Programa (março de 1995), foi drasticamente reduzida.

Estudo domiciliar, com uma amostra das famílias beneficiárias do PGRFM (pesquisa-piloto), realizado pelo NEPP (1996), apresentou informações sobre o andamento do Programa e levantou opiniões de famílias beneficiárias.

Segundo esse estudo, verificou-se, sobre a utilização do primeiro pagamento (fornecendo respostas múltiplas), que as famílias utilizaram, predominantemente, a complementação de renda recebida com despesas de supermercado (alimentação e material de higiene pessoal — 42%), seguindo-se de roupas e calçados (16%); habitação (material para reparo — 10%), destacando ainda pagamento de prestações atrasadas.

Quanto ao uso futuro, as famílias pesquisadas disseram pretender utilizar o benefício com compra de móveis e equipamentos (35,5%); manutenção da família, incluindo alimentação (29,4%); moradia (20,6%) e equipamento para trabalho (5,9%), o que já evidenciava preocupação predominante com a sobrevivência imediata e pouca relevância atribuída à criação de condições que permitissem a autonomização das famílias para seu desligamento do Programa, o que deve ser compreendido por se tratar de famílias com múltiplas necessidades imediatas não satisfeitas e pelo horizonte limitado de confiança na sua inserção e êxito no mercado de trabalho.

Indagadas sobre mudança na vida, as famílias admitiram ter se registrado melhora na situação individual (maior tranquilidade em relação à sobrevivência — 85%), sendo que 11% admitiram nada ter mudado na situação individual. Em relação à vida da família, 73% admitiram melhora, destacando as mudanças na vida das crianças (saída da rua, abandono do uso de drogas, ida à escola, alimentação, roupa etc.) e 23% disseram que nada mudou na vida das famílias. Outra referência de melhoria foi nas condições habitacionais.

Questionadas quanto a planos para desligamento do Programa, face à precariedade de suas condições, a situação atual do mercado de trabalho e o curto tempo de permanência no Programa, muitas famílias não sabiam como enfrentar essa situação (27%), ou seja, não tinham planos; 15,5% vislumbravam algum projeto (pretendiam procurar emprego ou começar a trabalhar); 11,5% investiram em equipamentos para geração de renda; 11,5% disseram que buscariam novos auxílios e 11,5% disseram que não fariam nada.

Quanto à opinião das famílias pesquisadas sobre o Programa, foram expressas as seguintes manifestações:

— consideram curto o período de 12 meses de permanência no Programa;

— algumas achavam que o valor do benefício deve ser igual para todos, considerando a precariedade da comprovação da renda (declaração pessoal), com prejuízo dos que apresentavam a Carteira de Trabalho;

— outras famílias defendiam a extensão do Programa para todos que necessitassem;

— algumas preferiam trabalhar em vez de receber dinheiro;

— algumas, ainda, preferiam receber auxílio em espécie (alimento, material de construção, *tickets*, pagamento da luz e água), em vez do dinheiro.

Os resultados do estudo citado (NEPP, 1996) apresentaram, ainda, algumas constatações relevantes:

— na seleção das famílias beneficiárias, as rendas declaradas eram assumidas como verdadeiras e não eram acompanhadas, pelo Programa, possíveis alterações nas rendas iniciais;

— não se verificava existência de lista de espera, ou seja, a demanda que se situasse nos critérios estabelecidos era atendida;[36]

— não se registraram mudanças efetivas e duradouras nas condições de vida das famílias, ao mesmo tempo em que não se registrava

---

36. A justificativa pode ser uma demanda limitada pela existência de reduzido número de famílias em situação de pobreza no Município (o que não era o caso); falta de divulgação do Programa; excesso de burocracia; rigidez dos critérios adotados ou rejeição ao Programa por parte da população-alvo. Esse é um aspecto fundamental que merece ser estudado.

estímulo do Programa para que as famílias buscassem novas fontes de geração de renda, verificando-se apenas iniciativas pessoais (compra de máquina de costura e de lavar roupa, material de cabeleireiro);

— foi destacada a relevância do funcionamento dos grupos socioeducativos, como mecanismo sistemático de acompanhamento das famílias;

— quanto à focalização do Programa, foi constatado que 42,3% das famílias tinham renda zero, beneficiando-se com 56% dos recursos e que a renda média das famílias, na entrada do Programa, era cerca de R$ 53,57 e a renda *per capita*, de R$ 11,40, passando a renda familiar média para R$ 162,90 e a renda *per capita* média para R$ 34,66. O valor médio do benefício era de R$ 109,00;

— quanto aos impactos, não foi avaliado o impacto na educação, saúde e renda (mesmo sendo estes os aspectos mais relevantes do Programa), registrando-se, portanto, a fragilidade no sistema de acompanhamento das famílias, por intermédio dos equipamentos públicos municipais e estaduais.

Uma avaliação posterior sobre o PGRFM de Campinas (Bejarano, 1998) revelou outros aspectos sobre essa experiência. Visto pelos técnicos, foram destacados dois resultados. Um positivo, que revelou que a autoestima, e a confiança no grupo era crescente, embora ainda predominasse a ideia de favor em relação ao Programa, principalmente no início de participação das famílias. Como resultado negativo, foi apontada pelos técnicos a dificuldade de integração entre os órgãos de política pública (como programas de qualificação ou de geração de renda para onde eram encaminhadas as famílias), além da escassez de equipamentos comunitários (sistema de saúde, creche) limitando, portanto o atendimento e a melhor inserção dos beneficiários numa rede social para atendimento de necessidades básicas destes. Outro problema, talvez o principal apontado pelos técnicos, foi a falta de acompanhamento sistemático das famílias desligadas como possibilidade real de identificação dos possíveis impactos do Programa sobre as famílias beneficiárias.

O mesmo estudo evidenciou que, em termos da percepção das famílias, estas acreditavam que o governo fez o Programa para ajudar os pobres e para tirar as crianças das ruas, admitindo que, já tendo usufruído deste, deviam dar oportunidade para outras famílias, mas se pudessem voltariam. Essa manifestação revela outro aspecto problemático do Programa, na medida em que o estudo citado fala num esforço de negociação dos operadores do Programa com as famílias para seu desligamento, admitindo que essa tentativa se dá com sucesso, pois as "famílias reconhecem seus ganhos e necessidade de participação de outras famílias", garantido o desligamento "sem traumas" (Bejarano, 1998, p. 37). Tal estudo revela, ao mesmo tempo, que pouco o Programa contribuiu para a emancipação das famílias, em termos de renda, revelando que, numa amostra de 200 famílias desligadas, só 6% conseguiram trabalho, e que esse processo emancipatório tem limites nos próprios beneficiários que, por não terem escolaridade básica, os cursos profissionais não lhes são adequados. Outra fonte revelou que, para cada nove desligamentos, apenas uma família foi por emancipação (Carvalho e Blanes, 1997). Ou seja, a melhoria mais visível é na qualidade de vida, expressa pela melhoria nos gastos com alimentação, aquisição de material escolar, roupas, móveis e melhoria na habitação. Aqui parece existir uma contradição: se a melhoria mais visível está diretamente relacionada com a transferência de renda, como pode as famílias aceitarem espontaneamente a suspensão desse benefício? Talvez o que é considerado negociado não seja propriamente negociado, mas visto como inevitável.

Outros resultados que foram apontados são: frequência das crianças à escola, ainda que de difícil manutenção; saída das crianças das ruas; maior frequência das crianças a postos de saúde; maior acesso das famílias a serviços da comunidade, como resultado do trabalho socioeducativo desenvolvido com as famílias; maior frequência de crianças de 0 a 7 anos a creches; participação de familiares em atividades complementares, como cursos de alfabetização de adultos, cursos profissionalizantes e reforço escolar.

— Finalmente, no que se refere à demanda, informações posteriores, ao contrário do que foi identificado pelo estudo do NEEP (1996), o máximo que o Programa conseguiu atender foi 3.000 famílias, que era a meta inicialmente fixada, existindo 2.500 famílias cadastradas sem atendimento em virtude de restrição orçamentária e do número insuficiente de técnicos para acompanhamento das famílias (Bejarano, 1998). Medidas ainda mais restritivas, tomadas pelo prefeito de Campinas, sobre o PGRFM, foram anunciadas na *Folha de S.Paulo* de 05/08/1998, quando o Programa atendia a 2.500 famílias:

— famílias com problemática crônica seriam desligadas após um ano, passando a receber cestas básicas;

— beneficiários com quadro de desqualificação profissional participariam dos Serviços Integrados de Atenção ao Trabalhador — SIAT, sendo desligados após a capacitação;

— famílias com filhos desnutridos seriam desligadas logo que a fase grave fosse superada;

— haveria maior controle de frequência à escola;

— quando os beneficiários não revelassem capacidade empreendedora, o SIAT os motivaria para aceitação destes para inclusão no Prorendas, ou haveria desligamento após um ano de participação no Programa.

Num esforço de elaborar uma caracterização da dinâmica do desenvolvimento histórico do primeiro programa brasileiro de renda mínima, o PGRFM de Campinas, em 2002, aplicamos um instrumento de levantamento de informações junto a este e a mais 44 programas municipais e 12 estaduais, em implementação. O objetivo era elaborar uma caracterização desses programas, com destaque ao seu significado para construção de uma Política Pública de Transferência de Renda, atualmente em curso no Brasil, sobretudo a partir de 2001, com a criação e expansão dos programas de iniciativa do Governo Federal.[37]

A partir desse estudo, podemos apresentar uma caracterização mais atual do PGRFM de Campinas, cuja gestão ainda era de responsabilidade

---

37. Os resultados gerais desse estudo são apresentados no capítulo 3 deste livro.

da Secretaria Municipal de Assistência Social. As seguintes características foram destacadas pelos responsáveis pelo Programa:

Objetivo: atender famílias em situação de extrema pobreza, com filhos menores de 16 anos, completando com subsídio financeiro mensal e temporário a sua renda e assegurando também um trabalho socioeducativo através de acompanhamento psicossocial.

Critérios de elegibilidade: famílias com renda *per capita* familiar inferior a R$ 35,00 e que tinham filhos em idade de 0 a 16 anos, em situação de risco ou filhos portadores de deficiência, independentemente de idade e que residissem em Campinas há pelo menos 4 anos. Entende-se que esses critérios, já bastante restritivos, inclusive mantendo um corte de pobreza em valor absoluto desde a criação do Programa (renda *per capita* de R$ 35,00), ainda são limitados pelo emprego de um sistema de pontuação que considerava as condições da habitação, relação do número de habitantes com o número de dependentes, existência de bens essenciais, e renda *per capita*, sendo incluídas no Programa apenas as famílias que apresentassem as piores condições pela maior pontuação obtida. Esse aspecto de forte restrição de atendimento tem feito com que o Programa só tenha ultrapassado a meta de 3.000 famílias, fixada na sua criação, em 2003, mesmo encontrando-se em funcionamento há cerca de oito anos.

Unidade básica de atendimento: a família.

Benefício: continua a complementação da renda familiar de modo que a família atinja uma renda *per capita* de R$ 35,00, transferida mediante cartão magnético, fixada desde a implantação do Programa. Além da transferência monetária, enquanto benefício principal, outros serviços oferecidos são: cursos profissionalizantes para adultos da família desempregada, encaminhamentos de pessoas da família para atendimento em serviços de saúde, educação (creche) e habitação. No âmbito do Programa foi ainda destacada a continuação do trabalho socioeducativo com as famílias por intermédio dos assistentes sociais e psicólogos.

Exigência contratual: manutenção dos filhos na escola, cujo controle era feito mediante ficha de frequência escolar.

Tempo de inserção da família no Programa: era de 18 meses, sendo considerados motivos para o desligamento da família: completar os 18 meses de inserção no Programa; mudança da família do município; perda da guarda dos filhos; ultrapassar a renda *per capita* de R$ 35,00. Foi indicado que a inserção das famílias no Programa poderia ser renovada, a partir de uma avaliação da situação da família, mas por um período de 6 meses apenas, cujo limite maior é a disponibilidade orçamentária, considerando que o Programa é financiado com recursos próprios da Prefeitura. Nesse sentido, foi informado que, a partir do segundo ano de funcionamento do Programa (1996), a dotação orçamentária seria mantida praticamente inalterada até 2001, sendo que o montante de recursos aplicados maior ocorreu em 1997, totalizando R$ 3.732,000,00.[38]

Estratégias e procedimentos adotados para implementação e expansão do Programa: a implementação ocorre de modo descentralizado em 5 regiões da cidade, havendo uma preocupação com ampliação do atendimento das famílias nas secretarias e entidades.

Possíveis impactos do Programa: a) as crianças, através do subsídio, poderiam ter acesso a bens de consumo (material escolar, vestuário, alimentação básica e "guloseimas") que antes não tinham. Esse fato, segundo os informantes, reflete na melhoria da socialização das crianças na escola e na autoestima; b) impactos nas famílias: acesso nas condições de moradia; aumento do poder contratual da mulher na relação conjugal; autoestima; maior possibilidade de desenvolvimento de projetos pessoais/ familiares (retomada aos estudos, participação em cursos profissionalizantes, projetos de geração de renda); acesso ao acompanhamento de profissionais do Serviço Social e Psicologia e a outros serviços; c) no Sistema Educacional, foi indicado aumento de demanda neste e em outros programas e serviços devido a orientações e encaminhamentos.

Aplicação do dinheiro recebido pelas famílias: nesse sentido, foram destacados: pagamento de contas essenciais (água, luz), compra de material de construção para melhoria da habitação e alimentação.

Aspectos positivos: indicados pelos implementadores do Programa, com destaque às mudanças na lei de criação do Programa, permitindo a

---

38. Informações fornecidas pelo Programa indicaram os seguintes montantes orçamentários: 2001: R$ 4.007.078,00; 2002: R$ 4.202.371,00 e 2003: R$ 4.577.785,76.

ampliação de atendimento da faixa etária de adolescentes de 14 para 16 anos de idade; redução do tempo de moradia da família, no município, de 2 anos antes da publicação da lei (famílias residentes no município desde 1993) para 4 anos antes da data de inscrição; aumento de período de permanência no Programa, de um ano, com possibilidade de renovação por mais um ano, para um período inicial de 18 meses com possibilidade de renovação por mais 6 meses; desligamento automático e informatização dos dados através da implantação da ficha de inscrição, que possibilitou a organização da lista de espera, com critérios mais objetivos para elegibilidade dos usuários.

Aspectos negativos: a não expansão do Programa no decorrer dos anos de sua implementação; manutenção do mesmo valor monetário do benefício desde a implantação do Programa; priorização, na ficha de inscrição, de aspectos "materiais" em detrimento de outras questões apresentadas pelas famílias.

Foram destacadas, como *questões problemáticas*, o limite dos recursos, insuficientes para atender às demandas das famílias empobrecidas residentes no município e a desarticulação dos serviços das organizações governamentais com as organizações não governamentais, o que tem limitado o encaminhamento e atendimento dos membros das famílias.

Informações levantadas em outubro de 2003, com os responsáveis pelo PGRFM de Campinas, colocam questionamentos importantes que vêm se desenvolvendo em vários seminários internos realizados em 2002 e 2003 que evidenciam a busca de reformulações no Programa, tais como:

- É questionado o princípio fundante que orienta o Programa, que atribui às famílias a responsabilidade pelas condições de exclusão e minimiza as condições históricas, estruturais e conjunturais de desigualdade da sociedade brasileira, na medida em que documento da Secretaria Municipal de Assistência Social de 1998 afirma que "a família fortalecida e inclusa numa rede de proteção poderá ela própria desencadear as melhorias em sua qualidade de vida e propiciar ambiente de proteção e desenvolvimento dos seus filhos".

- Partindo do pressuposto anterior, o modelo de orientação do PGRFM é o da inserção social enquanto projeto individual e familiar, questionado quanto à sua capacidade para dar conta da realidade atual, que limita estruturalmente as possibilidades de inserção.
- É também questionada a amplitude dos objetivos do PGRFM ao colocar a superação da condição de pobreza, sobretudo considerando o pequeno prazo de atendimento das famílias e o número muito limitado e a composição da equipe técnica responsável pela inserção social das famílias (composta só por assistentes sociais e psicólogos).

Partindo das críticas citadas, vêm sendo procedidas reformulações consideradas necessárias pela equipe na concepção e objetivos do PGRFM, na perspectiva de transformá-lo num programa de redistribuição das riquezas socialmente produzidas. A proposta formulada em 2001 de transformar o PGRFM num Programa massivo, estendendo-se para 10 mil famílias, foi inviabilizada por limitações de recursos orçamentários. Em 2002, o foco da discussão foi a busca da elaboração de uma nova proposta para o acompanhamento das famílias, centrada em ações intersetoriais e de ação comunitária, com vistas ao fortalecimento das redes de solidariedade locais, sendo também o Programa informatizado e adotado o cartão magnético para retirada da transferência monetária pelo responsável pela família, via de regra, a mãe. O processo de discussão para reformulação do PGRFM continuou em 2003, sendo indicadas as seguintes propostas de mudança a serem adotadas a partir de 2004:

- O PGRFM está inserido no eixo de enfrentamento à pobreza do Plano Plurianual da Assistência Social, passando a ser entendido como um direito focado nas famílias participantes de programas e serviços da Secretaria Municipal de Assistência Social, de outras Secretarias Sociais e ONGs e que não tenham acesso a uma rede formal ou informal de serviços, sendo consideradas prioritárias as famílias com crianças e adolescentes sem acesso aos direitos sociais, independentemente de qualquer contrapartida.
- Portanto, é proposto um programa de transferência de renda direcionado às comunidades empobrecidas do município de

Campinas, com articulação intersetorial e ações de fortalecimento da família e da comunidade, cuja perspectiva é a busca de soluções coletivas para as questões econômicas e sociais das famílias, voltando-se para o fortalecimento da renda familiar; incentivo à geração de renda e trabalho e o enfrentamento das situações de pobreza, utilizando-se de ações intersetoriais e fortalecimento de redes de solidariedade locais.

- É proposto o estabelecimento do benefício às famílias com um valor monetário único, sendo que a renda familiar *per capita* será considerada apenas para determinar o valor único para suprir a subsistência da família.[39]
- O objetivo declarado do PGRFM pelos implementadores atuais é de "possibilitar suporte de renda às famílias participantes dos serviços/programas sociais e em situações socioeconômica precária, visando o enfrentamento das situações de pobreza em conjunto com ações intersetoriais, o fortalecimento das redes de solidariedade locais e o incentivo à geração de renda e de trabalho".
- Em termos da metodologia de desenvolvimento da proposta, há o entendimento de que o suporte financeiro repassado pelo Programa às famílias é insuficiente para seu fortalecimento e autonomia, sendo também indicado o desenvolvimento de ações solidárias entre os grupos familiares na comunidade, daí serem priorizadas as famílias moradoras em regiões onde a Ação Comunitária venha se desenvolvendo, portanto, a relação de redes é considerada fundamental nesse processo.
- O novo critério de inclusão considera as famílias, com ou sem filhos, com renda mensal *per capita* inferior a um 1/3 do salário mínimo e que comprovem residir no município de Campinas há, no mínimo, 4 (quatro) anos.
- A indicação das famílias para inclusão deverá ocorrer num processo contínuo, através da discussão nos Fóruns/Comissões Inter-

---

39. Até outubro de 2003, o valor mensal transferido para as famílias era variável, sendo o menor de R$ 15,00 e o maior de R$ 385,00 por família.

setoriais, já constituídos nas regiões. Os diversos sujeitos envolvidos na intersetorialidade serão responsáveis pelo referenciamento das famílias que deverão ser incluídas mensalmente no Programa (conforme o número de vagas de cada região). Entende-se que nem todas as famílias que acessam o Programa necessitam de um acompanhamento mais sistemático. Sendo assim, as famílias serão caracterizadas na seguinte tipologia: famílias em situação de extrema vulnerabilidade; famílias em situação de fragilidade pontual; pessoas idosas sozinhas sem autonomia financeira e social e famílias pró-ativas com potencialidades. Quando da discussão nos Fóruns/Comissões Intersetoriais e inclusão das famílias, será elaborado um Plano de Ação, indicando os responsáveis pelo atendimento à família, considerando a necessidade ou não de acompanhamento, de acordo com a tipologia identificada.

- O tempo de permanência no Programa é mantido em 18 (dezoito) meses, prorrogáveis por até 1 (um) ano, conforme avaliação técnico-social e aprovação nos Fóruns/Comissões Intersetoriais da região.

- A metodologia proposta é para ser desenvolvida no decorrer do ano de 2004, estando prevista uma pesquisa, a ser realizada pelos técnicos responsáveis pela implementação da proposta, objetivando avaliar a ação junto aos Fóruns/Comissões Intersetoriais, os impactos na situação familiar e a própria metodologia adotada. Posteriormente, há indicativo para uma avaliação pós-desligamento das famílias, tendo em vista mensurar os impactos da proposta do Programa na questão do enfrentamento à pobreza.

As informações prestadas pelos responsáveis pelo Programa, em outubro de 2003, evidenciaram que o PGRFM, no decorrer de seu desenvolvimento, já foi avaliado por várias instituições, sendo que, em 2001, 2002 e 2003, a equipe interna realizou extensa avaliação do Programa, culminando com as propostas de reformulações acima indicadas, permitindo também indicar os seguintes resultados:

- Em relação à família: não emancipação econômica da maioria das famílias após o desligamento do Programa, embora seja admitido que o trabalho socioeducativo realizado com as famílias tenha possibilitado melhorias de posturas e atitudes frente à vida, não dando conta, porém, do objetivo maior que era de inserção social e superação da situação de pobreza; fortalecimento do papel da mulher enquanto arrimo de família, o que revela a proteção de famílias em situação de risco, considerando que a maioria das famílias atendidas é chefiada por mulheres.

- Em relação às crianças e adolescentes: foi destacada a manutenção destes na escola e menos exposição a situações de risco pessoal e social enquanto permaneceram no Programa.

Solicitados a apontar os elementos positivos considerados na implementação do Programa, os responsáveis destacaram a avaliação que permitiu o redimensionamento das ações com novos procedimentos, destacando o compromisso intersetorial de articulação das ações sociais em nível local; a integração e potencialização, mediante trabalho em rede, vendo a transformação como resultante de estratégia coletiva; a visão da família como uma totalidade; a construção de novas relações comunitárias e o trabalho comunitário como referência para o acompanhamento das famílias; desenvolvimento de ações integradas no mesmo território da cidade; proteção às famílias com maiores riscos sociais, sem contrapartida de qualquer natureza e sem estigma; respeito ao exercício de cidadania, dando liberdade à família na utilização do benefício; informatização do Programa e adoção do cartão magnético, permitindo também autonomia e exercício da cidadania por parte das famílias.

Os elementos negativos apontados na implementação do Programa foram os seguintes: a falta de recursos financeiros, impossibilitando o atendimento de um número maior de famílias e o valor do benefício repassado, considerado baixo; dificuldade de o Programa, possibilitar/garantir a inserção profissional dos beneficiários e a amplitude dos objetivos do Programa, que propõe a superação das condições de pobreza num pequeno prazo de concessão do benefício. Nesse contexto, a demanda crescente de famílias que buscam o Programa como forma de sobrevivência e a falta de recursos para atendimento dessa demanda são apontadas como as maiores dificuldades enfrentadas pela equipe técnica.

Finalmente, solicitados a indicar a percepção dos responsáveis pelo PGRFM sobre os Programas de Transferência de Renda enquanto instrumentos de enfrentamento à pobreza na atualidade, os informantes destacaram: esses programas devem ser instituídos como direito universal dos que não possuem condições de sobrevivência no contexto atual de precarização da situação socioeconômica do país. Todavia, essa transferência monetária, de mais frequente, vem ocorrendo de forma fragmentada e com superposição de esferas de governos. Há a necessidade de ações intersetoriais para enfrentamento da pobreza, e os Programas de Transferência de Renda devem funcionar como suportes dessas ações. Destacaram que, quando esses programas, são considerados como direito, não devem exigir contrapartida por parte dos beneficiários.

No que pese todo esse esforço no sentido de proceder a reformulações no PGRFM de Campinas, convém ressaltar que a lei que ainda se encontra em vigor é a de n. 10.392, de 21 de dezembro de 1999, cujas indicações mais importantes são as seguintes:

- trata-se de um Programa direcionado a famílias com filhos ou dependentes menores de 14 anos de idade que se encontram em situação de risco, considerando para efeito do cálculo do benefício a idade mínima legal permitida para o adolescente ingressar no mercado de trabalho, com exceção desse limite de idade para os filhos ou dependentes portadores de deficiência que apresentem limitação no trabalho produtivo;
- podem ser beneficiadas as famílias com renda familiar mensal *per capita* inferior a 55 (cinquenta e cinco) UFIRs e que comprove residência no município de Campinas há pelo menos 4 (quatro) anos da data de cadastramento no Programa;
- o valor mensal do benefício é equivalente à diferença entre o conjunto de rendimentos do grupo familiar, considerados os pais ou responsáveis legais e seus dependentes, e o montante resultante da multiplicação do número de membros do mesmo grupo familiar pelo valor *per capita* de 55 (cinquenta e cinco) UFIRs, não podendo o valor mensal do benefício exceder a 420 (quatrocentos e vinte) UFIRs, sendo o benefício concedido a cada família

pelo período de 18 (dezoito) meses e, excepcionalmente, por proposta do diretor responsável pela assistência à família, com a devida justificativa apresentada pelo técnico responsável, poderá o benefício ser estendido por mais 6 (seis) meses, porém com a redução de 50% do seu valor;

- além da transferência monetária, o Programa contempla, no seu desenho, atividades como alfabetização, profissionalização e inserção das famílias beneficiárias no Programa de Geração de Rendas (PRORENDAS), bem como outras inerentes ao aperfeiçoamento e qualificação profissionais;
- o PGRFM é financiado por 1% das receitas correntes do município, devendo esses recursos ser alocados no Fundo Municipal de Assistência Social.

Uma análise, mesmo que geral, do PGRFM de Campinas, evidencia que esse Programa contém todos os limites que são atribuídos aos Programas de Transferência de Renda de iniciativa de estados e municípios,[40] principalmente no que diz respeito ao grande limite quantitativo do seu atendimento e à dificuldade de ampliar as possibilidades de autonomização das famílias pela existência de uma rede de serviços incapaz de atender às demandas e necessidades das famílias inseridas no Programa.

No caso do PGRFM, verificaram-se, ainda, mais três fortes condicionantes: a) o Programa teve expansão limitada durante os oito anos de implementação, superando a meta de 3.000 famílias somente em 2003; b) o corte de pobreza para inclusão das famílias (R$ 35,00) continua a ser utilizado, apesar da Lei n. 10.392, de 1999, conforme dados levantados com os implementadores do Programa em 2002 e 2006 e apresentados acima, o que significa um valor monetário irrisório e fixo, não atualizado no decorrer dos anos, transferido às famílias em forma de benefício; c) o tempo de duração do Programa continua muito reduzido, no máximo 24 (vinte e quatro) meses.[41] Essas questões já apontam para a necessidade

---

40. Veja o capítulo 3 deste livro.

41. Buscando informações mais recentes sobre o PGRFM, verificamos que no *site* da Prefeitura Municipal de Campinas (www.campinas.sp.gov.br), acesso em 01/05/2012, não consta informações

de uma política nacional, mais abrangente, de transferência de renda, aspecto que será considerado ainda neste livro.

1.4.2 O Programa Bolsa Familiar para Educação e o Programa Poupança-Escola do Governo de Brasília/DF

Os programas de Brasília têm suas raízes em ideias gestadas entre 1986 e 1989 no Núcleo de Estudos do Brasil Contemporâneo da Universidade de Brasília, onde, no âmbito de indagações como: o que deve ser feito para mudar o Brasil? Qual o futuro almejado para a sociedade brasileira? Como incluir os excluídos no futuro dessa sociedade?,[42] o reitor Cristovam Buarque apresentou, pela primeira vez, a ideia do Bolsa Escola, inicialmente denominado de Renda Mínima Escolar. Uma ideia era central no debate do Núcleo — a de que a educação deveria ser o grande investimento do país. Essa ideia foi levada, no início dos anos 1990, para o âmbito do Governo Paralelo do Partido dos Trabalhadores — PT, quando Cristovam Buarque era responsável pela área de educação, tendo a colaboração de José Márcio Camargo, autor da primeira proposta articulando renda mínima com educação (Camargo, 1991; 1993). Embora contando

---

sobre o Programa. A informação mais recente a que tivemos acesso foi um trabalho apresentado no XIII Encontro de Iniciação Científica da PUC-Campinas, realizado em 2008 (Alves; Pires, 2008). Esse trabalho registra que o PGRFM passou por várias reformas no período 1995 (ano de sua criação) até 2007, destacando na última reforma a retirada das contrapartidas exigidas para permanência dos beneficiários no Programa e das "fiscalizações" da conduta dos beneficiários. Essas mudanças, segundo técnicos da execução, foram positivas por contribuir para a elevação do número de famílias atendidas e para melhora no acesso e na funcionalidade das atividades oferecidas às famílias. Também foi constado que as crianças não deixaram de frequentar a escola. O estudo citado ainda indica que a tendência mais recente da Prefeitura de Campinas na área de assistência social é a integração entre os vários programas de transferência de renda existentes em Campinas, considerando os programas das esferas estadual e federal.

Em nova consulta realizada no *site* da Prefeitura Municipal de Campinas (www.campinas.sp. gov.br), acesso em 14/09/2014 na busca de informações recentes para atualização das informações referentes ao PGRFM para esta 7ª edição, não encontramos nenhuma informação específica sobre este Programa.

42. Sobre esse aspecto, veja: Abramovay; Andrade e Waiselfisz, 1998, inclusive com relato de entrevista com o governador Cristovam Buarque.

com limitado apoio, inicialmente, mesmo dentro do PT, Cristovam Buarque continuou divulgando suas ideias pelo Brasil afora, em universidades, associações, sindicatos, igrejas, eventos científicos, pregando o que entendia ser "a revolução das prioridades", consubstanciando suas ideias no livro *A revolução nas prioridades: da modernidade técnica à modernidade ética*, em que aponta dez prioridades e mais de uma centena de medidas consideradas necessárias para mudar o Brasil.

A primeira medida referente à primeira prioridade propunha a criação de um "sistema de atendimento às crianças em idade pré-escolar", e a segunda medida, também no campo da educação, propunha uma "renda mínima escolar para cada família com filhos na escola pública", seguida por outra medida propondo o Poupança-Escola, e uma quarta, proibindo o trabalho infantil.

O passo concreto para a criação dos programas foi a inclusão do Bolsa Escola e do Poupança-Escola na sua campanha eleitoral, em 1994, para o governo do Distrito Federal, mesmo frente a seus expositores, que consideravam suas ideias utópicas, paternalistas, caras, demagógicas e inviáveis. A campanha de Cristovam Buarque cresceu e ele foi eleito governador de Brasília, sendo a criação desses programas seu primeiro ato de governo. Para ele, o fundamento das propostas era o pressuposto de que educação não deve ser tratada como uma prioridade da economia, mas como uma prioridade ética.

Os programas de Brasília aqui considerados se caracterizavam como Política Pública de Transferência de Renda e Política Pública Educacional, tendo como objetivo central tirar crianças da rua ou do mercado de trabalho, concedendo-lhes o direito de estudar. São, então, criados dois Programas articulados, com o objetivo de apoiar a educação de filhos de famílias carentes, residentes há mais de cinco anos no Distrito Federal, com a transferência monetária mensal de um salário mínimo para famílias que dispunham de uma renda familiar mensal de até meio salário mínimo.

A ideia do Programa Bolsa Familiar para Educação (Bolsa Escola) era atender os pobres excluídos, mas propondo superar as marcas dos programas assistencialistas, cuja prioridade era a educação como pré-condição para "construção de uma modernidade ética", numa postura de "revolução de prioridades" em direção à universalização da educação. O autor partiu do pressuposto de que se há crianças que não vão à escola é "porque têm de trabalhar ou porque suas famílias, prisioneiras da pobreza, não dão importância à educação, e a sociedade pode atraí-las à escola pagando-lhes um salário". O Programa visava assegurar um salário mínimo a cada família carente que tivesse todos os seus filhos, de 7 a 14 anos de idade, na escola pública, sendo preocupação básica "garantir uma escolaridade universal para toda a sociedade". Nesse sentido, o horizonte do Bolsa Escola não era simplesmente aumentar a renda do País, oferecendo a transferência de uma renda mínima, mas preparar melhor os filhos para um futuro sem exclusão e com melhores condições de vida (Governo de Brasília, 1995, p. 17).

A instituição desse Programa diz se fundamentar na reversão de prioridades, fazendo com que a educação não permaneça subordinada à economia, como vinha sendo a orientação do desenvolvimento brasileiro. O pressuposto era de que o êxito econômico não se transforma, necessariamente, em sucesso educacional, e que a reversão do quadro negativo da educação brasileira exige medidas diretas e disposição política, não podendo ficar subordinado à evolução econômica decorrente de investimento de capital (Governo de Brasília, 1995, p. 14).

Tal postura parte de uma concepção estratégica de que "não há tempo para esperar que os adultos tenham empregos e bons salários antes de se ter todas as crianças na escola" (Governo de Brasília, 1995, p. 15), optando, assim, pela solução direta de apoiar, financeiramente, as famílias carentes, para que suas crianças estudem, em vez de trabalharem ou permanecerem perambulando pelas ruas.

Em termos de funcionamento, o Bolsa Escola era coordenado por uma Comissão Executiva, sob a responsabilidade do próprio Secretário da Educação, sendo composta pelos Secretários do Desenvolvimento Social e de Trabalho e representantes do Gabinete do Governador, da Fundação Educacional, da Fundação de Serviço Social, do Conselho dos Direitos da Criança e do Adolescente e do Movimento de Meninos e Meninas de Rua.

A essa Comissão competia aplicar critérios e selecionar as famílias a serem contempladas, coordenar, supervisionar e avaliar o Programa. Contava com uma Secretaria Executiva, localizada na Secretaria de Educação, responsável pela operacionalização das ações.

Existia, ainda, em cada cidade onde o Programa era implementado, uma Comissão Local, constituída por representantes da Administração Regional de Ensino, Centro de Desenvolvimento Social e de uma entidade popular indicada pela comunidade. Essa Comissão procedia às inscrições e seleção preliminar das famílias que teriam direito ao Bolsa Escola.

O processo de implantação do Programa em cada cidade do Distrito Federal era desenvolvido mediante divulgação, inscrição, seleção, controle de frequência à escola e pagamento do benefício.

Era previsto que o Bolsa Escola se articulasse com as ações de todas as secretarias do Governo do Distrito Federal, no sentido de ser complementado por ações de saúde, habitação, saneamento básico, segurança e transporte.

O Bolsa Escola, responsável por trazer as crianças às salas de aula, era complementado pelo Programa Poupança-Escola, objetivando reduzir a repetência e a evasão escolar.

O Poupança-Escola garantia a cada aluno do Bolsa Escola um registro contábil que era transformado numa caderneta de poupança, no Banco do Brasil. A cada final de ano letivo era assegurado a cada aluno aprovado um crédito correspondente a um salário mínimo, que ficava alocado no Fundo de Solidariedade do Distrito Federal (FUNSOL). Ao concluir, com sucesso a 4ª série do 1º grau, o aluno poderia sacar a metade do saldo; a outra metade poderia sacar ao concluir a 8ª série, e o total do saldo podia ser retirado quando da conclusão do 2º grau. Era eliminado do Programa o aluno que fosse reprovado por duas vezes consecutivas.

Enquanto permaneciam em depósito, os recursos do Poupança-Escola eram utilizados para financiar o Programa "Meu Primeiro Trabalho", programa de geração de emprego e renda, especialmente orientado para oferecer créditos para jovens de famílias pobres que, ao concluírem o segundo grau, não tinham possibilidade imediata de ingressar na universidade. Esses jovens recebiam treinamento e crédito para abrir seu próprio negócio.

O Programa Bolsa Escola adotava uma estratégia de implementação gradativa, tendo se iniciado na cidade-satélite de Paranoá. Três meses depois foi estendido a Varjão e a Brasilândia e depois a Recanto das Emas e São Sebastião, sendo que, em setembro de 1998, já havia se estendido para 10 cidades-satélites de Brasília. Em termos de metas ano a ano, o Programa apresentou os seguintes números: dezembro de 1995: 5.934 famílias; dezembro de 1996: 20.523 famílias; dezembro de 1997: 22.157 famílias; dezembro de 1998: 26.108 famílias, sendo que, em agosto de 1998, contava com 22.608 famílias beneficiárias, com 44.879 alunos beneficiários, o que significava que o Programa superou, já em 1998, as metas fixadas. Esse resultado evidenciava também que o percentual de famílias beneficiárias, em relação à demanda real de Brasília, considerando, naturalmente, os critérios definidos para ingresso das famílias no Programa, era de 73% (25.608 de 35.000).[43]

Os números acima revelam que o Programa Bolsa Escola de Brasília representava o único Programa de Transferência de Renda, no Brasil, que vinha se direcionando de um caráter marginal e residual de fragmentação da pobreza para uma possível universalização do público-alvo a que se propunha atender, evidenciando a possibilidade de uma focalização vista numa perspectiva de discriminação positiva, o que era confirmado se considerado o perfil socioeconômico da população atendida. Conforme dados do Programa, era atendida uma população cuja inserção no mercado de trabalho era a seguinte: 23% de assalariados, incluindo aposentados e pensionistas; 77% estavam no mercado de trabalho, eram desempregados ou donas de casa. Destes, 71% encontravam-se desenvolvendo serviços domésticos. Quanto à escolaridade, 20% não sabiam ler nem escrever, 53% eram semianalfabetos, ou seja: 73% eram pessoas que ou não sabiam ler ou escrever ou liam mal. Em relação à renda familiar, 33,5% tinham renda de 0 a 0,25 salário mínimo, 54,5% tinham renda de 0,26 a 0,5 salário mínimo, ou seja, 88% ganhavam meio salário mínimo ou menos.

Para permitir a focalização acima, além dos critérios de elegibilidade estabelecidos, era utilizado um detalhado sistema de pontuação para orientar o processo de seleção das famílias requerentes, representado pelo somatório de 13 tabelas: dependentes especiais; número de dependentes até 14 anos; situação conjugal; grau de instrução do requerente; grau de instrução do cônjuge; inserção no mercado de trabalho do requerente; inserção no mercado de trabalho do cônjuge; condição de ocupação da moradia dos membros da família; qualidade da moradia; renda familiar

---

43. Esses dados têm como fonte: Governo de Brasília/Secretaria de Educação/Programa Bolsa Escola.

per capita; quantidade de bens de consumo duráveis; quantidade de bens patrimoniais e quantidade de animais de criação. As famílias que obtivessem 140 pontos ou mais eram selecionadas para ingresso no Programa.

Apesar de algumas falhas identificadas nesse sistema de pontuação, ele tinha o mérito de considerar que a renda é um indicador insuficiente para identificação da pobreza, daí a orientação adotada se pautar num índice de necessidades básicas insatisfeitas (Saboya e Rocha, 1998).

Em termos de identificação de resultados, o Programa Bolsa Escola de Brasília, dada a sua repercussão nacional e internacional, vinha sendo objeto frequente de avaliação por parte de instituições e estudiosos da temática, além da preocupação que os executores apresentavam em termos de seu monitoramento e avaliação.[44]

Segundo os idealizadores, em termos de impactos diretos e indiretos, vinham sendo identificados os seguintes efeitos imediatos:

— maior atenção das famílias com o desempenho escolar dos filhos;

— transformação da escola pública em centro importante de referência para a vida das famílias;

— aumento do número de alunos matriculados nas escolas públicas;

— elevação da autoestima das famílias ao perceberem o Programa como esforço de recuperação da dignidade e de construção de uma sociedade mais justa;

— melhoria na qualidade de ensino, verificando-se elevação da frequência dos alunos às aulas, motivação dos professores e

---

44. Entre os estudos avaliativos sobre o Programa Bolsa Escola, podem ser citados: Sant'ana, Sílvio R.; Moraes, Andrea. *Avaliação do Programa Bolsa Escola do GDF*. Fundação Grupo Esquel Brasil, maio 1997 (mimeo.); Ramos, Marilene de A. *O Programa Bolsa Familiar para Educação no Distrito Federal*. Brasília, 1997 (Dissertação de Mestrado apresentada à Faculdade de Educação da UnB); SILVA, Lidiany dos Santos. *Apoio financeiro familiar e desempenho escolar dos filhos: a experiência do Distrito Federal*. Brasília, 1997 (Relatório de Pesquisa do PIBIC, Departamento de Serviço Social da UnB); Abramovay, Miriam; Andrade, Carla; Waiselfisz, Julio Jacob (coord.) *Bolsa Escola. Melhoria Educacional e Redução da Pobreza*. Brasília: UNESCO, 1998; Sousa, Nair Heloisa Bicalho. "Avaliação do impacto sobre as famílias beneficiárias". Programa Bolsa Escola do Distrito Federal. *Revista Pólis*, 30: 59-107, 1998. Saboya, João e Rocha, Sônia. "Programas de renda mínima: linhas gerais de uma metodologia de avaliação a partir do estudo do DF". In: Lobato, Ana Lúcia (org.). *Garantia de renda mínima*. Ensaios e propostas. Brasília: IPEA, 1999, p. 251-82.

apoio, por meio da adoção de outras medidas e mais recursos;

— combate à fome e à pobreza, com melhoria da nutrição e das condições da saúde;

— proteção à infância;

— consciência da cidadania, manifestada pela possibilidade de as famílias administrarem uma conta bancária e pelo acompanhamento do desempenho e frequência de seus filhos às aulas (Governo de Brasília, 1995).

O efeito esperado, em longo prazo, era o que os idealizadores do Programa denominavam de construção de uma modernidade ética, capaz de superar o *apartheid* social, com integração e condições de igualdade.

Em termos específicos do Sistema Educacional de Brasília, informações de diversas fontes, inclusive do próprio Programa, apontavam melhorias sensíveis na elevação da matrícula nas escolas públicas, diminuição da evasão escolar e da reprovação, com a elevação dos índices de aprovação.

Em termos de impacto na vida familiar, o estudo de Sousa (1998) apontou o seguinte:

— aumento da capacidade de lidar mais tranquilamente com as pressões da vida cotidiana, devido a melhorias nas condições de vida propiciadas pela complementação da renda familiar;

— aumento de frequência das crianças à escola;

— maior interesse e participação das mães nas escolas, como participação em reuniões, nos estudos e brincadeiras dos filhos/dependentes, embora, segundo as mães, pouca mudança tenha ocorrido no tratamento às crianças por parte das professoras nas escolas;

— foi considerada positiva a ênfase que o Programa deu à mãe como beneficiária, tendo esta se revelado eixo integrador da vida e das relações afetivas e das carências familiares e polo integrador da vida familiar;

— mudanças na autoimagem das beneficiárias, reveladas na ampliação da sociabilidade, sensação de independência financeira, maior autoconfiança e autoestima, reforço à feminilidade, maior cuidado com a aparência pessoal, sentimento de alegria;

— surgimento de perspectiva de futuro relacionada às possibilidades oferecidas aos filhos/dependentes pelo acesso ao sistema educacional.

Apesar desses ganhos, o mesmo estudo identificou um discurso ambíguo das beneficiárias que se expressava entre o favor e o direito. O benefício era visto não como uma política do Estado, mas, sobretudo, como ato pessoal do governante, movido pela vontade, ao mesmo tempo em que entendiam o acesso à escola e a melhoria das condições de vida como direito, em decorrência do pagamento de impostos, estabelecendo-se, assim, uma confusão entre público e privado. Também foi questionado o critério de tempo de moradia em Brasília para acesso ao Programa, e o valor fixo do benefício (um salário mínimo) para todas as famílias. Achavam ainda que deveriam ser priorizadas as famílias sem moradia, com desempregados, com baixa renda ou sem renda fixa, mães solteiras ou com muitos filhos, o que, de modo geral, era considerado no sistema de pontuação utilizado pelo Programa para seleção das famílias beneficiárias.

Um aspecto central dos Programas de Transferência de Renda tem sido a questão do desligamento das famílias beneficiárias dos programas. O estudo de Sousa (1998) revelou que as mães beneficiárias entrevistadas entendiam que o desligamento só deveria ocorrer com a melhoria salarial ou por trabalho fixo dos responsáveis pelas famílias, por motivo de fraude ou até os filhos concluírem os estudos, além do que consideravam necessário aviso prévio para preparação das famílias para o desligamento. Nesse aspecto, também o Programa de Brasília era inovador, pois, apesar de terem sido fixados inicialmente 12 meses para permanência das famílias no Programa, com possibilidade de prorrogação por mais 12, o Decreto n. 19.391, de 3 de julho de 1998, alterou esse prazo, passando toda a família a integrar o Programa por, no mínimo, 2 anos, podendo permanecer até completar o período de escolaridade da criança no primeiro grau. Apesar desse avanço, ainda continuou a ser mantido um aspecto que também tem sido objeto de sérias críticas a muitos Programas de Transferência de

Renda — o de excluir famílias com crianças de 0 a 6 anos, quando se sabe que essa é uma faixa etária que exige medidas assistenciais básicas para o desenvolvimento saudável da criança. Todavia, esse aspecto já era admitido para consideração numa perspectiva de expansão do Programa.

Em termos dos resultados, é relevante considerar, finalmente, estudo realizado pela UNESCO, publicado em livro sob a coordenação de Abramovay; Andrade e Weiselfisz (1998), a partir de entrevistas com alunos, pais e profissionais do ensino ligados ao Bolsa Escola. Esse estudo, além de reafirmar resultados de outras avaliações, acrescentou aspectos relevantes, centrando-se em questões tais como: O que é o Bolsa Escola? Para que serve? O que mudou na vida da família? O que mudou na escola?

Em termos sintéticos, para os diversos atores envolvidos no Programa, o Bolsa Escola foi visto como "uma estratégia para manter as crianças/adolescentes na escola e tirá-los da rua. É uma ajuda às pessoas de baixa renda, e, sobretudo, é considerado um meio de melhorar as condições de vida da família" (Abramovay; Andrade e Weiselfisz, 1998, p. 160).

O mesmo estudo revelou que a utilidade do dinheiro, recebido a título de benefício, era utilizado para atendimento de necessidades básicas das famílias, principalmente com alimentação, servindo para sua sobrevivência, embora grande parte das mães e das crianças/adolescentes tenha destacado o uso dos recursos para aquisição de material escolar: "serve para comprar comida, cimento para reforma, cama, colchão, cobertor, televisão, chuveiro, caixa d'água. Serve também para o pagamento de luz, água, gás, medicamentos, aula de reforço, aluguel etc." (Abramovay; Andrade e Weiselfisz, 1998, p. 76).

Em termos do que mudou na vida da família, foi dado destaque à positividade do papel da mãe, considerada prioritariamente a gestora do benefício. O estudo revelou que administrar o dinheiro da bolsa significou, para as mães, direta ou indiretamente, o fortalecimento da autoestima, do controle de suas próprias vidas, do poder de tomar parte das decisões, constituindo-se estímulo para transformação nas relações de gênero (Abramovay; Andrade e Weiselfisz, 1998, p. 86), o que significava forte revalorização do papel da mulher.

No âmbito familiar, o estudo constatou ainda a melhoria das condições de vida das famílias beneficiadas e um aumento significativo das preocupações com a vida escolar dos filhos/dependentes, além de identificar fortes evidências, em termos de uma drástica redução da evasão e repetência escolar; melhoria substancial na aprendizagem e no aproveitamento curricular, pelo incremento da motivação e das aspirações educacionais dos bolsistas, além do que, praticamente, elimina o trabalho infantil, mecanismo de reprodução da pobreza intergerações, e retira as crianças e jovens das ruas (Abramovay; Andrade e Weiselfisz, 1998, p. 14).

O estudo citado apresentou também conclusões avaliativas sobre três aspectos relevantes: critérios de seleção, desligamento das famílias e estigma a respeito dos bolsistas e suas famílias.

O estudo constatou que, ainda que existisse certa clareza em relação aos critérios de acesso, como não faltar às aulas e residir há mais de 5 (cinco) anos no Distrito Federal, alguns aspectos não pareciam critérios de pontuação, por exemplo, eram considerados pouco transparentes, havendo também pouca clareza em relação ao tempo ao qual o beneficiário tinha direito ao Bolsa Escola. O estudo registrou grande desconhecimento sobre o funcionamento do Poupança-Escola. Ademais, surgiam novos "critérios informais", oriundos de pressão originada da escola, como: necessidade de bom rendimento escolar, disciplina em sala de aula, obrigatoriedade de compra de material escolar, que eram associados à garantia da manutenção da Bolsa.

Sobre o desligamento, a avaliação verificou que, ao se transformar em estratégia central de sobrevivência, surgia uma constante insegurança e angústia entre as famílias beneficiadas, dado o caráter limitado de tempo para recebimento do benefício, provocando medo constante da perda da Bolsa, principalmente, por não vir ocorrendo preparação para o desligamento, pegando muitas famílias de surpresa, aspecto este muito questionado pelas mães.

A avaliação em foco levantou um aspecto pouco ou não considerado em outras avaliações, profundamente relevante. Refere-se à constatação de estigma, principalmente por parte dos professores, reforçada por colegas e vizinhos, em relação às crianças e às famílias beneficiárias, identificando uma postura negativa e discriminatória em relação a essas crianças na escola e aos critérios do Programa.

Finalmente, o estudo da UNESCO apresentou algumas sugestões para melhoria do Bolsa Escola, como reavaliar o tempo de duração do benefício; reestudar os critérios de acesso e permanência; desenvolver divulgações sobre o Programa para públicos específicos (professores, visitadores, beneficiários); tornar públicos os motivos da perda do benefício; mais contato do Programa com os beneficiários; acompanhar os alunos bolsistas desligados do Programa, para identificar os impactos da perda do benefício.

Apesar do grande lastro construído, nacional e internacionalmente, pelo Programa Bolsa Escola de Brasília, uma dúvida foi colocada quanto às possibilidades reais de expansão e até de manutenção de um programa social cujo idealizador, no caso, o governador Cristovam Buarque, na época, do Partido dos Trabalhadores, identificado profundamente com os ideários políticos que sustentou o Programa, não é reeleito, sendo substituído por um político orientado por ideário que aponta, certamente, para outras prioridades. Esse foi o caso da experiência brasileira de maior êxito e influência nesse processo no Brasil. O Bolsa Escola de Brasília foi profundamente transformado desde quando Joaquim Roriz assumiu o governo de Brasília em 1998,[45] podendo mesmo se dizer que se transformou em outro programa.[46]

---

45. Trata-se do Programa Renda Minha que se apresentou como substituto do Bolsa Escola, destinado a oferecer uma transferência monetária mensal, inicialmente prevista no valor de R$ 45,00 para crianças e adolescentes na faixa etária de 6 a 15 anos de idade, em situação de extrema pobreza, matriculados no ensino fundamental em escolas públicas, sem limite de crianças por famílias. Eram indicados como critérios de inclusão nesse Programa: residência fixa da família no Distrito Federal nos últimos cinco anos; família com renda *per capita* familiar de R$ 90,00 mensais e que os dependentes residissem com seu responsável legal e não fossem beneficiados por outros programas sociais como o PETI. O Objetivo do Renda Minha era favorecer o desempenho escolar das crianças e adolescentes atendidos, incluindo, além da transferência monetária mensal, distribuição de *kits* com material escolar e uniforme completo; com previsão de atendimento médico-odontológico, avaliação nutricional e distribuição de óculos, quando prescritos, além de aulas de reforço escolar, aos sábados, para alunos beneficiários do Programa que apresentassem dificuldades de aprendizagem nos processos de leitura, escrita e cálculo, durante o ano letivo.

46. Buscando informações atuais sobre os programas de transferência de renda no Distrito Federal, o site do governo do Distrito Federal (www.df.gov.br), acesso em 01/05/2012, destaca O

Mesmo não apresentando a grande repercussão e influência no desenvolvimento dos Programas de Transferência de Renda no Brasil, não podemos deixar de situar, no âmbito do pioneirismo, as experiências desenvolvidas pelos municípios de Ribeirão Preto e Santos, ambas também implantadas em 1995, consideradas a seguir.

1.4.3 O Programa de Garantia de Renda Familiar Mínima — PGRFM da Prefeitura Municipal de Ribeirão Preto/SP

Esse Programa foi instituído pela Lei n. 7.188/1995, de autoria da vereadora Joana Garcia Leal, do PT, e regulamentado pelo Decreto n. 283/1995. Nos instrumentos de sua criação e regulamentação, destacava, como objetivos: incentivar a manutenção da criança e do adolescente no processo escolar; reduzir a mortalidade infantil; oferecer oportunidades iguais para crianças e adolescentes com deficiências. Eram indicadas como prioritárias crianças ou adolescentes atendidos por programas direcionados a populações em situação de risco; crianças com altos índices de absenteísmo escolar; crianças desnutridas menores de 3 anos e famílias monoparentais.

O fundamento para criação do Programa, em 1995, encontrava-se no próprio quadro social do Município, marcado por um número crescente de crianças na rua e o registro de elevada evasão escolar.

Para ter acesso ao Programa foram inicialmente indicados os seguintes critérios de elegibilidade: famílias comprovadamente carentes, apre-

---

Plano pela Superação da Extrema Pobreza — Plano DF Sem Miséria, articulado ao Plano Brasil sem Miséria. Seguindo as orientações do Plano do Governo Federal, a garantia de renda é considerada um dos eixos estruturadores no referido Plano, com destaque à ampliação do Programa Bolsa Família e do Benefício de Prestação Continuada, sendo destacada a busca ativa das famílias ainda não alcançadas pelo Bolsa Família, incluindo catadores de materiais recicláveis, povos e comunidades tradicionais, população em situação de rua e populações que vivem em áreas rurais.

Essas informações nos leva a concluir que o principal programa de transferência de renda mantido pelo governo do Distrito Federal passou a ser o Bolsa Família, sendo que parte das famílias beneficiárias recebem complementação de transferência de renda do programa social DF Sem Miséria, que é implementado em articulação com o Plano Brasil Sem Miséria do governo federal. Ou seja, o Programa Bolsa Escola de Brasília, considerado um dos programas pioneiros de transferência de renda, foi de fato assimilado por outras iniciativas, inicialmente o Programa Renda Minha, e no contexto do governo petista Agnaldo Queiroz o destaque é o Programa DF Sem Miséria.

sentando renda familiar de até dois salários mínimos e que possuíssem crianças sendo atendidas pelas creches do município e por outras entidades não governamentais, do estado e da Pastoral do Menor; famílias com pais trabalhadores da Prefeitura; famílias de mães solteiras e de moradores de favela.

Portanto, os beneficiários eram famílias com filhos ou dependentes menores de 14 anos, em situação de risco e portadores de deficiências. O benefício era uma transferência monetária variável, estabelecida no início do Programa em quatro níveis, considerando avaliação da situação das crianças e adolescentes: a) R$ 40,00; b) R$ 60,00; c) R$ 70,00 e d) R$ 100,00.

A contrapartida era a exigência de os pais trazerem e manterem na escola crianças e adolescentes que viviam nas ruas, devendo assinar Termo de Responsabilidade e apresentar atestado de matrícula das crianças no ensino fundamental, bem como a Carteira de Saúde e submeter-se a acompanhamento institucional regular. O desligamento das famílias do Programa ocorria por não cumprimento das obrigações especificadas no Termo de Responsabilidade ou, no caso, de declaração falsa ou uso de qualquer meio ilícito para obter o benefício. A permanência das famílias no Programa foi inicialmente fixada em um ano, podendo ser prorrogada quando mantidas as condições iniciais que justificaram o benefício.

O Programa é financiado com recursos do orçamento do município, alocados na Secretaria Municipal de Assistência Social, não podendo ultrapassar 1% das receitas correntes do município.

A implementação do PGRFM foi iniciada em setembro de 1995, tendo sido atendidas 765 famílias até abril de 1996.

Informações obtidas dos responsáveis pelo Programa, em novembro de 2003, reafirmaram tratar-se de um Programa direcionado a famílias em situação de vulnerabilidade social, com filhos de 7 a 14 anos de idade, frequentando o ensino fundamental. Tem sua vinculação institucional à Secretaria Municipal de Assistência Social, situando-se no Departamento de Ação Social Básica.

Os objetivos indicados pelos responsáveis do Programa são:

- recolher crianças das ruas, contribuindo para evitar seu aumento;
- evitar e reduzir a evasão escolar;
- melhorar as condições de vida das famílias, sua organização familiar e autoestima, mediante participação em grupos socioeducativos;
- encaminhar adultos das famílias a cursos profissionalizantes e de geração de renda;
- encaminhar os membros do grupo familiar para tratamento de saúde e outros.

São considerados critérios de prioridade para inclusão das famílias no Programa: famílias chefiadas por mulheres; número de filhos na escola; desemprego ou subemprego na família; condições de moradia e de saneamento básico; situação de saúde na família, como desnutrição, alcoolismo, pessoa portadora de deficiência, e escolaridade.

As famílias são selecionadas mediante procura espontânea ou encaminhamento por órgãos públicos (Conselhos Tutelares, Ministério Público, Escolas, Postos de Saúde, Associação de Moradores) ao Serviço Social nos bairros, onde preenchem uma ficha cadastral individual e familiar, sendo o cadastro encaminhado a uma comissão, composta por representantes das Secretarias da Saúde, da Educação, da Assistência e de Governo, para análise do pedido.

O número de famílias atendidas em novembro de 2003 era de 2.074, com 8.294 crianças e adolescentes, sendo que a expansão depende da disponibilidade orçamentária do município, que deve investir 1% do orçamento municipal no financiamento do Programa, sendo aplicado, em 2001, R$ 1.615.530,00; em 2002, R$ 1.664.020,00 e, em 2003, R$ 1.426.370,00. Essas famílias recebem como benefício direto uma transferência monetária que varia de R$ 40,00; R$ 60,00; R$ 70,00 e R$ 100,00, conforme o grau de vulnerabilidade da família, definido mediante os critérios de prioridade acima especificados.

Uma vez ingressando no Programa, a família pode permanecer por um ano e, renovável por mais um ano, condicionado à reavaliação da família pelo Assistente Social com participação da família, sendo o resultado encaminhado a uma comissão para decisão.

A permanência da família no Programa é condicionada à frequência do filho à escola, frequência do responsável aos grupos socioeducativos, com acompanhamento e avaliação pelos técnicos da área de atendimento.

Durante o desenvolvimento do Programa, as famílias são acompanhadas pelos assistentes sociais através de reuniões socioeducativas, com periodicidade quinzenal ou mensal. A frequência escolar é acompanhada mediante ficha preenchida pela escola e encaminhada ao Assistente Social, responsável pelo acompanhamento da família.

Mesmo tendo sido declarado que o Programa ainda não foi avaliado, foram relacionados os seguintes aspectos que apontam para compreensão do seu desempenho: a) elementos considerados positivos na implementação do Programa: diminuição do índice de evasão escolar; reorganização familiar, consciência dos direitos e deveres; alfabetização de adultos e qualificação e requalificação profissional; b) elementos considerados negativos na implementação do Programa; ausência de indicadores sociais nos municípios que permitam acompanhar o Programa; ausência de realização de pesquisa avaliativa para verificação de impactos nas famílias atendidas e nas já desligadas; deficiência de uma estrutura de serviços sociais destinados a atender as famílias, tendo em vista sua promoção e independência financeira; processo seletivo restritivo para inclusão das famílias ao Programa; c) maiores dificuldades na implementação do Programa: ausência de um projeto para planejamento das ações nos bairros que permita a identificação das famílias com perfil para serem incluídas no Programa.

Finalmente, destaca-se que o Programa de Renda Familiar Mínima de Ribeirão Preto, guardadas suas especificidades, também reproduz os problemas que vêm sendo destacados como as deficiências ou aspectos problemáticos dos Programas de Transferência de Renda de iniciativa de municípios: ostenta um número muito limitado de famílias atendidas; mantém o mesmo valor de transferência monetária para as famílias desde o início de sua implementação, em 1995; apresenta resultados gerais e subjetivos, não tendo sequer sido avaliado, havendo ainda o reconhecimento de que a transferência de renda não melhorou economicamente, nem culturalmente a vida das famílias, conforme declaração dos responsáveis pelo Programa, que também apontam a insuficiência de uma rede de serviços que possa ser acionada para atendimento das necessidades do grupo familiar e, sobretudo, para oferecer possibilidades de autonomização das famílias atendidas.[47]

1.4.4 O Programa "Nossa Família" da Prefeitura Municipal de Santos/SP

O Programa de Transferência de Renda de Santos/SP, denominado atualmente de Programa "Nossa Família",[48] foi instituído pela Lei

---

47. Buscando informações atualizadas sobre o Programa de Renda Familiar Mínima, o *site* da Prefeitura Municipal de Ribeirão Preto (www.ribeiraopreto.sp.gov.br), acesso em 01/05/2012, mantém a continuidade do Programa, que foi instituído por Lei Municipal, destacando ser um programa do governo municipal voltado para famílias com alto grau de vulnerabilidade social para incentivar a manutenção da criança e do adolescente na escola, para reduzir a mortalidade infantil e criar oportunidades para portadores de deficiência. Inclui as famílias com renda inferior a meio salário mínimo *per capita*, residentes há dois anos no município e com filhos ou dependentes legais de até 14 anos de idade, sendo exigida a frequência escolar de 85%. O Benefício é uma bolsa mensal em dinheiro para manter as crianças na escola, não tendo sido especificado o valor da bolsa nem o total de famílias atendidas.

Em nova consulta ao *site* da Prefeitura Municipal de Ribeirão Preto (www.ribeiraopreto.sp.gov.br), em 16/09/2014, foi verificado que o Programa Renda Familiar Mínima ainda se encontra em implementação, sendo assim qualificado: "É um Programa de Governo Municipal que garante o atendimento às famílias com alto grau de vulnerabilidade social, incentivando a manutenção da criança e do adolescente dentro do processo escolar, a redução da mortalidade infantil e buscar a garantia de oportunidades iguais também para crianças e adolescentes portadores de deficiências.

O programa Renda Mínima garante que as famílias com renda inferior a meio salário mínimo *per capita*, residentes há 2 anos, no mínimo, no Município, e com filhos e/ou dependentes legais menores de até 14 anos de idade, recebam uma bolsa mensal em dinheiro para mantê-los na escola. Essa complementação monetária da renda familiar está associada à frequência escolar (85%) dessas crianças e adolescentes. O programa é um direito do cidadão instituído por lei Municipal". Todavia, não encontramos informações sobre valores da bolsa nem sobre o desempenho atual do programa.

48. Essa caracterização do Programa "Nossa Família" fundamenta-se em informações fornecidas pelos responsáveis pelo Programa em resposta a dois instrumentos de pesquisa, na legislação pertinente e numa visita feita ao Programa.

n. 1.416, de 4 de outubro de 1995, e regulamentado pelo Decreto-lei n. 2.649, de 7 de dezembro de 1995, com a designação de Programa de Apoio à Família, tendo como autor o prefeito David Capistrano Filho, do Partido dos Trabalhadores — PT. Esse Programa se direcionava para famílias com filhos ou dependentes, de até 16 anos de idade, em situação de risco, conforme estabelecido pelo Estatuto da Criança e do Adolescente, ou seja, que não estivessem sendo atendidos nos seus direitos sociais básicos, com prejuízo de seu retorno e frequência regular à escola, bem como tivessem comprometido seu desenvolvimento físico, psíquico e social. Além dessa condição, o Programa se destinava a famílias com renda *per capita* familiar mensal inferior a R$ 50,00; que residissem no município há pelo menos um ano e que os filhos ou dependentes não estivessem frequentando a escola, ou trabalhassem em condições de exploração, encontrando-se em situação de alto risco. O auxílio monetário mensal mínimo era de R$ 50,00 (cinquenta reais) para famílias com uma criança ou adolescente, até o máximo de R$ 80,00 (oitenta reais), quando a família tivesse mais de um filho ou dependente de até 16 (dezesseis) anos de idade.

A família beneficiária do Programa de Apoio à Família assumia as seguintes obrigações, mediante termo de compromisso: manter a criança ou adolescente frequentando regularmente a escola; retirar a criança ou adolescente de situação considerada ilegal pela Comissão Coordenadora do Programa; prover, conforme suas condições, alimentação, alojamento, vestuário e tratamento de saúde aos seus dependentes; comunicar ao Programa alterações registradas em sua condição socioeconômica ou mudança de domicílio; receber visitas do Programa e participar de atividades promovidas por este.

É importante registrar que o Programa era financiado pelo Fundo Municipal da Criança e do Adolescente, não constituindo direito, por estar sujeito à disponibilidade financeira.

O Programa é mantido com a mesma denominação — Programa de Apoio à Família —, mas foi alterado pela Lei n. 1.631, de 26 de novembro de 1997, assinado pelo prefeito Beto Mansur, do Partido Progressista Brasileiro — PPB, passando a serem garantidos recursos financeiros para sua manutenção no orçamento municipal. Essa alteração ocorreu no bojo da instituição de novos programas com a reforma da Secretaria de Ação Comunitária e Cidadania, segundo seus idealizadores, passando a ser alvo de maior atenção por parte de todos os técnicos envolvidos e da própria Secretaria.

O Programa de Apoio à Família mantém como objetivo garantir o retorno e frequência dos filhos menores de 16 anos à escola e a outras atividades que contribuam para o seu desenvolvimento físico e intelectual. Mantém como critérios de elegibilidade a família apresentar renda *per capita* inferior a R$ 50,00 (cinquenta reais); residir em Santos há pelo menos um ano; ter filhos menores de 16 anos e ter situação de risco social comprovada (não estejam frequentando escola; trabalhem em condições de exploração ou se encontrem em situação de alto risco social e pessoal).

São considerados critérios de prioridade associados aos de elegibilidade: famílias com acentuado índice de risco pessoal e social; renda *per capita* familiar inferior a R$ 50,00 (cinquenta reais) ou nenhuma renda; maior número de filhos; não apresentar possibilidade de garantir a criação dos filhos dentro de padrões normais.

A seleção das famílias ocorre mediante encaminhamentos feitos pela rede de Organizações Governamentais e Não Governamentais de Saúde, Educação, Assistência Social e Conselhos Tutelares; por procura espontânea no Centro de Referência Social — Casa da Cidadania, onde a pessoa é atendida por assistente social ou psicóloga que realiza o diagnóstico da situação familiar, procedendo ou não o enquadramento da família ao Programa a partir dos critérios indicados, sendo que a decisão final ocorre em reunião mensal da Comissão Coordenadora do Programa. Então é assinado um Termo de Compromisso, e a família compromete-se a aplicar devidamente os recursos recebidos;[49] a participar de cursos de qualificação profissional e de reuniões de caráter socioeducativo, além de manter os filhos bem cuidados e frequentando a escola.

---

49. Foi informado que as famílias têm aplicado o dinheiro recebido em produção doméstica (artesanato, bijuteria, gêneros alimentícios, adereços etc.); em pequenas prestações de serviços (costura, marcenaria, eletricidade etc.); em capacitações diversas (cursos, atualização etc.) e na aquisição de alimentos.

O beneficiário do Programa é a família, que passará a receber uma transferência monetária mensal de R$ 50,00 (cinquenta reais), no caso de ter apenas um filho, ou de R$ 80,00 (oitenta reais), quando a família tem mais de um filho, recebidos diretamente na agência bancária com apresentação da identidade do responsável. Além da transferência monetária, a família recebe uma cesta básica a cada quatro meses, acompanhamento familiar e inclusão na rede de serviços.

A permanência da família no Programa é, inicialmente, de seis meses, prorrogável por igual período, após avaliação do técnico de referência do grupo onde a família é vinculada, que considera se a família aplicou devidamente os recursos recebidos; se a mãe ou responsável tem comparecido às reuniões de grupo e se os filhos apresentam regularidade de frequência à escola. Também é considerado se a família permanece residindo no município.

A implementação e a expansão do Programa ocorrem de modo descentralizado, considerando zonas do Centro de Referência Social, procurando-se fazer uma distribuição das famílias atendidas por toda a cidade, priorizando aquelas famílias residentes em áreas críticas como favelas, palafitas e cortiços. O número de famílias atendidas, em setembro de 2003, era de 400, já tendo sido atendidas, anteriormente, um total de 750 famílias.

O acompanhamento das famílias e crianças na escola é feito mediante relatório bimestral com a indicação do nome de todas as pessoas da família, endereço, idade e escola frequentada por cada criança/adolescente. A Secretaria de Educação distribui essas fichas pelas escolas correspondentes para que sejam elaborados relatórios de frequência dos seus alunos e registradas intercorrências consideradas relevantes, sendo esses relatórios encaminhados ao Centro de Referência Social que os distribui entre os técnicos de referência de cada família para as devidas avaliações e encaminhamentos.

Embora o Programa não tenha sido avaliado globalmente para verificação de impactos, os informantes apontaram, com base em observações e depoimentos, a possibilidade dos seguintes impactos: a) em relação às crianças/adolescentes foi indicada possível melhoria nos aspectos que atendem às suas necessidades específicas, como saúde, esporte, lazer e cultura; b) em relação às famílias, foi apontado o exercício de cidadania, integração das famílias à rede de serviços, bem como fortalecimento das famílias atendidas para participação na sua comunidade, e elevação da autoestima, autoconfiança, aquisição de novas experiências, aprendizagens e estímulo a novas vivências; c) no sistema educacional foi indicado menor índice de evasão escolar e integração da maioria das crianças em jornada ampliada, na escola e em atividades complementares.

Em relação a dificuldades e situações problemáticas enfrentadas pelos responsáveis pelo Programa na sua implementação, foram destacados: equipe técnica insuficiente para acompanhamento mais abrangente das famílias e para realização de visitas domiciliares; valor irrisório da transferência monetária, insuficiente para efetiva alteração nas condições de autossustentação da família; falta de capacitação da equipe técnica para renovar as alternativas de propostas para a família; falta de documentos pessoais por parte dos demandantes ao Programa; índice elevado de analfabetos e dependentes de auxílios concretos, apresentando grande dificuldade para autonomização das famílias. Nesse contexto, foram indicadas as seguintes providências tomadas para melhorar o desempenho do Programa: divisão da equipe técnica de referência por região da cidade para permitir uma melhor cobertura; ampliação de parcerias com a rede de serviços da Secretaria de Ação Comunitária e Cidadania, Organizações Não Governamentais, Igrejas, serviços educacionais e de saúde e articulação com outros Programas de Transferência de Renda, como o Bolsa Escola Federal, o Programa de Erradicação do Trabalho Infantil — PETI e o Programa Renda Cidadã, do Estado de São Paulo.

A última alteração ocorrida no Programa se deu pela Lei n. 2.138, de 29 de setembro de 2003, regulamentada pelo Decreto n. 4.212, de 20 de fevereiro de 2004, de modo que o Programa passou a ser denominado "Programa Nossa Família", sendo coordenado e executado pela Secretaria Municipal de Ação Comunitária e Cidadania, com supervisão, acompanhamento e fiscalização da Comissão do Programa Nossa Família.

Esse Decreto foi assinado pelo prefeito Beto Mansur e o Programa passou a ter como objetivo apoiar financeiramente famílias com renda mensal média *per capita* familiar de até R$ 120,00 (cento e vinte reais); com filhos ou dependentes de até 16 (dezesseis) anos em situação de risco; residentes há mais de 12 (doze) meses em Santos e que comprovem que as crianças, maiores de 7 (sete) anos, e os adolescentes, estejam matriculados em escola de ensino fundamental e ensino médio. Pelas novas normas, são excluídas do Programa as famílias que prestarem declaração falsa ou usarem de meios ilícitos para nele ingressar; também se excluem as famílias de adolescentes que completarem 16 anos; são excluídas as famílias cuja renda familiar ultrapassar o valor de corte estabelecido, ou se mudar para outro município, ou quando as crianças e adolescentes apresentarem 20% (vinte por cento) de faltas injustificadas, atestado pela direção da unidade escolar. O valor do benefício mensal ficou fixado em R$ 120,00 (cento e vinte reais) para o único ou primeiro beneficiário da família, acrescido de R$ 60,00 (sessenta reais) para os demais beneficiários da família, ficando, porém os benefícios mensais limitados a R$ 240,00 (duzentos e quarenta reais) mensais por família, podendo esses valores ser reajustados quando da atualização do Salário Mínimo Nacional. A permanência das famílias no Programa ficou mantida em 6 (seis) meses, podendo ser prorrogável por até 18 (dezoito) meses, quando a família estiver cumprindo seu Plano de Atendimento Personalizado e quando a problemática da família não tiver sido resolvida. Após os 18 (dezoito) meses decorridos, a família, mesmo não recebendo o benefício financeiro, poderá continuar tendo acompanhamento social do Programa.

Numa apreciação geral sobre o Programa "Nossa Família", os próprios responsáveis admitem que os valores monetários transferidos para as famílias são insuficientes para produzir grandes transformações em suas vidas, embora a última alteração tenha sido significativa tanto em relação ao valor do benefício como no valor de corte de renda para ingresso da família no Programa. Todavia, o número de famílias atendidas continua muito reduzido, mantendo meta de atendimento simbólica para uma cidade do porte de Santos, e, principalmente, o tempo de permanência no Programa continua pequeno para permitir a autonomização de famílias que geralmente apresentam muitos problemas e poucas possibilidades de superá-los na atual conjuntura brasileira, aspectos esses presentes, de modo geral, em todos os Programas de Transferência de Renda de iniciativa de estados e municípios, conforme veremos no capítulo 3 deste livro.[50]

---

50. Buscando informações atualizadas sobre o Programa "Nossa Família", no *site* da Prefeitura Municipal de Santos (www.santos.sp.gov.br), verificamos que o Programa é referido com a indicação do atendimento de 404 famílias, sendo o valor máximo do benefício mensal repassado para cada família de R$ 240,00, por até 18 meses. Além dos programas federais: Bolsa Família, Programa de Erradicação do Trabalho Infantil e Benefício de Prestação Continuada, são indicados o que são denominados de programas específicos: Programa Municipal de Valorização do Jovem entre 16 e 21 anos, atendendo a 42 pessoas que participam de oficinas de formação profissional, com duração de até 18 meses e bolsa auxílio mensal de R$ 130,00; Programa Municipal de Inclusão Cidadã Fênix para moradores de rua, que recebem um salário mínimo e cesta básica durante até 18 meses; Programa Municipal de Valorização do Idoso, atendendo a 47 pessoas — os idosos repassam suas experiências para os mais jovens durante 16 horas semanais de atividades e recebem um salário mínimo. É indicado como o programa de transferência de renda mais recente o Erradicação da Extrema Pobreza e da Fome — Bolsa Santos, que garante a transferência de renda a 82 famílias com renda *per capita* de até R$ 70,00 em complemento aos outros programas sociais.

Em acesso ao *site* da Prefeitura Municipal de Santos (www.sp.santos.gov.br), no dia 16/09/2014, verificamos que o Programa "Nossa Família" situa-se no âmbito do que é denominado "Rede de Proteção à Família", considerada uma ampla estrutura de assistência a famílias em vulnerabilidade social, integrando a Proteção Básica, constituindo-se de centros de referência, centros comunitários e da juventude, entre outros, voltados para prestar auxílio através de atendimento, serviços e programas para convivência e desenvolvimento da cidadania. O "Nossa Família" é gerenciado pelos Centros de Referência de Assistência Social (CRAS), encontrando-se entre um conjunto de programas de transferência de renda: Bolsa Família, Renda Cidadã, Nossa Família, Bolsa Santos, Benefício de Prestação Continuada (BPC) para idosos e pessoas com deficiência, Ação Jovem e Valorização do Jovem. Todavia, não encontramos informações mais específicas sobre os benefícios ofertados pelo "Nossa Família" nem sobre a situação atual de sua implementação.

2

Os programas nacionais de transferência de renda

2.1 Desenvolvimento Histórico

A primeira discussão no Brasil sobre a introdução de um programa de renda mínima, entendido neste livro como Programa de Transferência de Renda, vinculando-se a uma agenda de erradicação da pobreza no país, data de 1975, quando Antônio Maria da Silveira publicou, na Revista Brasileira de Economia, um artigo sob o título "Redistribuição de Renda". Na proposta apresentada, o entendimento do autor era de que a economia brasileira, conforme estruturada, não atendia às necessidades de sobrevivência de todos, mesmo aqueles inseridos no mercado de trabalho, não se verificando uma relação adequada entre crescimento econômico e bem-estar. Nesse sentido, uma gradativa, mas efetiva extinção da pobreza exigia uma intervenção governamental. Para isso, apresentou uma proposta fundamentada no Imposto de Renda Negativo, de autoria de Friedman (1962), tendo em vista a redução da pobreza. Seria uma transferência monetária proporcional à diferença entre um nível mínimo de isenção e a renda auferida pelo pobre, tomando por base um nível de subsistência como referência para fixação do nível de isenção.[1] Tratava-se,

---

1. O Imposto de Renda Negativo é, portanto, uma proposta que preconiza uma transferência monetária para trabalhadores que tenham uma renda anual abaixo de um patamar previamente fi-

portanto, de um "programa governamental" direcionado para o indivíduo pobre e não enquanto membro de um grupo determinado (ocupacional, salarial, etário, sindical ou industrial), com implantação progressiva, iniciando pelas pessoas mais idosas até atingir os mais novos.

Seguindo a formulação proposta por Silveira (1975), Bacha e Unger (1978), também conferindo importância à redistribuição de renda, mediante uma complementação monetária, foi apresentado o que denominaram de um projeto de democracia para o Brasil, destacando a importância da redistribuição da renda como condição para sobrevivência da democracia política que requer um limite no nível de desigualdade e de miséria. Portanto, ambas são vistas como ameaça à própria democracia, o que significa que a democracia política não é compatível com graus elevados de desigualdade nem com a miséria da maioria dos cidadãos. Para o enfrentamento dessa situação no Brasil, os autores apresentaram uma proposta de complementação de renda, também baseada no Imposto de Renda Negativo, que deveria ser financiada pelos 10% mais ricos da população. Portanto, essa complementação monetária deveria considerar um nível mínimo de renda, tendo por base o tamanho da família, devendo ser paga pelo Governo Federal a diferença entre a renda auferida e um nível mínimo estabelecido, sendo contemplados os que se situassem abaixo desse mínimo.[2]

Não resta dúvida de que essas propostas influenciaram o Projeto de Lei n. 80/91, apresentado pelo senador Eduardo Suplicy para instituição de um Programa de Garantia de Renda Mínima para o Brasil, considerado no item 1.3 deste livro, a partir de quando podemos falar num processo de desenvolvimento histórico dos Programas de Transferência de Renda no Brasil. O esforço de sistematizar o desenvolvimento do processo histórico de construção do que entendemos ser uma Política Pública

---

xado, sendo que os trabalhadores que apresentam um montante de renda acima do fixado deverão pagar imposto de renda. Significa que se trata de um programa destinado a trabalhadores que estejam auferindo alguma renda do trabalho. Ademais, o montante transferido deverá ser o mínimo possível para não desestimular, segundo seus idealizadores que se orientam por uma perspectiva de caráter liberal, o indivíduo na busca de se inserir no mercado de trabalho.

2. Para análise mais completa das propostas de Silveira (1975), Bacha e Unger, 1978, veja Fonseca (2001).

Nacional de Transferência de Renda no Brasil, inicia-se, então, em 1991, inaugurando o Primeiro Momento desse debate, quando foi aprovado, por unanimidade, no Senado Federal, o Projeto de Lei n. 80/1991 supracitado, de autoria do senador Suplicy (PT-SP) que propõe a instituição de um Programa de Garantia de Renda Mínima, em nível nacional. Tal projeto, mesmo tendo um parecer favorável desde 1993, foi preterido por outro que obteve apoio do Governo Federal, aguardando ainda votação na Câmara dos Deputados.

Vivia-se, no Brasil, nesse período, talvez a maior crise recessiva desde os anos 1930, sendo toda atenção do governo e da opinião pública voltada para o combate à inflação crescente, sem controle, e para os problemas decorrentes do endividamento externo. Enfocava-se a preocupação com o crescimento econômico e com uma política de exportação, não havendo espaço para a implantação de qualquer política de enfrentamento à pobreza e de redistribuição de renda, até porque a superação da pobreza era percebida como mera decorrência da estabilidade da moeda e do crescimento da economia.

Essa conjuntura começou a se alterar a partir de 1992 com a instituição do Movimento Ética na Política, desencadeando o *impeachment* do presidente Fernando Collor de Melo e colocando na agenda pública a temática da fome e da pobreza. Destaca-se, nesse cenário, a Campanha Nacional da Ação da Cidadania Contra a Fome, a Miséria e pela Vida, conhecida como Campanha da Fome, sob a liderança do sociólogo Herbert de Sousa, o Betinho, sendo incorporada pelo governo Itamar Franco, em 1993, com o nome de Plano de Combate à Fome e à Miséria.

No âmbito dessa nova agenda política, ainda em 1991, o debate brasileiro sobre Renda Mínima começa a ganhar novo impulso, inaugurando seu Segundo Momento, no Brasil, quando Camargo (1991; 1993; 1995) passa a defender uma proposta de Renda Mínima que contemple uma articulação da renda familiar com a escolarização de filhos e dependentes em idade escolar. Propõe a adoção de uma transferência monetária equivalente a um salário mínimo a toda família, independente da renda familiar, no artigo escrito em 1991, com filhos ou dependentes de 05 a 16 anos, e no artigo escrito em 1993, com filhos ou dependentes de 07 a 14 anos desde que frequentando regularmente a escola pública. O vínculo com a escola pública era, portanto, o termo de garantia para focalização do programa nos estratos de menor renda, dada a dificuldade de comprovação de renda entre estes. Tratava-se de uma proposta de política social que, a curto prazo, amenizasse a pobreza e, a longo prazo, reduzisse a reprodução da pobreza.

Nesse momento, Camargo dialogava e apresentava críticas em relação ao Programa de Garantia de Renda Mínima — PGRM proposto pelo senador Eduardo Suplicy, sugerindo mudança no conteúdo do debate. Criticava a proposta de iniciar programas dessa natureza pelos mais idosos, destacando também a possibilidade de esses programas incentivarem o trabalho informal, sem carteira assinada.

A grande inovação desse debate foi, por conseguinte, a articulação da educação com a transferência monetária. Esse debate é sustentado por dois argumentos, segundo o mesmo autor. O primeiro é que o custo oportunidade para as famílias pobres mandarem seus filhos para a escola é muito elevado, devido à diminuição da já reduzida renda familiar. O segundo se refere à deficiência da formação educacional enquanto fator limitante do incremento da renda das novas gerações, propiciando um ciclo vicioso que faz com que a pobreza de hoje determine a pobreza do futuro. Nesse sentido, a compensação financeira para as famílias pobres permitirem a ida de seus filhos à escola seria o mecanismo de rompimento desse ciclo.

Nessa perspectiva, o debate sobre Renda Mínima, no Brasil, assume novo patamar, qualificado por duas inovações: introdução da unidade familiar no lugar do indivíduo como beneficiário dos programas e vinculação da transferência monetária com a educação, na perspectiva de romper com o caráter assistencial pela incorporação de um componente estrutural, influenciando, fortemente, o estabelecimento dos programas implantados a partir de 1995 que passam a ter a família como unidade beneficiária e a obrigatoriedade de ingresso e frequência de crianças, em idade escolar, na rede de ensino.

No ano de 1995, iniciou-se o que se pode considerar o Terceiro Momento do debate sobre a Política de Transferência de Renda, no Brasil, agora impulsionado pelo desenvolvimento de experiências municipais em Campinas; em Ribeirão Preto e Santos (São Paulo), e em Brasília, Distrito Federal, seguidas de outras experiências e propostas em vários municípios e Estados brasileiros, além da formulação de propostas nacionais, expressando respostas de governos às pressões da sociedade para enfrentamento da pobreza. Nesse contexto, a Política de Renda Mínima ultrapassa o patamar de mera utopia, para se constituir numa alternativa concreta de política social.

Há de se considerar que, desde 1993, já vinha ocorrendo a retomada do crescimento econômico no país, e que, a partir de 1994, iniciava-se o processo de estabilização da moeda nacional, com a implantação do Plano Real. Essa nova conjuntura colocou ao governo de Fernando Henrique Cardoso, no seu primeiro mandato iniciado em 1995, a prioridade absoluta, de dar continuidade à estabilização da economia, cuja preocupação central era inserir o Brasil na economia globalizada. Para isso, esse governo assumiu, definitivamente, uma política neoliberal, imprimindo novos rumos para o trato da questão social, especificamente da pobreza. O Plano de Combate à Fome e à Miséria, de Itamar Franco, em articulação com a sociedade, é substituído pelo Programa Comunidade Solidária, cuja marca era a focalização conservadora que se orientava pela concentração do combate à pobreza apenas em alguns municípios brasileiros, considerados os mais miseráveis, e pelo alijamento do movimento social, embora seja conclamada a participação da sociedade civil na luta contra a pobreza.[3]

Portanto, o debate e a prática dos Programas de Transferência de Renda, no Brasil, representada pelos Programas de Renda Mínima e Bolsa Escola e outros, até então, vinham se desenvolvendo numa conjuntura em que as questões sociais mereciam, por parte do Governo Federal, menos e menos atenção. A principal prioridade era a manutenção da estabilidade econômica, orientada pelo entendimento de que a redução da pobreza e o trato da questão social são uma variável dependente da economia.

---

3. Uma análise sobre o Programa Comunidade Solidária encontra-se em Silva (2001).

Nesse contexto, o debate, o incremento de propostas e o desenvolvimento de experiências de programas de Renda Mínima e de Bolsa Escola, no Brasil, são sustentados pelos seguintes traços conjunturais:

- elevação dos índices de desemprego e precarização das relações de trabalho em consequência das políticas liberais de ajuste estrutural da economia brasileira à competitividade da economia globalizada, adotadas nos anos 1990;
- aumento da violência nas grandes cidades;
- baixa qualificação do trabalhador brasileiro para responder às novas demandas postas face às transformações ocorridas no mundo do trabalho e, paradoxalmente, o desemprego de trabalhadores qualificados;
- elevados índices de trabalho infantil, com exploração da criança e do adolescente;
- elevação da pobreza, sendo as crianças e jovens os mais atingidos.

A partir de 2001, penúltimo ano do governo de Fernando Henrique Cardoso, já no seu segundo mandato (1999-2002), pode-se vislumbrar o Quarto Momento no desenvolvimento dos Programas de Transferência de Renda no Brasil, marcado pela proliferação de programas de iniciativa do Governo Federal, com implementação descentralizada em nível dos municípios. Entre estes, tem-se a transformação do Programa Nacional de Garantia de Renda Mínima — PGRM, "para toda criança na escola", em Programa Nacional de Renda Mínima vinculado à Educação — "Bolsa Escola", e a criação do Programa Bolsa-Alimentação, entre outros, além da expansão dos programas, também nacionais, instituídos em 1996 — Programa de Erradicação do Trabalho Infantil e Benefício de Prestação Continuada.[4]

No discurso do Governo Federal, esses programas, sem precedentes em termos de abrangência na Política Social Brasileira, passam a ser considerados eixo central de uma "grande rede nacional de proteção social"

---

4. Uma caracterização dos Programas Nacionais de Transferência de Renda é desenvolvida no próximo item (2.2).

implantada no país, sendo estes implementados de modo descentralizado em quase todos os 5.561 municípios brasileiros.

Outro importante aspecto desse Quarto Momento é a introdução, no debate nacional, da possibilidade de instituição de uma Renda de Cidadania, no contexto dos Programas de Transferência de Renda, para todos os brasileiros, sem qualquer restrição. Esse debate iniciou-se com o lançamento do livro do senador Suplicy, *Renda de Cidadania: a saída é pela porta* em 2002, com a participação do autor de debates em diversas cidades brasileiras, e com sua apresentação do Projeto de Lei n. 266/2001 ao Congresso Nacional, para instituição de uma Renda de Cidadania para todos os brasileiros, e mesmo para estrangeiros residindo no Brasil por cinco ou mais anos. Destaca-se, portanto, que esse quarto momento insere um novo elemento no debate nacional. Do debate sobre uma Renda Mínima, passa-se a uma discussão sobre uma Renda de Cidadania, iniciando, portanto um novo patamar qualificador desse debate.

A partir de 2003, com o início do governo do presidente Luiz Inácio Lula da Silva, podemos perceber o início do que passamos a considerar o quinto momento do desenvolvimento histórico dos Programas de Transferência de Renda no país. Esse momento é marcado por mudanças quantitativas, mas, sobretudo, qualitativas na direção da construção de uma Política Pública de Transferência de Renda, de abrangência nacional, podendo se destacar os seguintes aspectos:

- Indicação de prioridade no enfrentamento da fome e da pobreza no Brasil, anunciada já no discurso de posse do presidente Luiz Inácio Lula da Silva, fazendo com que essa temática fosse considerada na agenda pública brasileira, partindo do pressuposto de que as Políticas Sociais são importantes mecanismos de enfrentamento à pobreza, desde que articuladas a uma Política Econômica que considere a redistribuição de renda no país, a valorização da renda do trabalho, a geração de emprego, a proteção social do trabalhador, a inclusão de todos os trabalhadores formais ou informais, da cidade e do campo, num sistema nacional universal

de Previdência Social; efetivação de reforma agrária e assistência ao trabalhador do campo, entre outras providências.[5]
- Aprovação, pelo Congresso Nacional, de uma Emenda Constitucional, no âmbito da Reforma Fiscal aprovada no final de 2003, que inclui um parágrafo que prevê a implantação de um programa de renda mínima para prover a subsistência a pessoas ou famílias, dando prioridade àquelas que vivem em estado de maior necessidade, devendo ser financiado, de modo coordenado, pela União, Estados e municípios, conforme lei específica. Essa Emenda Constitucional seria votada no âmbito do Senado como parte de Reforma Fiscal que não conseguiu se efetivar.
- Iniciação de um processo de unificação de programas nacionais de transferência de renda, a partir de julho de 2003. A proposta inicial foi para unificar quatro programas federais de transferência de renda (Bolsa Escola, Bolsa Alimentação, Vale-Gás e Cartão-Alimentação), tendo sido iniciada a implementação da proposta inicial em outubro de 2003 com um orçamento de R$ 4,3 bilhões para este ano e de R$ 5,3 bilhões em 2004. O novo Programa, denominado de Bolsa Família, prevê o atendimento de 3,6 milhões de famílias, em 2003, apresentando uma meta para atendimento de 7,6 milhões de famílias em 2004 e de 11,4 milhões de famílias em 2006.[6] Em outubro de 2010 o Bolsa Família já atendia, segundo dados do MDS, 12.995.195 famílias, representando cobertura de 98,26% das famílias cadastradas no perfil Bolsa Família, ou seja, com renda per capita familiar de até R$ 140,00.
- Elevação dos recursos orçamentários destinados ao desenvolvimento de Programas de Transferência de Renda no orçamento de

---

5. É importante ressaltar que a Estratégia Fome Zero, "carro-chefe" das políticas de enfrentamento à pobreza do governo Luiz Inácio Lula da Silva, apesar de preconizar explicitamente a articulação referida, demonstra ainda uma grande distância entre essas proposições e os encaminhamentos que o Governo Federal vem desenvolvendo. Dessa situação destaca-se a não inclusão dos 40 milhões de trabalhadores brasileiros que se encontram fora do Sistema Nacional de Previdência Social na reforma da Previdência, que foi aprovada pelo Congresso Nacional em dezembro de 2003.

6. Sobre a unificação dos Programas de Transferência de Renda, veja o item 2.3 (A Unificação dos Programas de Transferência de Renda no governo Luiz Inácio Lula da Silva: o Bolsa Família).

2004 para R$ 5,3 bilhões, segundo dados oficiais, representando mais que o dobro de 2002, tendo alcançado 8,3 bilhões de reais em 2006. O orçamento de 2008 foi de 10,5 bilhões de reais, o que representou 0,4% do PIB, sendo que o repasse acumulado em 2010, até o mês de setembro, foi de R$ 10.666.637.352,00 acrescido de valor acumulado até maio destinado ao Índice de Gestão Descentralizada no valor de R$ 124.587.046,82.

- Com base no Projeto de Lei n. 266/2001, de autoria do senador Eduardo Suplicy, foi sancionada, pelo Presidente da República em 8 de janeiro de 2004, a Lei de Renda Básica de Cidadania, com previsão para implantação a partir de 2005. Esse Projeto foi aprovado, por unanimidade, em dezembro de 2002, pelo Senado e, em dezembro de 2003, pela Comissão de Constituição e Justiça da Câmara dos Deputados. Trata-se de um programa nacional com proposta de implantação gradual, a partir de 2005, devendo iniciar com o atendimento dos mais pobres, destinado a todos os brasileiros ou estrangeiros residentes no país por cinco ou mais anos, cujo benefício é a transferência de uma renda básica incondicional para todos, independentemente do trabalho ou de outra exigência qualquer.

- Criação, em janeiro de 2004, do Ministério do Desenvolvimento Social e Combate à Fome, representando um esforço de unificação dos dois ministérios da área social: o da Assistência Social e o Ministério Extraordinário de Segurança Alimentar e Combate à Fome, com previsão de elevação de valores orçamentários para a área social.

Já no primeiro ano do governo da presidente Dilma Rousseff, em 2011, é possível indicar o surgimento do Sexto Momento no desenvolvimento histórico dos programas de transferência de renda no Brasil, cujo foco da prioridade social passou a ser a erradicação da miséria de 16 milhões e 200 mil brasileiros com renda *per capita* familiar abaixo de R$ 70,00 (atualizado para R$ 77,00 em 1 de junho de 2014), de acordo com dados do Censo do IBGE de 2010. É, então, instituído o Plano Brasil

Sem Miséria, que articula três eixos coordenadores das ações de proteção social: transferência de renda; acesso a serviços e inclusão produtiva. O Bolsa Família é o principal programa do eixo de transferência de renda, passando a ampliar o número de famílias beneficiárias, o valor dos benefícios, além de criar o Benefício Variável para Superação da Extrema Pobreza, permitindo que nenhuma família beneficiária tenha uma renda *per capita* familiar abaixo de R$ 77,00, valor fixado a partir de 1 junho de 2014 para considerar uma família em situação de superação de extrema pobreza.

Não resta dúvida de que o processo de desenvolvimento histórico da Política Social brasileira rumo à construção de uma Política Pública de Transferência de Renda evidencia que os programas de transferência monetária direta a indivíduos ou a famílias representam elemento central na constituição atual do Sistema Brasileiro de Proteção Social, mormente da Política de Assistência Social. Todavia, algumas questões precisam ser colocadas: quais as reais possibilidades desses programas para elevar o nível de escolaridade da população brasileira? E qual sua efetividade enquanto política pública de enfrentamento da pobreza no país? As reflexões desenvolvidas, a seguir, colocam elementos caracterizadores e problematizadores importantes.

2.2 Caracterização dos Programas Nacionais

Conforme indicado anteriormente, o Governo Federal vem se propondo, mais precisamente, a partir de 2001, a desenvolver o que passou a denominar de "Rede de Proteção Social" direcionada à população pobre do país. Trata-se de um esforço articulador de programas, notadamente compensatórios, com ações no campo da educação, da saúde e do trabalho, tendo como eixo duro programas nacionais de transferência de renda, destacando-se: o Benefício de Prestação Continuada — BPC; o Programa de Erradicação do Trabalho Infantil — PETI; o Programa Agente Jovem, todos do Ministério de Assistência Social; o Programa Nacional de Renda Mínima, vinculado à Educação — "Bolsa Escola", do

Ministério da Educação; o Programa Bolsa Alimentação, do Ministério da Saúde; o Auxílio-Gás, do Ministério de Minas e Energia, e, o Programa Cartão-Alimentação, do Ministério Extraordinário de Segurança Alimentar e Combate à Fome, instituído em 2003 pelo governo Luiz Inácio Lula da Silva.[7]

Todos esses programas se destinavam a um público cujo corte de renda, para fixação de uma Linha de Pobreza, era de meio salário mínimo de renda familiar *per capita*, exceto para o BPC que determina uma renda *per capita* familiar inferior a um quarto do salário mínimo. Sob a justificativa de redução de custos e maior controle das concessões, foi instituído, mediante o Decreto n. 3.877, de 24 de julho de 2001, o Cadastro Único (CadÚnico) dos Programas Sociais do Governo Federal,[8] tendo como objetivo cadastrar, com uso de formulário único, as famílias em situação de pobreza de todos os municípios brasileiros, tendo em vista a focalização das políticas públicas nessa população. Na perspectiva de unificação no atendimento da população-alvo da denominada "Rede de Proteção

---

7. Convém ressaltar que os Programas Bolsa Escola, Bolsa-Alimentação, Auxílio-Gás e Cartão-Alimentação foram unificados, passando a integrar o Bolsa Família, criado em 2003, cujo processo de migração das famílias desses programas se estendeu até o final de 2006. O PETI foi integrado ao Bolsa Família a partir de 2006, mas mantém sua especificidade enquanto programa direcionado para combate do trabalho infantil precoce e penoso, com manutenção das crianças das famílias beneficiárias na escola e em atividades complementares ao período escolar.

8. O CadÚnico é regulamentado pelo Decreto n. 6.135, de 26 de junho de 2007, pelas Portarias n. 177, de 16 de junho de 2011, e n. 274, de 10 de outubro de 2011, e Instruções Normativas n. 1 e n. 2, de 26 de agosto de 2011, e as Instruções Normativas n. 3 e n. 4, de 14 de outubro de 2011. Passou por várias atualizações, estando em vigor a Versão 7. Trata-se de um instrumento que permite o registro da realidade socioeconômica das famílias com renda *per capita* familiar de até meio salário mínimo, mediante informações de todo o núcleo familiar, características dos domicílios, das formas de acesso a serviços públicos essenciais, além do registro de dados sobre cada componente da família. Para ter acesso a qualquer programa social do Governo Federal, entre estes o Bolsa Família, as famílias devem estar inseridas no CadÚnico, que é coordenado pelo MDS, contando, conforme dados acessados no *site* do MDS em 15/09/2014, em junho de 2014, com 28.227.088 famílias inscritas, o que corresponde a 86.781.675 pessoas cadastradas. O CadÚnico é aplicado junto às famílias em cada município, sob a responsabilidade do Setor Coordenador local do Bolsa Família e as informações são transmitidas *on-line* para o MDS, podendo também essas informações ser utilizadas pelos governos estaduais e municipais para elaboração de diagnóstico socioeconômico das famílias cadastradas, possibilitando o desenvolvimento de políticas sociais locais.

Social"[9] o Governo Federal também instituiu o "Cartão-Cidadão",[10] criado para substituir os diversos cartões magnéticos utilizados em cada programa para permitir às famílias retirarem diretamente do banco o valor monetário correspondente ao benefício que lhe é devido.

Apesar de críticas e restrições apontadas no âmbito do novo governo, implantado em 2003, com fundamentos e justificativas, o Cadastro Único e o "Cartão-Cidadão", sem dúvida, representaram medidas significativas na direção da construção e implementação de uma "Rede de Proteção Social" de abrangência nacional, apontando inclusive para a ideia de unificação desses programas.

Uma incursão sobre a realidade dos programas nacionais de transferência de renda, implantados por iniciativa do Governo Federal, remete às repercussões positivas das experiências municipais de Renda Mínima/Bolsa Escola, implantadas a partir de 1995[11] e, consequentemente, ao contexto de ampliação do debate nacional, verificando-se que os primeiros esforços concretos de uma política de implantação de Programas de Transferência de Renda, ultrapassando municípios e estados, se iniciou, em nível nacional, em 1996.

Programa de Erradicação do Trabalho Infantil (PETI)

Em razão de constantes denúncias sobre o trabalho escravo a que crianças são submetidas em vários estados, principalmente em trabalhos de corte de cana e em carvoarias, o Governo Federal, em 1996, instituiu o Programa "Vale Cidadania", posteriormente denominado *Programa de Erradicação do Trabalho Infantil — PETI*, em convênio com os governos,

---

9. A "Rede de Proteção Social" é entendida como o conjunto de programas sociais do Governo Federal, com prevalência dos Programas de Transferência de Renda.

10. Com a criação do Bolsa Família, foi instituído o "Cartão Bolsa Família", utilizado pelas famílias beneficiárias unicamente para realizar o saque do benefício do Programa, no qual é registrado o Número de Identificação Social (NIS), bem como o nome do Responsável Familiar (RF).

11. Veja, neste livro, o capítulo 3 que trata dos Programas de Transferência de Renda de iniciativa de estados e municípios.

inicialmente do Mato Grosso do Sul, sendo, no ano seguinte, implantado na zona canavieira de Pernambuco e na região sisaleira da Bahia.

Em 1998, teve sua expansão para a região citrícola de Sergipe, para o garimpo Bom Futuro, localizado no Município de Ariquemes, em Rondônia, e para os canaviais do litoral fluminense, no Rio de Janeiro. Embora se tratasse ainda de uma iniciativa quantitativamente restrita, evidenciava uma alternativa de política pública, que ultrapassava os limites de municípios e estados, direcionada à criança e ao adolescente, propondo-se a estabelecer uma articulação entre transferência monetária e política social básica, no caso, a educação.

Em 1999, o PETI passou a atender crianças e adolescentes que desenvolviam diversas atividades nos Estados do Pará, Santa Catarina, Rio Grande do Norte, Paraíba, Alagoas e Espírito Santo, sendo ampliado nos Estados do Mato Grosso do Sul, Pernambuco e Bahia, onde foi inicialmente implantado. Até então, restrito a áreas rurais, ainda em 1999 o PETI foi estendido para crianças e adolescentes trabalhadores residentes também em áreas urbanas, principalmente para atender aqueles que trabalhavam em "lixões". A proposta central era fazer com que crianças e adolescentes trocassem o trabalho penoso pela escola. O PETI passa a vivenciar grande expansão nos anos de 2001 e 2002; todavia, em 2003, esse Programa foi marcado por estagnação e grandes atrasos no repasse de recursos para os municípios, sendo objeto de muitos protestos por parte dos beneficiários, verificando-se o retorno ao trabalho de crianças e adolescentes que tinham na bolsa uma fonte de ajuda significativa na manutenção da família.

Trata-se, por conseguinte, de um Programa implementado em parceria com estados e municípios e a sociedade civil. Objetiva, segundo o discurso de seus idealizadores, erradicar as piores formas de trabalho infantil nas zonas rurais e urbanas, em atividades consideradas perigosas, insalubres, penosas ou degradantes,[12] possibilitando o acesso e perma-

---

12. As atividades laborais consideradas no âmbito do PETI como perigosas, insalubres, penosas e degradantes são: na zona urbana — comércio de drogas, trabalho em lixões, comércio em feiras e ambulantes, engraxates, "flanelinhas", distribuição de jornal etc.; na zona rural — atividades relacionadas ao cultivo, extração, beneficiamento e fabricação de sisal, algodão, cana de açúcar, fumo,

nência e o bom desempenho de crianças e adolescentes na escola. Direciona-se a famílias com renda *per capita* familiar de até 1/2 salário mínimo, com crianças/adolescentes entre 07 a 15 anos de idade, possibilitando a estes frequentarem e permanecerem na escola, além de participarem de ações socioeducativas, mediante uma complementação de renda mensal às suas famílias. Desenvolve três modalidades de atendimento: *Bolsa Criança Cidadã*, de caráter emergencial e temporário, cujo repasse monetário direto às famílias varia de R$ 25,00 a R$ 40,00 mensais por criança/adolescente na zona rural ou urbana,[13] respectivamente, e *Jornada Ampliada*,[14] que consiste no oferecimento de ações socioeducativas para as crianças/adolescentes, em horário complementar ao da escola, tipo recreação, reforço escolar, artes, músicas, esporte, complementação alimentar. A intenção é manter crianças e adolescentes ocupados durante todo o dia, dificultando seu retorno ao trabalho anterior. A terceira modalidade de atendimento é direcionada aos adultos e consiste no desenvolvimento de ações para garantir à família o acesso a programas e *projetos de qualificação e requalificação profissional e de geração de trabalho e renda* ou a outras ações que visem à melhoria da qualidade de vida das famílias. Apesar dessa intencionalidade, a realidade do Programa evidencia que esse aspecto não tem se desenvolvido satisfatoriamente, nem seria suficiente para garantir a autonomização de famílias marcadas por profundas deficiências, vivendo numa conjuntura desfavorável inclusive a trabalhadores altamente qualificados.

A concessão do benefício é condicionada à retirada da criança e adolescente do trabalho e sua manutenção na escola e na Jornada Ampliada,

---

horticultura, citricultura e outras frutas, coco, babaçu e outros vegetais, pedras de garimpo, salinas, cerâmica e olarias, móveis e madeira, tecelagem, casas de farinha e outros cereais, pesca e carvão (Ministério da Previdência e Assistência Social/Secretaria de Estado de Assistência Social, 2000). Ressalte-se a omissão, nessa classificação, da prostituição infantil e do trabalho doméstico.

13. O Programa considera áreas urbanas somente as capitais, regiões metropolitanas e municípios com mais de 250 mil habitantes.

14. Para financiamento das atividades da Jornada Ampliada, o Governo Federal repassava, mensalmente, através do Fundo Nacional de Assistência Social, diretamente aos municípios, um valor mensal correspondente a R$ 20,00 por criança/adolescente da zona rural e de R$ 10,00 por criança/adolescente da zona urbana.

além da participação do responsável nas atividades socioeducativas e participação dos adultos da família em programas e projetos de qualificação profissional e de geração de trabalho e renda, sendo que o benefício cessa quando o adolescente atinge a idade fixada para sua concessão, isto é, 15 anos de idade.

Para implantação do PETI, os estados, por meio de seus órgãos gestores da Assistência Social, efetuam levantamentos sobre formas de trabalho infantil; o resultado desses estudos é apresentado às Comissões Estaduais de Erradicação do Trabalho Infantil, que validam e estabelecem prioridades, para submissão à Comissão Intergestora Bipartite — CIB. Há que se ter em vista uma pactuação para informação à Secretaria Nacional de Assistência Social do Ministério de Desenvolvimento Social e Combate à Fome, apresentando a relação nominal das crianças e adolescentes a serem atendidas, com indicação das respectivas atividades laborais exercidas, sendo então solicitado o cumprimento de algumas etapas por parte dos municípios para permitir a implantação do Programa, tais como: inserção dos beneficiários no Cadastro Único; seleção, capacitação e contratação de monitores para implementação da Jornada Ampliada; providenciamento da documentação pertinente às famílias; providenciamento de espaço físico para execução da Jornada Ampliada; disponibilização de transporte para locomoção das crianças e adolescentes, principalmente aqueles residentes nas áreas rurais, e encaminhamento do plano de ação ao Ministério.[15]

Segundo dados da PNAD 2006, a percentagem da população brasileira de crianças e jovens de 5 a 17 anos foi estimada em 11,5% da população em geral, representando 5,1 milhões de crianças e jovens. No grupo da faixa etária de 5 a 9 anos, 237 mil encontravam-se trabalhando, representando 4,6% do grupo de 5 a 17 anos. No grupo de 10 a 14 anos eram, em 2006, 1,7 milhão de trabalhadores (33,6% da população de 5 a 17 anos). Se considerarmos a evolução do trabalho infantil no Brasil, verifica-se significativo decréscimo desse trabalho entre a população de 5 a 17 anos,

---

15. Estudo sobre o trabalho infantil foi desenvolvido pelo Núcleo de Estudos em Políticas Públicas da Universidade de Campinas, tendo em vista a implantação do PETI naquela cidade. Ver Giovanni, Geraldo di (coord.), 2002.

sendo 18,7% em 1995, 11,1% em 2006 e 10,7% em 2007. Essa situação é confirmada pela PNAD 2009 que registrou 5,3 milhões de crianças e adolescentes de 5 a 17 anos trabalhando em 2004, declinando para 4,5 milhões em 2008 e 4,3 milhões em 2009.

Segundo a PNAD de 2011, havia no Brasil 3,7 milhões de trabalhadores de 5 a 17 anos de idade, registrando-se, em dois anos, um declínio de aproximadamente 14%, ou seja, eram menos 567 mil trabalhadores nesta faixa etária. Portanto, o nível da ocupação das pessoas de 5 a 17 anos de idade no Brasil deu continuidade à tendência de declínio observada nos anos anteriores, passando de 9,8%, em 2009, para 8,6%, em 2011. Este movimento aconteceu em quase todas as regiões. A Região Norte foi a única a apresentar elevação nesta estimativa (de 10,1% para 10,8%, entre 2009 e 2011). As Regiões Norte (10,8%) e Sul (10,6%) foram as que apresentaram os maiores níveis em 2011, e a Região Sudeste (6,6%), o menor.

Ainda, segundo a PNAD 2011, a população ocupada de 5 a 13 anos de idade estava mais concentrada em atividade agrícola (63,5%), sendo que, aproximadamente, 74,4% estavam alocadas em trabalho sem contrapartida de remuneração (não remunerados e trabalhadores para o próprio consumo ou na construção para o próprio uso).

Segundo dados oficiais, o PETI, até novembro de 2001, já atendia 810.348 crianças e adolescentes em 2.601 municípios, em todos os estados e no Distrito Federal,[16] com recursos aplicados até outubro de 2002 de R$ 306.036.226,00 e com recursos previstos para 2003 na ordem de R$ 251.175.366,00, com a indicação de uma meta de atendimento, em 2003, de 1.113.000 de crianças e adolescentes. Esse Programa é financiado pelo Fundo de Combate à Pobreza, com participação de estados e municípios e com possibilidade de doação por parte de empresas privadas e da sociedade civil.

---

16. Como indicado anteriormente, o PETI não sofreu expansão durante o ano de 2003 e viveu períodos de atraso no repasse de seus recursos, com repercussões negativas sobre os resultados do Programa e com protestos da população beneficiária ocorridos em várias cidades brasileiras. O PETI, a partir de 2006, foi integrado ao Bolsa Família conforme regulamentado pela Portaria GM/MDS n. 666 de 28 de dezembro de 2005.

Verificando-se a evolução do atendimento de crianças e adolescentes pelo PETI no período de sua evolução, 1996 a 2011, em números absolutos foi configurado no quadro a seguir.

Ano	Atendimentos	Recursos em R$
1996	3.710	930.000,00
1997	37.025	14.440.000,00
1998	117.200	37.880.000,00
1999	145.507	82.750.000,00
2000	394.969	182.690.000,00
2001	749.353	300.480.000,00
2002	809.228	511.563.449,00
2003	809.148	454.294.597,00
2005	1.010.057	216.200.640,00
2006	790.789	216.412.205,00
2007	863.268	206.442.410,00
2008	871.341	217.084.300,00
2009	828.770	257.524.000,00
2010	837.742	249.696.000,00
2011 (janeiro a abril)	817.353	82.680.500,00

Fonte: Relatório de Gestão 2001 PETI e Gerência Nacional do PETI, Brasília, agosto 2003. Os dados de 2005 a 2011 foram acessados em 16/09/2014 no *site*: <http://matriz.sipia.gov.br/promocao/acoes-e-programas/16-peti>.

Segundo dados do MDS, o PETI, em abril de 2012, atendia a mais de 818.151 crianças/adolescentes afastados de situação de trabalho em mais de 3,5 mil municípios, com um repasse em 2011, até novembro, de R$ 231.365.000,00.

Ainda, segundo dados da Matriz de Informação Social — PETI, acessada no *site* <www.mds.gov.br>, em 16/09/2014, as crianças e adolescentes atendidos pelo Programa totalizavam 850.598, em 5.571 municípios, com recursos aplicados na ordem de R$ 193.012.500,00.

Numa avaliação desenvolvida em 2000, pela então Secretaria de Estado de Assistência Social (SEAS),[17] para verificação de indícios sobre os resultados do Programa no âmbito nacional, foi aplicado um instrumento de coleta de informações, tendo sido o mesmo respondido por 65% dos municípios então atendidos, apontando os seguintes resultados: em relação à escola — do total dos municípios que se pronunciaram, 74% afirmaram que houve redução do índice de evasão escolar no município após a implantação do PETI; 62% disseram ter havido redução do índice de repetência; 63% registraram aumento no índice de aprovação escolar e 94% afirmaram que houve melhorias na capacidade de ler, escrever e interpretar das crianças. Em relação à Jornada Ampliada, foi registrada uma frequência de 90%, o que pode expressar uma aceitação elevada dessa atividade, embora tenha sido verificado também que grande parte dos monitores tem sob seu cuidado um número maior que 30 crianças, o que pode comprometer a qualidade das ações desenvolvidas. Quanto à família, 57% dos municípios informaram que até 50% dos pais das crianças do PETI foram inseridos em algum programa de escolarização ou educação; todavia, ficou evidenciado o baixo desempenho do Programa no cumprimento de um dos seus objetivos, que é propiciar condições de autonomia financeira para sustentabilidade das famílias, o que evidencia um limite dos Programas de Transferência de Renda. Nesse sentido, 97% dos municípios envolvidos na avaliação admitiram que houve apenas redução do trabalho infantil, mas não sua erradicação. O que se questiona é se trata apenas de uma redução meramente temporária, resultado da exigência do Programa às famílias vinculadas.[18]

---

17. Convém ressaltar que outras experiências de avaliação, não oficiais, sobre o desenvolvimento do PETI têm sido realizadas, entre as quais, pode-se citar: a avaliação das primeiras experiências implantadas nos Estados de Pernambuco, Mato Grosso do Sul e Bahia: ARREGUI, Carola Carbajal (org.), 2000; avaliação do PETI no Estado do Maranhão: Carneiro, 2003; Carneiro e Silva, 2003 e do PETI de Pernambuco: Universidade Federal de Pernambuco, 2001.

18. Sobre esse aspecto, veja: Carneiro e Silva, 2003.

Ademais, a mesma avaliação revelou que 52% dos municípios afirmaram que houve até 10% de abandono do PETI, o que pode ter ocorrido pelos atrasos frequentes no repasse de recursos das bolsas, o que tem levado as crianças a retornarem para formas anteriores ou outras de trabalho infantil.

Como indicado anteriormente, a integração entre o PETI e o Programa Bolsa Família foi iniciada em 2006, regulamentado pela Portaria GM/MDS n. 666, de 28 de dezembro de 2005, buscando racionalizar a gestão de ambos os programas, com o incremento da intersetorialidade e da potencialidade das ações do Governo, na tentativa de evitar fragmentação, superposição de funções e desperdício de recursos públicos, o que consideramos uma evolução na Política Social brasileira.

Nesse sentido, o PETI é mantido como um programa que articula um conjunto de ações com o objetivo de retirar crianças e adolescentes de até 16 anos de práticas de trabalho infantil, exceto aqueles em situação de aprendiz a partir dos 14 anos. Integra o Sistema Único de Assistência Social (SUAS), configurando-se mediante três eixos: transferência direta de renda a famílias com crianças e adolescentes em situação de trabalho, serviços de convivência e fortalecimento de vínculos para crianças e adolescentes até 16 anos e acompanhamento familiar, desenvolvido pelos Centros de Referência de Assistência Social (CRAS) e Centros de Referência Especializada de Assistência Social (CREAS). O compromisso das famílias é retirar as crianças e adolescentes de até 18 anos de atividade de trabalho e exploração, incluindo as atividades previstas na lista das piores formas de trabalho infantil. Igualmente às condicionalidades do Bolsa Família, as crianças e adolescentes do PETI devem frequentar escolas num percentual mínimo de 85% para aqueles de 6 a 15 anos e de 75% para os de 16 e 17 anos, as gestantes da família devem fazer o pré-natal e participar de atividades educativas e as crianças de até 7 anos devem participar do calendário de vacinação. Ademais, crianças e adolescentes de até 15 anos devem manter uma frequência mínima de 85% da carga horária destinada aos Serviços de Convivência e Fortalecimento de Vínculos de Proteção Social Básica.

Em termos de benefício, a transferência de renda prevista varia de acordo com a renda da família e a localidade de residência (urbana ou rural) e o número de crianças e adolescentes que formam o arranjo familiar. Assim, as famílias com renda *per capita* familiar acima de R$ 70,00 e menor que R$ 140,00 (consideradas pobres) recebem uma transferência variável de R$ 22,00 por menores de 17 anos até três e as famílias extremamente pobres, com renda *per capita* familiar de até R$ 70,00 recebem uma transferência fixa de R$ 62,00 mais R$ 22,00 por menores de 17 anos, até três. No caso de famílias que tenham jovens de 16 e 17 anos frequentando escola, é acrescida uma transferência de R$ 33,00 para até dois jovens na família.

O Valor do Benefício, segundo informações acessadas no *site* do MDS (www.mds.gov.br), em 16/09/2014, apresenta o seguinte escalonamento:

- Famílias com renda por pessoa até R$ 70,00 recebem R$ 68,00 + R$ 22,00 por beneficiário (no máximo até 3) + R$ 33,00 por jovem de 16 e 17 anos frequentando a escola (até 2 jovens).

- Famílias com renda por pessoa acima de R$ 70,00 e menor que R$ 140,00 recebem R$ 22,00 por beneficiário (até 3) + R$ 33,00 por jovem de 16 e 17 anos frequentando a escola (até 2 jovens).

Famílias em situação de trabalho infantil residentes nas áreas urbanas de capitais, regiões metropolitanas e municípios com mais de 250 mil habitantes, com renda mensal por pessoa superior a R$ 140,00, recebem uma transferência de renda de R$ 40,00 por família. Para as famílias residentes em outros municípios ou em áreas rurais, o valor da transferência de renda para a família é de R$ 25,00.

Benefício de Prestação Continuada

Em 1996, também se iniciou a implementação de outro Programa de Transferência de Renda de abrangência nacional. Trata-se do *Benefício de Prestação Continuada — BPC*, representado por uma transferência monetária mensal, no valor de um salário mínimo, previsto pela Constituição

Federal de 1988, no seu artigo 203, e assegurado pela Lei Orgânica de Assistência Social — LOAS (Lei n. 8.742, de 7/12/1993), nos artigos 21 e 22. Foi regulamentado pelo Decreto n. 1.744 de 11/12/1995, passando a ser concedido em janeiro de 1996. É um benefício pago a pessoas idosas a partir de 65 anos de idade[19] e a pessoas portadoras de deficiências, consideradas incapacitadas para a vida independente e para o trabalho, obedecendo aos seguintes critérios: possuam renda familiar mensal *per capita* inferior a 1/4 do salário mínimo; não estejam vinculados a nenhum regime de previdência social e não recebam benefícios de espécie alguma, ou seja, encontrem-se impossibilitados de prover sua manutenção ou tê-la provida por sua família. O benefício pode ser pago a mais de um membro da família, desde que comprovadas todas as condições exigidas, de modo que, para o cálculo da renda familiar, o benefício concedido ao outro membro passa a compor a renda, para efeito de cálculo da renda *per capita* familiar para concessão do novo benefício.

A coordenação geral do BPC é feita pela Secretaria Nacional de Assistência Social do Ministério de Desenvolvimento Social e Combate à Fome, sendo implementado por agências locais do Instituto Nacional de Seguro Social — INSS. O benefício é reavaliado a cada dois anos, mediante a cooperação das Secretarias Estaduais e Municipais de Assistência Social, e cessa no momento em que ocorrer a recuperação da capacidade laborativa, no caso de pessoa portadora de deficiência, com alteração das condições socioeconômicas de ambos ou no caso de morte do beneficiário, não tendo os dependentes o direito de requerer pensão por morte.

O pagamento do benefício é feito pelo INSS, por intermédio da rede bancária, mediante cartão magnético.

O acesso ao benefício ocorre mediante requerimento do interessado numa agência do INSS, com apresentação de uma declaração de composição do grupo de renda familiar para comprovar a condição de carente, comprovação da idade, no caso de idosos e submissão a perícia médica no caso das pessoas portadoras de deficiência.

---

19. Com a promulgação do Estatuto do Idoso, em outubro de 2003, a idade para concessão desse benefício foi reduzida de 67 para 65 anos, conforme já era previsto pela LOAS.

Segundo dados oficiais acessados no *site* do MDS em 14/09/2014, o público total atendido pelo BPC, em julho de 2014, era de 4.062.305, sendo 2.206.625 pessoas com deficiências (PCD) e 1.855.680 de idosos. O repasse no mesmo mês foi da ordem de R$ 2.934.849.112,70, sendo o acumulado de janeiro a julho de 2014 de R$ 20.337.107.208,77.

Em 26 de setembro de 2007 é promulgado o novo Decreto n. 6.214, que passa a regulamentar o BPC, mantendo as características básicas do Benefício de garantia de um salário mínimo mensal à pessoa com deficiência e ao idoso, com idade de 65 anos ou mais, desde que comprovem não possuir meios para prover a própria manutenção e nem de tê-la provido por sua família (Decreto n. 6.214, art. 1º).

O BPC passa a integrar a proteção social básica no âmbito do Sistema Único de Assistência Social — SUAS, constitutivo da Política Nacional de Assistência Social, integrando às demais políticas setoriais, voltando-se para o enfrentamento da pobreza, à garantia da proteção social, ao provimento de condições para atender às contingências sociais e à universalização dos direitos sociais (Decreto n. 6.214, art. 2º, parágrafo 1º).

Cabe ao Ministério de Desenvolvimento Social e Combate à Fome, pela Secretaria Nacional de Assistência Social, a implementação, a coordenação-geral, a regulamentação, financiamento, o monitoramento e a avaliação da prestação do Benefício, de modo compartilhado com Estados, Distrito Federal e Municípios, sendo o Instituto de Seguro Social — INSS responsável pela operacionalização do BPC (Decreto n. 6.214, art. 1º e art. 3º).

As inovações mais importantes previstas pelo Decreto foram: considerar a perícia médica, mas também a social para avaliação da deficiência e do grau de incapacidade; garantia explícita do acompanhamento do beneficiário e de sua família pelo SUAS, de modo a oportunizar a inserção destes à rede de serviços socioassistenciais e a outras políticas setoriais (Decreto n. 6.214, art. 37), representando o reconhecimento de que a transferência monetária é em si insuficiente para atender aos objetivos propostos, e a instituição do Programa Nacional de Monitoramento e Avaliação do BPC, evidenciando uma visão mais ampla das revisões do Benefício, que foram previstas e realizadas com dificuldades a cada dois anos.

Programa Nacional de Renda Mínima Vinculado à Educação

Seguindo o processo de criação de programas nacionais, o ano de 2001 registrou um grande avanço. O *Programa Nacional de Renda Mínima Vinculado à Educação — "Bolsa Escola"* foi instituído pela Lei n. 10.219, de 11 de abril de 2001, e regulamentado pelo Decreto n. 3.823, de 28 de maio de 2001, tendo iniciado sua efetiva implementação em junho do mesmo ano, marcado pela entrega, no município de Capão Bonito (SP), no dia 25 de junho, dos primeiros cartões magnéticos para recebimento mensal do benefício. Além de Capão Bonito, mais 42 municípios de 11 estados tiveram sua documentação aceita e o termo de adesão homologado. Esse Programa é o substituto do Programa de Garantia de Renda Mínima "para toda criança na escola" — PGRM, criado em dezembro de 1997, regulamentado em 1998 e iniciado sua implementação no segundo semestre de 1999.

O PGRM era um Programa orientado para apoio a iniciativas dos municípios que apresentassem renda tributária e familiar *per capita* inferiores às respectivas médias estaduais. Eram considerados beneficiários potenciais desse Programa famílias com renda *per capita* inferior a meio salário mínimo e que tivessem filhos ou dependentes de 0 a 14 anos. A contrapartida era a manutenção em escolas das crianças e adolescentes com idade de 07 a 14 anos. O PGRM era financiado 50% pelo Governo Federal e 50% pelo município, também autor da proposta. O benefício correspondia a uma transferência monetária nunca inferior a R$ 15,00 mensais por filho, além do desenvolvimento de ações socioeducativas direcionadas a estes. Até janeiro de 2001, dados oficiais anunciavam a manutenção de convênios com 1.345 municípios, estando outros 1.097 aguardando serem atendidos até o ano de 2002; eram 855.217 famílias e 1.681.343 crianças atendidas, sendo o valor médio do benefício de R$ 38,00 por família.

O Programa "Bolsa Escola" foi apresentado, no discurso oficial, como um programa universal. Sua meta era beneficiar 10,7 milhões de crianças e adolescentes de 06 a 15 anos de idade e 5,9 milhões de famílias, com renda *per capita* familiar de meio salário mínimo. Foi desenvolvido sob a responsabilidade da Secretaria do Programa Nacional de Bolsa Escola do Ministério de Educação, tendo cada família o direito de receber R$ 15,00 por criança, até o máximo de três filhos, totalizando R$ 45,00. A exigência era que a criança tivesse uma frequência mensal mínima à escola de 85%. Nesse sentido, o envio trimestral, ao Governo Federal, de relatórios municipais de frequência às aulas das crianças e adolescentes das famílias atendidas é condição essencial para o repasse dos recursos que é efetuado pela União diretamente para mães ou responsáveis mediante cartão magnético personalizado.

Por se tratar de um Programa universal, todos os municípios brasileiros podem ser incluídos, e para isso a prefeitura cadastrava as famílias, enviava o cadastro para a Caixa Econômica Federal e entregava, à Secretaria do Programa, a seguinte documentação: lei municipal instituindo o programa Bolsa Escola local; decreto de nomeação do Conselho de Controle Social; declaração de aplicação de 25% do orçamento municipal no ensino fundamental; extrato do cadastro e termo de adesão assinado. Era exigido ainda da prefeitura o desenvolvimento de ações socioeducativas nas áreas de esportes, artes, lazer e/ou reforço escolar, podendo buscar parcerias na comunidade e com as famílias dos alunos. Portanto, a prefeitura interessada teria de formalizar a adesão ao Programa, tendo tido, inicialmente, prioridade os municípios com convênios firmados com o Governo Federal para desenvolvimento do PGRM, do qual o Bolsa Escola é o substituto; os municípios que pertencessem aos 14 estados de menor Índice de Desenvolvimento Humano (IDH); que integrassem microrregiões com IDH igual ou inferior a 0,500; todos os municípios com IDH igual ou inferior a 0,500, independentemente do estado ou microrregião e municípios que adotassem uma metodologia de cadastramento e focalização que beneficiasse as famílias efetivamente mais pobres entre as pobres. Todavia, o "Bolsa Escola" se expandiu de modo muito rápido para, praticamente, todos os municípios brasileiros.

O Bolsa Escola era financiado pelo Fundo de Combate à Pobreza, com previsão inicial de recursos na ordem de R$ 1,7 bilhão e duração prevista para 10 anos.

A perspectiva descentralizada e participativa que dizia orientar o "Bolsa Escola" colocava competências específicas para os diferentes sujeitos envolvidos no processo de elaboração e implementação da política, destacando-se a União, mediante o Governo Federal, os municípios, através das prefeituras, a comunidade, representada pelos conselhos de Controle Social e as escolas.

O Governo Federal era o principal gestor do Programa, através do Ministério de Educação, responsabilizando-se pelo pagamento dos benefícios por meio da Caixa Econômica Federal; supervisão e acompanhamento do Programa através da Secretaria Nacional do Programa Bolsa Escola, que analisava os cadastros das famílias efetuados pelas prefeituras, compatibilizando-os trimestralmente com os indicadores econômicos e sociais dos respectivos municípios, bem como pela análise dos Termos de Adesão apresentados pelas prefeituras, além de realizar auditorias nas concessões e pagamentos e nos cadastros das famílias.

Aos municípios, representados pelas respectivas prefeituras, competia elaborar e aprovar a Lei Municipal para instituição do Programa no município; desenvolver o cadastramento das famílias a partir dos critérios de elegibilidade estabelecidos para o Programa; desenvolver ações socioeducativas com as crianças; assinar o Termo de Adesão; criar o Conselho de Controle Social e designar um órgão municipal responsável pelo cadastramento das famílias e controle de frequência das crianças à escola, além de exercer articulações com o Ministério da Educação.

A comunidade participava do Programa mediante o acompanhamento e supervisão no município, o que se verificava através do Conselho Municipal do Programa "Bolsa Escola", integrado por, no mínimo, 50% de representantes da sociedade civil.

Finalmente, as escolas eram consideradas parceiras importantes na implementação do Programa, com a responsabilidade de realizar ações de orientação, informação e mobilização das famílias em relação ao "Bolsa Escola"; discussão e desenvolvimento de alternativas de atração e estímulo à matrícula e à permanência das crianças e adolescentes nas escolas, e de controle e encaminhamento das frequências escolares à respectiva prefeitura, para posterior encaminhamento ao Ministério da Educação.

Para implementação do Programa, era considerado um número de cota, estabelecido mediante dados fornecidos pelo Instituto Brasileiro de Geografia e Estatística e do Censo Escolar do Instituto Nacional de Estudos e Pesquisas Educacionais do Ministério da Educação, sendo considerado o critério de renda das famílias (meio salário mínimo *per capita*). Essa meta era então disponibilizada ao município, mas sua implementação dependia do cumprimento das responsabilidades fixadas para os municípios, destacando-se a assinatura do termo de adesão e a realização do cadastramento das famílias pelo município.[20] A fixação de cotas para os municípios evidencia que o "Bolsa Escola", embora tenha sido um programa muito abrangente, não conseguiu ainda focalizar seu atendimento em todas as famílias que atendiam aos seus critérios de inclusão, o que evidencia que, até então, mesmo a focalização, enquanto um critério restritivo, na Política Social brasileira não era ainda alcançada.

Os objetivos proclamados para o Bolsa Escola eram:

- possibilitar o acesso e a permanência de crianças pertencentes a camadas sociais tradicionalmente excluídas na escola;
- integrar as famílias ao processo educacional dos seus filhos;
- reduzir os custos decorrentes da evasão e repetência escolar;
- contribuir para o combate ao trabalho infantil;
- evitar permanência de crianças na rua e contato com situações de risco pessoal e social;
- elevar a qualidade de vida de famílias de níveis de renda menores;

---

20. É importante ressaltar que além das cotas para cada município terem sido fixadas tendo por base dados ultrapassados (censo de 1991), muitos municípios não conseguiram implementar as cotas a eles destinados por dificuldade na implementação do Cadastro Único e pela inclusão no cadastro de famílias que não cumpriam os requisitos do programa, ou ainda por dificuldade de recursos humanos e de gestão dos próprios municípios. Filho (2003), em artigo publicado na *Folha de S.Paulo*, afirma que a taxa de uso do Bolsa Escola no país é de 88,72%, sendo que a região Norte detém o índice mais baixo (80,18%) e o índice de maior utilização é da região Sul (94,21%).

- recuperar a dignidade e autoestima das camadas excluídas da população, despertando a esperança no futuro dos filhos, o que significa a "inclusão social pela via da educação" (Relatório de Atividades, 2002, p. 2, 3 e 5).

Os principais impactos almejados pelos idealizadores do Programa são:

- universalização do ensino fundamental;
- redução da evasão e repetência escolar;
- ampliação do horizonte econômico, cultural e social da população que se encontra abaixo da linha de pobreza;
- desenvolvimento da cidadania;
- dinamização das economias locais.

Em termos quantitativos, no ano de 2001, em apenas oito meses, foram credenciados 5.470 dos 5.561 municípios brasileiros, tendo alcançado cerca de 8,5 milhões de crianças. Até novembro de 2002 foram atendidos 2,5 milhões de famílias com 10,7 milhões de crianças e adolescentes beneficiados, sendo aplicados, até novembro de 2002, R$ 1.277.720.000,00, com previsão de recursos para 2003 da ordem de R$ 1.835.000.000,00.

O Programa "Bolsa Escola" apresentou, até então, a maior dimensão quantitativa dos Programas de Transferência de Renda, tanto em relação ao número de famílias e crianças alcançadas como de municípios abrangidos. Quase se poderia dizer que é um Programa universal, em relação à população que se propõe a atingir, não fossem os limites postos pela fixação de cotas para cada município, não alcançando integralmente a população-alvo, e se não fosse a dificuldade que muitos municípios apresentaram para implementar a cota a eles atribuída. Além da pseudouniversalidade do Programa, ressalta-se a impossibilidade de o valor irrisório do seu benefício monetário produzir impacto significativo mesmo nas famílias tão pobres por ele atendidas; sobretudo, ressalta-se o quadro de deficiência do Sistema Educacional brasileiro, em termos de possibilidade para atender a todas as crianças em idade escolar e, principalmente, em termos da baixa qualidade do ensino oferecido, quadro em nada alterado com a implantação desse Programa.

A partir de 2003, o "Bolsa Escola" foi unificado ao Bolsa Família, tendo, progressivamente, as famílias beneficiárias migrado para o novo Programa.

Bolsa Alimentação

Tem-se também, em 2001, a implantação do *Programa Bolsa Alimentação*, no governo de Fernando Henrique Cardoso, regulamentado pelo Decreto n. 3.934/2001, voltado, a partir desse ano, como dizia o então presidente, para a constituição de uma "Rede de Proteção Social".[21] Esse Programa iniciou sua implementação no segundo semestre do mesmo ano, desenhado para reduzir deficiências nutricionais e a mortalidade infantil entre as famílias brasileiras mais pobres. Era uma complementação da renda familiar, com recursos da União, para melhoria da alimentação e das condições de saúde e nutrição. Tratava-se, portanto, de um Programa do Ministério da Saúde, direcionado para famílias pobres com mulheres gestantes, mães que estivessem amamentando seus filhos até 06 meses de idade ou com crianças de 6 meses a 6 anos de idade. Era associado com medidas de atendimento básico à saúde da família. Além de objetivar o reforço alimentar de famílias pobres, o Bolsa Alimentação pretendia ser um mecanismo de vinculação das famílias em risco com o Sistema Único de Saúde para realização de ações básicas de saúde, significando incentivo de demanda e visando à inclusão social destas famílias. A permanência do beneficiário no Programa era de 6 meses, com renovação, de acordo com o cumprimento da agenda de compromissos.

A implantação do Programa requeria a adesão de cada município, que era responsável pelo cadastramento das famílias, a partir dos critérios de elegibilidade fixados, sendo, então, concedido o benefício de até três

---

21. Convém lembrar que o presidente Fernando Henrique Cardoso precisava reverter sua prática de descomprometimento com o social, visto que se aproximava a eleição para Presidente da República, em 2002, e, naturalmente, ele teria todo interesse em influenciar nesse processo.

Bolsas Alimentação para cada família, ou seja, o valor de R$ 15,00 até R$ 45,00 por mês, mediante o uso de cartão magnético da Caixa Econômica Federal. Além da transferência monetária, era previsto que os beneficiários do Programa fossem assistidos por uma equipe do Programa Saúde da Família, pelos Agentes Comunitários de Saúde ou por uma Unidade Básica de Saúde que ofereciam os serviços que integravam a Agenda de Compromisso, representada por um conjunto de ações de saúde e outros compromissos que deviam ser assumidos pelo responsável pelo recebimento do benefício.[22] A meta, inicialmente proposta, era o Programa beneficiar 800.000 mulheres gestantes e nutrizes e 2.700.000 crianças de aproximadamente 2,5 milhões de famílias dos 5.561 municípios do país.

Portanto, todos os municípios brasileiros poderiam ingressar no Programa Bolsa Alimentação, desde que atendessem aos seguintes requisitos:

- estar habilitado a receber recursos federais para a saúde pelo Sistema Único de Saúde;
- ter implantado o Programa Agentes Comunitários de Saúde ou o Programa Saúde da Família;
- apresentar ao Conselho Municipal de Saúde uma Carta de Adesão, assinada pelo secretário municipal de saúde e pelo prefeito municipal, conforme modelo estabelecido;
- indicar um responsável técnico para exercer as funções de coordenador técnico no Programa;
- ter implantado o Sistema de Gerenciamento de Informações do Programa Bolsa Alimentação;
- fornecer o cadastro dos beneficiários;
- prover todas as ações de saúde que fazem parte da Agenda de Compromisso dos beneficiários;

---

22. A Agenda de Compromisso incluía a exigência de as gestantes fazerem consultas de pré-natal e participarem de atividades educativas realizadas pela unidade de saúde; para a mãe ou o pai responsável, é exigido apresentar registro de nascimento da criança; manter a amamentação da criança (no caso da nutriz) e pesá-la periodicamente; manter a vacinação da criança em dia e participar de atividades educativas realizadas pela unidade de saúde.

- ter o seu pedido aprovado pela Comissão de Intergestores Bipartites;
- ter a solicitação homologada pelo Ministério da Saúde, mediante publicação de portaria específica.

Quanto à aplicação do dinheiro recebido, eram indicadas duas possibilidades: aquisição de alimentos para melhoria de condições nutricionais de gestantes, mães com recém-nascidos e crianças de seis meses a seis anos de idade, e para aquisição de sementes, adubos ou outros produtos que permitissem resultar na melhoria da qualidade alimentar da família, com a preparação, por exemplo, de uma horta caseira.

Em termos de resultados ou possíveis impactos eram apontados, pelos formuladores do Programa, entre outros:

- mais liberdade para a família escolher os alimentos que fossem adequados às suas necessidades;
- melhor qualidade de vida das famílias;
- incremento das atividades econômicas dos municípios, com geração de renda;
- incremento de medidas preventivas de saúde com redução da taxa de mortalidade infantil e da prevalência de desnutrição;
- indução à inclusão social, geração de cidadania e contribuição para rompimento do ciclo de reprodução da miséria.

Cada município recebia uma cota do Bolsa Alimentação fixada pelo Ministério da Saúde, com indicação de metas anuais e respectivo montante de recursos. Para 2001/2002 a cota total para todo o país foi estipulada na ordem de 3.575.650, sendo distribuída entre 5.549 municípios brasileiros, além do Distrito Federal, verificando-se que a maior cota foi atribuída à cidade de São Paulo, representada por 82.844 bolsas, enquanto as menores cotas foram atribuídas às seguintes cidades: União Paulista e Zacarias, ambas em São Paulo, com uma cota de 15 bolsas cada; Turiúba (São Paulo), com uma cota de 17 bolsas; Lagoa Santa (Goiás), com uma cota de 18 bolsas. Até novembro de 2002, o Programa atendia 1.403.010 beneficiários, sendo aplicados R$ 115.000.000,00, com recursos orçamentários previstos para 2003 da ordem de R$ 360.000.000,00. Tratava-se de um Programa financiado pelo Fundo de Combate à Pobreza.

A partir de 2003, o Bolsa Alimentação também foi unificado ao Bolsa Família, tendo, progressivamente, as famílias beneficiárias migrado para o novo Programa.

Agente Jovem de Desenvolvimento Social e Humano

Outro Programa de Transferência de Renda, de âmbito nacional, é o *Agente Jovem de Desenvolvimento Social e Humano,* criado em 1999, inicialmente incorporado pelo Plano Nacional de Segurança Pública, visando integrar as políticas de segurança, políticas sociais e ações comunitárias, numa cooperação entre Governo federal e estaduais, com vista a intensificar ações do Programa Nacional dos Direitos Humanos. Trata-se de uma medida assistencial direcionada a jovens de 15 a 17 anos de idade, preferencialmente que se encontrassem fora da escola; pertencentes a famílias pobres, com renda *per capita* de até meio salário mínimo, e em situação de risco social; que tivessem participado de outros programas sociais, como o PETI, e de programas de Atendimento à Exploração Sexual; jovens que estivessem envolvidos em situações de crime ou contravenção; que fossem egressos ou que estivessem sob medida protetiva; jovens portadores de algum tipo de deficiência, sendo-lhes destinada, em cada localidade, uma cota de 10% das vagas para atendimento. Para que o jovem recebesse a bolsa era preciso que estivesse regularmente cadastrado; apresentasse frequência mínima à escola e às outras atividades desenvolvidas pelo Programa de 75%, bem como estivesse inserido em atividades comunitárias. O valor do benefício era de R$ 65,00 mensais. Na proposta inicial, o Projeto se destinava a oferecer capacitação teórica e prática, mediante o desenvolvimento de atividades de capacitação, mas que não se configurassem como atividade de trabalho, e que possibilitassem a permanência dos jovens no sistema de ensino, ao mesmo tempo em que os preparasse para o mercado de trabalho futuro. Nesse sentido, voltava-se para os seguintes objetivos:

- Criar condições para inserção, reinserção e permanência de jovens no sistema de ensino;

- integrar o jovem à sua família, à comunidade e à sociedade;
- propiciar a participação do jovem, preparando-o para atuar como agente de transformação e desenvolvimento de sua comunidade;
- contribuir para redução de índices de violência, de uso de drogas, de Doenças Sexualmente Transmissíveis (DSTs), Aids e gravidez precoce;
- desenvolver ações que contribuíssem para integração e interação de jovens quando do seu desligamento do Programa, a partir de 18 anos de idade inseridos no mercado de trabalho (Ativação Programa Agente Jovem, 2003).

Para implantação do Programa, as gestões estaduais e municipais apresentavam suas demandas ao então Ministério de Assistência Social, que formalizava sua implantação desde que considerada prioritária, responsabilizando-se pelo treinamento nas áreas de saúde, cidadania e meio ambiente, financiando 300 horas/aulas que eram ministradas por orientadores sociais, e oferecendo uma bolsa no valor de R$ 65,00, paga diretamente ao jovem por um período de doze meses.

Dados oficiais indicam que foram beneficiados, até 2005, 112.563 jovens em 1.711 municípios, tendo sido estipulada uma meta de atendimento de 121.000 jovens para 2006, o que demonstra o caráter simbólico do Programa diante da realidade da juventude das famílias pobres brasileiras.

O Agente Jovem de Desenvolvimento Social e Humano foi substituído pelo Projovem Adolescente, concebido como um serviço socioeducativo de convívio, que se destina a complementar a proteção social básica, criando mecanismos para garantir o direito à convivência familiar e comunitária. Nesse sentido, propõe-se a criar condições para a inserção e permanência do jovem no sistema de ensino na perspectiva de sua inclusão, qualificando e valorizando a sua participação social através de atividades socioeducativas. O público-alvo é o jovem entre 15 e 17 anos, preferencialmente de famílias beneficiárias do Bolsa Família, ou que tenham participado do PETI, esteja vinculado ou tenha sido inserido no serviço de enfrentamento ao abuso e a exploração sexual (Sentinela), ou seja, egressos ou em cumprimento de medidas socioeducativas (de internação e de proteção).

A implantação nos municípios ocorre a partir dos seguintes critérios: adesão do município que se encontre no nível de gestão básica ou plena do SUAS e tenha CRAS; apresente uma demanda mínima de 40 jovens entre 15 e 17 anos no CADÚNICO (perfil do Bolsa Família) residentes no município e assine Termo de Adesão.

O serviço é prestado ou referenciado no CRAS e supervisionado por seu coordenador. O MDS repassa o recurso mensalmente a título de custeio para cada coletivo de jovens e a carga horária total é de 1.200 horas, distribuída em 2 anos (ciclo I e II) com 12,5 horas semanais de atividades (encontros e/ou oficinas), realizada no contraturno da atividade escolar do adolescente.

O Projovem Adolescente articula três eixos: convivência social, participação cidadã e mundo do trabalho e seis temas transversais: direitos humanos e socioassistenciais, trabalho, cultura, meio ambiente, saúde e esporte. O controle social do Programa é exercido pelos conselhos de Assistência Social e dos Direitos da Criança e Adolescente, fóruns e entidades da sociedade civil. O desligamento do jovem ocorre pela conclusão do ciclo completo de atividades, ao completar 18 anos, por descumprimento reiterado e injustificado com a matrícula e frequência escolar, descumprimento grave de normas de convivência, só ocorrendo, porém, após ações da equipe para reverter as situações motivadoras.

Segundo dados da Matriz de Informação Social — ProJovem Adolescente, acessados em 16/09/2014 no *site* do MDS (www.mds.gov.br), o ProJovem apresentou o seguinte desempenho no período 2011 a 2013:

Ano	Coletivo de Jovem (Município)	Coletivo de Jovem (Estado)
2011	Total de atendimento: 23.651 Total de recursos R$ 333.550.644,00	Total de atendimento: 32 Total de recursos R$ 392.257,00
2012	Total de atendimento: 21.883 Total de recursos: R$ 319.725.384,75	Total de atendimento: 32 Total de recursos: R$ 463.923,25
2013	Total de atendimento: 18.847 Total de recursos: R$ 226.191.579,75	Total de atendimento: 32 Total de recursos: R$ 300.240,00

Auxílio-Gás

Tem-se o Programa *Auxílio-Gás*, criado em janeiro de 2002, pela Lei n. 10.453/2002, para atender famílias pobres. A justificativa da criação desse benefício foi compensar os efeitos da liberação do comércio de derivados de petróleo e a retirada de subsídio ao gás de cozinha. A meta era o atendimento de cerca de 10 milhões de famílias, com prioridade para as 8,2 milhões de famílias já cadastradas nos programas do Governo Federal, sendo critério de acesso a família já integrar os programas do Governo Federal ou ter uma renda *per capita* mensal familiar de até meio salário mínimo. O benefício era a transferência de R$ 7,50 por mês, cujo repasse ocorria a cada dois meses. Até novembro de 2002, tinham sido beneficiadas 8.556.785 famílias, com recursos aplicados no valor de R$ 502.139.720,00 e com previsão orçamentária, para 2003, da ordem de R$ 750.000.000,00. Esse Programa era financiado pela CIDE (imposto cobrado sobre combustível).

A partir de 2003, o Programa Auxílio-Gás foi unificado ao Bolsa Família, tendo, progressivamente, as famílias beneficiárias migrado para o novo Programa.

Cartão-Alimentação

O Cartão-Alimentação, instituído pela Medida Provisória n. 108, de 27 de fevereiro de 2003, era uma das ações situadas no campo das Políticas Específicas que integram o Programa Fome Zero.[23] Foi criado para combater a fome e as suas causas estruturais, e é constituído por um conjunto de ações que estão sendo implementadas gradativamente pelo Governo Federal com o objetivo de promover a segurança alimentar a todos os brasileiros. São iniciativas que envolvem vários ministérios, as

---

23. O Fome Zero é uma estratégia adotada pelo Governo Federal com o objetivo de assegurar o direito à alimentação adequada às pessoas com dificuldade de acesso aos alimentos, visando à segurança alimentar e nutricional, à inclusão social e à conquista da cidadania da população mais vulnerável à fome, segundo definido no desenho dessa estratégia.

três esferas de governo (federal, estadual e municipal) e a sociedade civil (Brasil/Mesa, 2003).[24]

Segundo o Decreto n. 4.675, de 16 de abril de 2003, que regulamentou o Programa de Acesso à Alimentação — "Cartão-Alimentação", este Programa visava garantir, a pessoas em situação de insegurança alimentar, recursos financeiros ou o acesso a alimentos em espécie, considerando "situação de insegurança alimentar a falta de acesso à alimentação digna, em quantidade, qualidade e regularidade suficiente para a nutrição e a manutenção da saúde da pessoa humana" (art. 1º, parágrafo 1º).

O Cartão-Alimentação teve seu lançamento simbólico no dia 3 de fevereiro de 2003, nas cidades de Guaribas e Acauã, no Piauí, com a distribuição de cartões para 500 famílias. A prioridade para implantação do Programa foi inicialmente definida como sendo os municípios da região do semiárido brasileiro, bem como as áreas de grupos populacionais sujeitos a insegurança alimentar, como: aldeias indígenas em situação de risco; moradores de lixões; comunidades remanescentes de quilombos;

---

24. A estratégia Fome Zero, portanto, é muito mais que o Cartão-Alimentação. Na sua formulação inicial, era composto de um conjunto de *Ações Estruturais* (Reforma Agrária; Fortalecimento da Agricultura Familiar, Projeto Emergencial de Convivência com o Semiárido; Ampliação do Acesso e Qualidade da Educação; Programa de Geração de Emprego; Programa de Atenção Básica à Saúde) voltadas para combater as causas da fome e da pobreza; de *Ações Específicas* (Programa Nacional de Bancos de Alimentos; Programa de Restaurantes Populares; Programa Cartão-Alimentação; Programa de Educação Alimentar e Nutricional; Programa de Compra Antecipada da Produção da Agricultura Familiar para Formação de Estoques de Alimentos; Programa de Distribuição de Cestas Básicas Emergenciais; Apoio ao Autoconsumo Alimentar; Ampliação e Aperfeiçoamento do Programa Nacional de Alimentação Escolar; Ampliação do Programa de Alimentação do Trabalhador; Ampliação do Programa Bolsa Alimentação; Convergência dos programas de transferência de renda: Bolsa Escola, Bolsa Alimentação, Bolsa Renda, Vale-Gás, Programa de Erradicação do Trabalho Infantil etc.) que visam atender diretamente às famílias no acesso ao alimento, e *Ações Locais implementadas pelos Estados e municípios, com incentivo do Governo Federal* (Construção participativa de uma política de Segurança Alimentar e Nutricional, cuja expressão máxima é o Conselho Nacional de Segurança Alimentar e Nutricional — Consea; Mutirão contra a fome mediante: Campanhas de doações de alimentos, Campanhas de doações em dinheiro e Formação de grupos de voluntários). Atualmente, a estratégia Fome Zero é representada por um conjunto de políticas governamentais e não governamentais, cujo propósito maior continua sendo erradicar a fome e a desnutrição no país. Seus principais programas são: Bolsa Família; Programa de Aquisição de Alimentos da Agricultura Familiar (PAA); Programa Nacional de Alimentação Escolar (PNAE); Programa de Construção de Cisternas; Programa Nacional de Fortalecimento da Agricultura Familiar (PRONAF); Restaurantes Populares e Centros de Referência de Assistência Social (CRAS).

acampamentos e assentamentos rurais. O critério para seleção do município levava em conta seu IDH, mas considerava também a existência de algum tipo de organização social no município, de modo que se permitisse a participação e o controle social assumidos na perspectiva do Programa como fundamentais para seu êxito.

Para implementação do Cartão-Alimentação foi prevista parceria com estados e municípios e com a sociedade civil, sendo a responsabilidade pela formulação, coordenação, acompanhamento, controle e avaliação das ações de competência do Gabinete do Ministro de Estado Extraordinário de Segurança Alimentar e Combate à Fome. A implementação das ações ficava a cargo dos estados e municípios, com a participação da sociedade civil, mediante convênios de cooperação, cujas atribuições conveniadas principais eram as seguintes: instalação da Comissão Gestora Local (CGL), por município, formada majoritariamente de membros representantes de organizações da sociedade civil, com representação do estado e do município; capacitação de agentes gestores locais; monitoramento, acompanhamento e avaliação das CGLs e realização do cadastramento dos indivíduos e famílias que atendiam aos critérios de elegibilidade do Programa, mediante o uso do Cadastro Único dos Programas Sociais do Governo Federal.

A forma de concessão do benefício podia ser em dinheiro ou em alimentos em espécie. A transferência monetária era de R$ 50,00 por família que apresentasse uma renda *per capita* familiar mensal de até meio salário mínimo, sendo a renda familiar mensal *per capita* obtida pelo cálculo da média dos rendimentos brutos auferidos pela totalidade dos membros da família. Eram incluídos, nesse cálculo, os rendimentos provenientes de programas de transferência de renda governamentais eventualmente recebidos por algum membro da família.[25] A concessão do benefício em alimentos em espécie só devia ocorrer em situações

---

25. É importante se chamar atenção para a dificuldade ou até impossibilidade de verificação de renda de indivíduos e famílias num país como o Brasil, onde mais da metade da população encontra-se no setor informal da economia e vive de trabalho instável e com baixa remuneração; ademais, é importante se considerar a incompletude e imprecisão ao adotar-se como medida de pobreza apenas a renda dos indivíduos ou das famílias.

específicas, tais como: para atender às questões culturais e aos hábitos alimentares de algum grupo; ocorrência de calamidades naturais e outras situações emergenciais e inexistência ou insuficiência de infraestrutura varejista de distribuição de alimentos no local.

A duração do benefício concedido pelo Cartão-Alimentação era de até seis meses, prorrogáveis por, no máximo, mais dois períodos de seis meses, mediante ato emitido pelo gabinete do Ministro.

O Cartão-Alimentação era financiado por dotações orçamentárias consignadas anualmente no Gabinete do então Ministro de Estado Extraordinário de Segurança Alimentar e Combate à Fome. Nesse caso, o número de beneficiários ficava condicionado ao limite da dotação orçamentária prevista, de forma semelhante à de outros programas do Governo Federal. Assim, a fixação de cota impedia uma focalização real em relação ao público-alvo definido pelos critérios de elegibilidade fixados para inclusão no Programa, possibilitando a manutenção de uma política não de focalização, mas de fragmentação da pobreza (Silva, 2001).

A unidade beneficiária do Cartão-Alimentação era a família, considerada como "a unidade nuclear, eventualmente ampliada por outros indivíduos que com ela possuam laços de parentesco, que forme um grupo doméstico, vivendo sob o mesmo teto e mantendo sua economia pela contribuição de seus membros" (art. 14, parágrafo 1º). O recebimento do benefício era efetuado mediante o "Cartão do Cidadão", cartão magnético que, preferencialmente, era emitido em favor da mulher, considerada a responsável pelo grupo familiar.

Ressalta-se que o benefício de transferência monetária oferecido pelo Cartão-Alimentação estava associado à implementação de atividades voltadas para o desenvolvimento local, denominadas *ações específicas*, que eram definidas e encaminhadas conforme as realidades locais, das quais se destacavam: a educação para o consumo alimentar e nutrição; orientação básica de saúde e higiene; alfabetização e elevação do nível escolar de jovens e adultos. O benefício oferecido pelo Cartão-Alimentação também se vinculava às chamadas *ações estruturais*, tais como: reforma agrária e programas de geração de emprego e renda; qualificação profissional; recuperação e ampliação de infraestrutura educacional; construção de obras de irrigação e de abastecimento de água; saneamento básico e melhorias das vias de acesso; construção e reforma de habitação. Nas experiências em desenvolvimento em diversos municípios destacaram-se, entre outras, ações voltadas para a criação de cooperativas, incentivo à agricultura familiar e à produção agrícola; construção de banheiros e de cisternas para conservação de água; ações de capacitação profissional e de alfabetização. Portanto, a proposta era articular duas frentes de atuação, uma emergencial, para superação da fome, e a outra, propiciando condições, para que as famílias, por meio do trabalho, pudessem superar a condição de pobreza.

O benefício do Cartão-Alimentação poderia, em forma de contrapartida, ser associado à participação das famílias beneficiadas em atividades comunitárias e educativas, inclusive as de caráter temporário, além de outras formas de contrapartidas sociais a definidas de acordo com as características do grupo familiar, assim como a participação em programas para a comunidade local, como construção de adutoras de água, ampliação da rede elétrica e coleta de lixo.

Em termos quantitativos, dados oficiais indicaram que o Programa Cartão-Alimentação, até outubro de 2003, atendia a 1.070.057 famílias em 1.227 municípios, encontrando-se mais 1.885 famílias capacitadas para inclusão no Programa, contando com 1.298 CGLs (Comissões Gestoras Locais) montadas e tendo sido distribuídas 490.000 cestas básicas a famílias acampadas, indígenas e quilombolas, sendo que a estrutura operacional do Mutirão Contra a Fome contava ainda com 34.254 postos de coleta, 900 operadores em 350 posições na Central de Atendimento e 73 certificações de empresas parceiras.

A partir de 2003, o Cartão-Alimentação foi unificado ao Bolsa Família, tendo, progressivamente, as famílias beneficiárias migrado para o novo Programa.

Numa apreciação geral é importante se destacar que o Cartão-Alimentação representou um avanço significativo no que diz respeito a sua formulação conceitual, no âmbito das políticas sociais brasileiras, na medida em que se constitui numa ação de Política Específica do Programa Fome Zero que, em sua concepção, articula elementos de política emergencial com elementos de política estrutural. Conforme vimos, o próprio Cartão-Alimentação procurava, na prática, estabelecer essa articulação. Todavia, alguns limites já podiam ser destacados. Um destes limites era o fato de a renda ser assumida como a única variável a ser considerada no corte de pobreza, além de manter um valor ainda mais baixo do que tinha sido adotado pelos Programas de Transferência de Renda criados anteriormente (até meio salário mínimo de renda mensal *per capita* familiar). Outro aspecto limitador era o valor muito restrito da transferência monetária para as famílias (R$ 50,00 mensais), que, mesmo sendo um valor significativo, considerando a destituição de grande parte das famílias, principalmente no que diz respeito ao acesso à renda monetária dos residentes em áreas rurais, era um valor muito baixo para permitir impacto significativo na vida dessas famílias. Uma terceira característica limitadora diz respeito ao tempo máximo previsto para permanência das famílias no Programa (dezoito meses), insuficiente para permitir a autonomização de famílias com deficiências historicamente acumuladas e numa conjuntura de restrição de atividades de trabalho.

Ainda no âmbito das considerações sobre o Cartão-Alimentação, é oportuno registrar algumas distorções que foram identificadas na sua implementação em nível dos municípios. Como sabemos, a maioria dos municípios brasileiros apresenta insuficiências e limites, que rebatem, necessariamente, na implementação descentralizada dos programas sociais. Entre essas insuficiências e limites, destaca-se o despreparo do pessoal para a gestão; as limitadas condições de recurso e infraestrutura da maioria dos municípios brasileiros para permitir o desenvolvimento de ações de suporte demandadas pela população local e, sobretudo, a prevalência de um tipo de cultura política fortemente caracterizada por posturas patrimonialistas e clientelistas, que tanto marcou a formação da sociedade brasileira. Nesse sentido, foram veiculadas denúncias de desvio no cadastramento das famílias beneficiárias do Cartão-Alimentação em vários municípios brasileiros, com a inclusão indevida de pessoas como prefeitos, secretários municipais, vereadores, funcionários públicos, fazendeiros e outras pessoas que não atendiam ao critério de inclusão no Programa. Como já explicitado, o cadastro era feito adotando o modelo de Cadastro

Único já instituído para os Programas de Transferência de Renda federais. Apesar de merecer uma triagem por parte da CGL, também foi denunciada a composição de muitos desses comitês, com ações de prefeitos que controlavam o poder local, exercendo grandes influências na composição e no funcionamento de CGLs. Apesar de formado majoritariamente por membros representantes da sociedade civil, verificara-se várias maneiras de burla, inclusive com alguns prefeitos estimulando os servidores a criarem ou a integrarem instituições locais, para que pudessem integrar as CGLs como membros representantes de organizações da sociedade civil; além disso, eles tinham forte influência na indicação inclusive de representantes da sociedade. Sabe-se que essa é uma situação que foi enfrentada pelos responsáveis pelo Programa, principalmente em nível federal, como a revisão e cancelamento de cadastros indevidos e a revisão do próprio instrumento de cadastro, que, segundo a equipe federal, apresentava vários problemas. Todavia, há que se considerar que as distorções apontadas, e outras, como o possível uso "eleitoreiro" do Programa, só serão eliminadas ou reduzidas mediante ações efetivas de real controle social, o que requer uma sociedade civil consciente e organizada.

Programa "Ação Emergencial"

O Programa "Ação Emergencial" foi instituído em outubro de 2003, pelo governo de Luiz Inácio Lula da Silva, representando um retorno do Programa Bolsa Renda, criado em 2001, no governo de Fernando Henrique Cardoso, e administrado pelo Ministério Nacional de Integração. Era um programa destinado a famílias pobres que viviam em situação de emergência, geralmente em áreas de seca, cujo benefício era uma transferência monetária, inicialmente no valor de R$ 60,00 mensais, reduzida, posteriormente, para R$ 30,00, por família, tendo atendido a mais de 1,5 milhão de famílias em 809 municípios e aplicado um total de R$ 332.428.142,00, até novembro de 2002.

O Bolsa Renda, destinado a vítimas da seca, foi suspenso em abril de 2003, por ser considerado um Programa "eleitoreiro", após a implantação do Cartão-Alimentação. Dada a situação de seca vivenciada por muitos municípios brasileiros, o "Ação Emergencial" foi planejado para atingir 283 municípios em situação de emergência ou em estado de calamidade pública, sendo que em novembro deviam ser atendidas 26 mil famílias de agricultores de 9 Estados da região semiárida que perderam a safra e cujas famílias não tinham acesso ao Cartão-Alimentação, e recebendo uma transferência monetária no valor de R$ 50,00 durante seis meses, sacados com cartão magnético. As famílias, cadastradas pelas prefeituras, com orientação do Ministério de Desenvolvimento Agrário, foram as que perderam pelo menos metade de suas plantações. O critério de acesso era restrito a famílias com renda *per capita* familiar de até R$ 50,00, aquelas consideradas "miseráveis", que são alvo do Bolsa Família, criado, em 2003, para unificar os Programas Bolsa Escola, Bolsa Alimentação, Cartão-Alimentação e Vale-Gás, em funcionamento desde de outubro de 2003.

"Ações Emergenciais"

Numa demonstração da transformação dos programas de transferência de renda como eixo central da proteção social no Brasil, o Governo Federal novamente reforçou os investimentos em ações emergenciais para reduzir os impactos da maior estiagem dos últimos anos. Desde abril de 2013, um conjunto de programas temporários foram implantados, tais como: Bolsa Estiagem — um auxílio financeiro emergencial pago aos agricultores familiares, transferido em cinco parcelas mensais de R$ 80,00. Para a família beneficiada, o valor total é de R$ 400,00. Os critérios de acesso é residir em município em Situação de Emergência ou Estado de Calamidade Pública; ser agricultor familiar; possuir renda familiar mensal média de até 2 (dois) salários mínimos; estar cadastrado no Cadastro Único para Programas Sociais do Governo Federal e não ter aderido ao Programa Garantia Safra 2011/2012. Os beneficiários do Programa Bolsa Família que se enquadram no perfil para recebimento do auxílio emergencial terão a transferência dos recursos efetuada juntamente com o pagamento do benefício do Bolsa Família; antecipação dos pagamentos do Programa Garantia-Safra que se constitui num seguro de renda mínima para agricultores, com renda de até 1,5 salário mínimo, de municípios com perda verificada de ao menos 50% da produção. Os agricultores que participam do Programa recebem R$ 600,00 por agricultor familiar, pagos em quatro parcelas. O programa abrange os estados da região Nordeste, do Vale do Jequitinhonha, do Mucuri e do Norte de Minas Gerais, além do Norte do Espírito Santo, além de apoio à atividade econômica por meio da Linha de Crédito Emergencial como uma concessão de crédito para investimento, capital de giro e custeio agrícola e pecuário, disponibilizado por meio do Fundo Constitucional de Financiamento do Nordeste (FNE) para atender produtores rurais, comerciantes, prestadores de serviços, empresas agroindustriais e industriais prejudicadas pela estiagem na área de atuação da Superintendência de Desenvolvimento do Nordeste (SUDENE), operada com exclusividade pelo Banco do Nordeste. O limite de crédito varia de R$ 12.000,00 a R$ 100.000,00, com juros de até 3,5% ao ano, e os beneficiados são os empreendimentos localizados em municípios com decretos de Situação de Emergência ou Estado de Calamidade Pública, reconhecidos pela Secretaria Nacional de Defesa Civil, a partir de 1º de dezembro de 2011.

Programa "Bolsa Verde"

Ainda no âmbito do Plano Brasil Sem Miséria, foi instituído o Programa de Apoio à Conservação Ambiental, denominado Bolsa Verde, tendo como objetivos incentivar a conservação dos ecossistemas, entendida como sua manutenção e uso sustentável; promover a cidadania; melhorar as condições de vida e elevar a renda da população beneficiária; incentivar a participação de seus beneficiários em ações de capacitação ambiental, social, educacional, técnica e profissional. Os beneficiários devem encontrar-se em situação de extrema pobreza (renda *per capita* mensal de até R$ 77,00), devendo desenvolver atividades de conservação ambiental. Os repasses são trimestrais no valor de R$ 300,00 por meio do cartão Bolsa Família, durante o prazo de até dois anos, com possibilidade de renovação, sendo o benefício cumulativo aos do Bolsa Família.

Previdência Social Rural

Finalmente, um grande programa que situamos no âmbito dos Programas Transferência de Renda de abrangência nacional é representado pela previdência social rural, conforme fixado pela Constituição Federal de 1988. A *Previdência Social Rural*[26] é um Programa do Ministério da Previdência Social, com significativo impacto na redução da pobreza entre a população idosa e na redistribuição de renda no país, que registra uma das mais elevadas taxas de concentração de renda no mundo (Delgado e Cardoso Junior, 2000; Schwarzer, 2000). O sistema de Previdência Social Rural foi profundamente modificado, com expansão quantitativa e qualitativa com a Constituição Federal de 1988. O marco fundamental fixado pela Lei da Seguridade Social foi o estabelecimento das bases legais para garantia de uma proteção especial para a economia familiar rural. Entre as melhorias se verificou a extensão da aposentadoria ao cônjuge, permitindo a aposentadoria da mulher; a idade limite para aposentadoria passou a ser de 60 anos para homens e de 55 para mulheres (cinco anos a menos que o trabalhador urbano) e a garantia de um benefício mínimo equivalente a um salário mínimo. Trata-se de uma transferência monetária mensal para pessoas idosas, viúvas, pessoas em licença, em estado de recuperação por acidente de trabalho ou doença ou que se encontrem em regime especial de aposentadoria rural, desde que tenham trabalhado em atividades rurais, mesmo sem fluxo de contribuição contínuo. Em 2008, 7,8 milhões de trabalhadores rurais se encontravam inseridos nessa modalidade de previdência, sendo que apenas cerca de 10% contribuíram para a Previdência Social (IPEA, 2010). Segundo o Boletim Estatístico da Previdência Social de setembro de 2010, foram concedidos 8.280.544 benefícios rurais, com a cobertura de recursos de R$ 27.917.817.961,00. Segundo a mesma fonte, em maio de 2014 foram concedidos 9.116.403 benefícios rurais, sendo aplicados recursos no valor de R$ 6.885.863.000,00.

---

26. A Previdência Social Rural, mesmo situando-se no âmbito da Previdência Social, política sujeita à contribuição social, é aqui concebida como um programa de transferência de renda para populações empobrecidas, residentes no meio rural, pelo seu alcance enquanto política de enfrentamento à pobreza, apresentando grande flexibilidade em relação ao tempo de contribuição do segurado.

A aposentadoria social rural, o BPC e o Bolsa Família representam os principais programas de enfrentamento à pobreza no campo, embora a aposentadoria social rural venha sendo constantemente ameaçada pela visão conservadora que atribui a esse Programa a responsabilidade maior pelo déficit do Sistema Previdenciário brasileiro.

O quadro de Programas de Transferência de Renda acima indicado demonstra a situação desses programas, que vêm sendo desenvolvidos no país em nível federal, o que revela que programas dessa natureza estão sendo implementados em todos os municípios brasileiros, envolvendo um amplo público atendido e volume significativo de recursos investidos, além do que deve se considerar o número também significativo de programas similares em implementação por iniciativa de estados e municípios, embora a maioria dos programas municipais e estaduais tenham sido desativados, transformados ou restringidos a partir do avanço dos Programas de Transferência de Renda criados e ampliados pelo governo federal.[27]

2.3 A Unificação dos Programas de Transferência de Renda no Governo Luiz Inácio Lula da Silva: O Bolsa Família

2.3.1 Os Fundamentos e Justificativas para Unificação dos Programas Nacionais de Transferência de Renda

É importante verificar qual foi a argumentação que constituiu o que se pode considerar os fundamentos que justificaram e demandaram a necessidade de unificação dos Programas de Transferência de Renda no Brasil. Verificou-se que essa questão foi colocada de modo mais explícito e sistemático a partir de um diagnóstico sobre os programas sociais em desenvolvimento no Brasil, elaborado durante a transição do governo

---

27. O terceiro capítulo apresenta os resultados de uma pesquisa realizada em 2002 sobre os programas de transferência de renda de iniciativa de estados e municípios, evidenciando esses programas quando ainda tinham uma significativa representatividade no contexto dos programas de transferência de renda.

Fernando Henrique Cardoso para o governo de Luiz Inácio Lula da Silva, no terceiro trimestre de 2002. A equipe desse governo, ao avaliar os programas sociais do seu antecessor, elaborou um relatório-diagnóstico sobre os Programas de Transferência de Renda, cuja conclusão foi pela necessidade de unificação desses programas.[28] Para isso, a argumentação levantada pode ser sintetizada pela indicação de um conjunto de problemas e de sugestões para superação da situação identificada.

São considerados Programas de Transferência de Renda aqueles destinados a efetuar uma transferência monetária, independentemente de prévia contribuição, a famílias pobres, assim consideradas a partir de um determinado corte de renda *per capita* familiar, predominantemente, no caso dos programas federais, de meio salário mínimo.[29]

Como visto anteriormente, esses programas foram criados numa conjuntura socioeconômica marcada pelo crescimento acentuado do desemprego, acompanhado do incremento de formas de ocupações precárias e instáveis, sem a proteção social garantida pela previdência social; rebaixamento do rendimento da renda proveniente do trabalho; crescimento da violência, principalmente nos grandes centros urbanos; ampliação dos índices de pobreza e da desigualdade social.

Ressalta-se, novamente, que os Programas de Transferência de Renda, instituídos no Brasil, quer de iniciativa de municípios, estados ou da União, apresentam, no seu desenho, a transferência monetária como um incentivo ao acesso a políticas universais estruturantes, principalmente as Políticas de Educação e Saúde, além da Política do Trabalho. Têm a família enquanto unidade beneficiária, a quem são demandadas determinadas contrapartidas, como: frequência escolar de crianças e adolescentes na rede de ensino fundamental; retirada destes do exercício de trabalhos penosos e degradantes; acompanhamento vacinal de crianças de 0 a 6 anos de idade e acompanhamento médico de gestantes e nutrizes.

---

28. Da equipe que desenvolveu este diagnóstico participou a cientista política Dra. Ana Fonseca, que ocupou a coordenação da Secretaria Executiva criada para unificação dos Programas de Transferência de Renda, objeto em consideração neste item.

29. Os programas de Transferência de Renda do Governo Federal foram todos considerados no item 2.2 (Caracterização dos Programas Nacionais), neste capítulo.

Nesse sentido, esses programas se apresentam com dupla face: uma compensatória, representada pela transferência monetária, para permitir a sobrevivência imediata das famílias pobres, e outra de acesso a políticas universais, para oferecer condições de autonomização futura dessas famílias. Todavia, esse pressuposto não tem sido devidamente implementado em decorrência de problemas identificados no relatório citado em diversas avaliações, a seguir apontados, como justificativa para a busca da unificação desses programas.

O diagnóstico elaborado pela equipe de transição do governo de Luiz Inácio Lula da Silva destacou os seguintes problemas em relação à implementação dos Programas de Transferência de Renda:

- existência de programas concorrentes e sobrepostos nos seus objetivos e no seu público-alvo, como ocorre com os programas Bolsa Escola, Bolsa Alimentação e PETI, implementados por três Ministérios distintos (Educação, Saúde e Assistência Social), gerando, às vezes, tratamento diferenciado, inclusive no valor do benefício, com competição entre instituições;
- ausência de uma coordenação geral dos programas com rebatimentos negativos na implementação das ações, gerando desperdício de recursos, cuja consequência maior é uma limitada efetividade nos resultados decorrentes desses programas;
- ausência de planejamento gerencial dos programas, de modo que cada programa tem um gerente de ministério ou secretaria diferente, sem a devida comunicação;
- falta de estratégia mais ampla que garanta a autonomização das famílias após o desligamento dos programas, verificando-se a não vinculação sistemática dos Programas de Transferência de Renda com outros programas, projetos e ações, como projetos de desenvolvimento local, cooperativas, banco do povo e outros que ofereçam opções reais para a autonomia das famílias.[30] Nesse sentido,

---

30. Os esforços nesse sentido, embora contemplados no desenho dos diferentes programas, na implementação se limitam a simples encaminhamentos, nem sempre adequados e, sobretudo, não devidamente acompanhados para verificação do êxito esperado.

esses programas se apresentam como um fim em si mesmos, não apontando para a real superação da situação de pobreza do grupo familiar, por ausência de articulação efetiva com outras políticas emancipatórias;

- fragmentação dos programas e até competitividade entre os diferentes setores responsáveis por cada um deles, o que é relacionado com a falta de articulação já mencionada;
- introdução de um elemento inovador no âmbito das Políticas Sociais, que é a transferência de renda independente de contribuição prévia, sem que sejam superados os problemas tradicionais na gestão dessas políticas que seguem o mesmo modelo de fragmentação, setorialização, desarticulação e superposição, pulverizando e elevando custos meios das operações;
- programas implementados, na sua grande maioria, por um quadro de pessoal que não integra os quadros efetivos dos respectivos setores, contratados por fora, não permitindo o desenvolvimento de uma cultura institucional de profissionalização e de continuidade das ações;
- relação problemática com os municípios em relação à contrapartida que deve ser oferecida pelas prefeituras, fazendo com que haja um rebaixamento dessa contrapartida nos municípios pobres em relação àqueles com melhores condições orçamentárias e de pessoal, com consequências na implementação dos programas e, consequentemente, na efetividade de seus resultados;
- estabelecimento de metas para os programas, mesmo os considerados universais como o Bolsa Escola, aquém do número potencial de beneficiários, sendo critério fundamental o limite estabelecido pelo orçamento disponibilizado;
- orçamento alocado insuficiente, fazendo com que não só o público-alvo não seja totalmente atendido, como situando o valor monetário do benefício num patamar irrisório, incapaz de produzir impactos significativos na população beneficiária;

- identificação de problemas no Cadastro Único (*software* desenvolvido pela Caixa Econômica Federal — CEF), com destaque: programa desenhado para municípios de pequeno porte (cerca de 500 famílias); o programa rejeita importação de dados cadastrais de outras fontes; centralização dos dados na CEF; formulário complexo, preenchido em pequeno espaço de tempo e sem a devida capacitação do pessoal; o programa não apresenta módulo de manutenção e atualização. O Cadastro Único tem sido apontado pela equipe do governo Luiz Inácio Lula da Silva como ponto de estrangulamento na implementação dos Programas de Transferência de Renda, inclusive para seleção das famílias que devem ser de fato focalizadas por esses programas, merecendo, portanto, um grande esforço para as devidas correções (Brasil, 2002).

Face aos problemas apontados, a mesma equipe apresentou as seguintes recomendações que serviram de indicações para posterior criação de um Programa de Transferência de Renda nacional unificado:

- necessidade de correção dos problemas do Cadastro Único e sua consolidação e validação, com reformulação do formulário de alimentação do Cadastro, para transformá-lo em instrumento do planejamento local e nacional;
- revisão do papel da CEF como agente operador e pagador dos benefícios às famílias;
- padronização da renda familiar *per capita* definida para ingresso das famílias nos programas;
- atualização do público-alvo potencial dos programas, tomando por referência informações estatísticas atualizadas sobre a população brasileira;
- rediscussão da conveniência de manutenção de contrapartida dos municípios sob a forma de jornada ampliada ou oferta de atividades socioeducativas ao público-alvo dos programas, com deslocamento para outros integrantes do grupo familiar;

- retorno aos municípios da base de dados enviada pelo cadastramento único para uso no planejamento das ações locais.

Num segundo bloco de recomendações, é registrado o reconhecimento de que a unificação dos cadastros e a utilização de cartão único tornam possível e desejável a unificação do gerenciamento dos programas e a redução dos custos meios. Todavia, grande destaque é atribuído à necessidade de articulação efetiva dos Programas de Transferência de Renda com outros Programas e Políticas Sociais, bem como é indicada a adoção de um Único Fundo para centralizar os recursos destinados aos Programas de Transferência de Renda, sendo também apontada a necessidade de definição de áreas prioritárias de incidência de maior exclusão social, para permitir a definição do público-alvo para maior efetividade na focalização dos programas.

Finalmente, é apontada a dificuldade de articulação de todos os Programas de Transferência de Renda num único ministério ou secretaria, sendo sugeridas algumas alternativas. Dentre estas, foi admitido que o Ministério da Assistência Social poderia fazer a articulação entre os Programas de Transferência de Renda e a transversalidade destes com outros programas e políticas, podendo essa mesma função ser desempenhada pelo Ministério do Planejamento ou pela Casa Civil. Por último, é mencionada a possibilidade de criação de uma Secretaria que seja capaz de introduzir um novo conceito de gestão das Políticas Sociais, com a unificação da gestão e do orçamento.

Está aí indicado o embrião da criação de um Programa que unifique os Programas de Transferência de Renda em desenvolvimento por iniciativa do Governo Federal.

2.3.2 Caracterização do Programa Bolsa Família

O Programa Bolsa Família resultou da proposta do Governo Federal, lançada no dia 20 de outubro de 2003, para unificação dos Programas de Transferência de Renda, inicialmente restrita à unificação de quatro programas federais: Bolsa Escola, Bolsa Alimentação, Vale-Gás e Cartão-Alimentação. Foi instituído pela Medida Provisória n. 132, de 20 de outubro de 2003, transformada na Lei n. 10.836, de 9 de janeiro de 2004, e regulamentado pelo Decreto n. 5.209, de 17 de setembro de 2004. Constitui-se no principal Programa de enfrentamento à pobreza no Brasil no âmbito da Estratégia Fome Zero, tendo como objetivos:

a) combater a fome, a pobreza e as desigualdades por meio da transferência de um benefício financeiro associado à garantia do acesso aos direitos sociais básicos — saúde, educação, assistência social e segurança alimentar;

b) promover a inclusão social, contribuindo para a emancipação das famílias beneficiárias, construindo meios e condições para que elas possam sair da situação de vulnerabilidade em que se encontram (Brasil/MDS, 2006).

Sua execução se desenvolve de forma descentralizada, com a conjugação de esforços entre os entes federados: nível federal, estadual e municipal e a sociedade, considerando-se a intersetorialidade, a participação comunitária e o controle social (Presidência da República. Medida Provisória n. 132, art. 3º). Destina-se a famílias pobres e extremamente pobres, sendo a família considerada enquanto "um grupo ligado por laços de parentesco ou afinidade, que formam um grupo vivendo sob o mesmo teto e que se mantém pela contribuição de seus membros".

Sob a justificativa de ampliação de recursos, elevação do valor monetário do benefício e melhor atendimento, a proposta de unificação teve como propósito mais amplo manter um único Programa de Transferência de Renda, articulando programas nacionais, estaduais e municipais em implementação, na perspectiva de instituição de uma Política Nacional de Transferência de Renda.

Portanto, a unificação dos Programas de Transferência de Renda, mediante a criação do Bolsa Família, situa-se no âmbito da prioridade de combate à fome e à pobreza, representando, no entendimento de seus idealizadores, uma evolução dos Programas de Transferência de Renda, ao incluir a perspectiva da responsabilidade partilhada entre a União, estados e municípios num único programa, representando um passo adiante e importante no campo das Políticas Sociais (Fonseca, 2003). Nas palavras do Presidente da República, em discurso de lançamento do Programa, a unificação daria origem a um programa mais justo, racional e eficiente, tanto para os beneficiados como para os estados e o país, sendo, ainda, o Bolsa Família, apresentado por seus idealizadores como uma busca de melhor focalização para melhor enfrentamento da pobreza no país, com ajustamento do foco e desenvolvimento de um processo sistemático de monitoramento e avaliação. O objetivo declarado, portanto, seria simplificar o acesso aos benefícios, com a unificação dos Programas de Transferência de Renda existentes.

O Bolsa Família é considerado uma inovação no âmbito dos Programas de Transferência de Renda por se propor a proteger o grupo familiar como um todo; pela elevação do valor monetário do benefício; pela simplificação que representa e pela elevação de recursos destinados a programas dessa natureza, de modo que, segundo os idealizadores do Programa, não há possibilidade de diminuição da transferência monetária em relação ao benefício então prestado por qualquer dos outros programas.

O grande desafio é alcançar a unificação não só dos programas federais, mas também dos programas criados por iniciativa de Estados e municípios. Trata-se de um trabalho complexo e que exige extensivas negociações políticas, na medida em que envolve um conjunto amplo de sujeitos (diferentes ministérios, outros setores federais, estados e municípios) que apresentam interesses particulares e racionalidades próprias. As questões que esses sujeitos podem colocar de entrada são: de quem fica sendo o programa único? Como aparecer politicamente nesse contexto? Quem assume os diferentes custos desse programa? Nesse aspecto, outras questões fundamentais se colocam: como compensar as desvantagens que os estados e municípios mais pobres terão em relação àqueles com maiores orçamentos? O que ocorrerá com os inúmeros estados e municípios que nunca criaram Programas de Transferência de

Renda próprios, apenas implementam, de modo descentralizado, programas federais?

No processo de unificação, torna-se central a proposta de articulação dos três níveis de governo, ou o que denominam de parcerias, vistas como uma inovação nas políticas sociais brasileiras. Para isso, o Governo Federal vem procurando negociar com estados e municípios a unificação dos Programas de Transferência de Renda. Nessa negociação, vêm sendo apontadas as seguintes possibilidades:

- integração do programa do estado ou município com o programa federal, com elevação do valor da transferência monetária e do número de famílias beneficiadas;
- oferecimento por parte dos estados e municípios dos programas complementares de capacitação profissional e outros projetos para garantir as possibilidades de autonomização das famílias;
- os estados e municípios poderão assumir ambos: parte do valor monetário transferido às famílias e os programas complementares.

Nestes termos, embora a unificação tenha se limitado aos quatro programas federais indicados, avanços foram registrados no sentido do desenvolvimento de integração entre o Bolsa Família e vários programas municipais e estaduais. Conforme informações do Ministério de Desenvolvimento Social e Combate à Fome, o Bolsa Família encontra-se integrado com os seguintes programas municipais: de Aracaju/Sergipe, Goiânia/Goiás, Nova Lima/Minas Gerais; Palmas/Tocantins; Porto Alegre/Rio Grande do Sul; Recife/Pernambuco; Santo André/São Paulo; São Luís/Maranhão; São Paulo/São Paulo, além do Distrito Feral e dos programas estaduais do Acre; Ceará; Mato Grosso do Sul e São Paulo. A mesma fonte informa a complementação do benefício dos programas municipais de Boa Vista/Roraima; Niterói/Rio de Janeiro; Rio de Janeiro/Rio de Janeiro e do programa estadual do Rio de Janeiro.[31]

---

31. Acreditamos que este processo de unificação e integração do Bolsa Família com outros programas de transferência de renda federais, estaduais e municipais possa ser considerado concluído. Em nível federal, as novas iniciativas via de regra já nascem articuladas ao Bolsa Família; em nível municipal e estadual, como já indicado anteriormente, muitas das experiências já foram assimiladas

Merece ainda destaque a integração do PETI com o Bolsa Família, conforme tratado anteriormente.

Entendemos que os processos de unificação, integração e mesmo complementação de benefícios de programas estaduais e municipais pelo Governo federal representa um avanço no contexto da Política Social brasileira, desenvolvida, historicamente, de modo disperso, fragmentado e descontínuo.

Pensar a unificação importa considerá-la não como mero mecanismo de gestão, mas como um processo que deve ser colocado a serviço de um Sistema de Proteção Social universal, capaz de atender todas as pessoas em situação de risco e vulnerabilidade, considerando a multidimensionalidade e o caráter estrutural da pobreza e da fome no Brasil. Essa visão demanda, como apontado em outros pontos deste livro, uma efetiva articulação da transferência monetária com outros programas sociais e com uma Política Econômica de geração de emprego e renda, de valorização da renda do trabalho e de desconcentração da renda e da riqueza socialmente produzida, o que não se fará sob a orientação neoliberal que continua marcando o desenvolvimento da economia brasileira, mormente durante toda a década de 1990 e nesse início do século XXI.

Desde 2003, quando foi instituído, o Bolsa Família vem sendo marcado por significativa expansão geográfica. Ao completar cinco anos, em outubro de 2008, já havia investido R$ 41 bilhões, a metade na Região Nordeste, a mais pobre do país. A partir de outubro de 2009 e até março de 2011, destinou a famílias extremamente pobres, com renda *per capita* familiar inferior a R$ 70,00, um benefício mensal fixo de R$ 68,00, além de um benefício variável mensal de R$ 22,00, pago conforme o número de crianças e adolescentes de até 15 anos na família, no máximo três, alcançando até R$ 134,00. As famílias pobres, com renda *per capita* familiar inferior a R$ 140,00, recebiam o benefício variável de R$ 22,00, pago conforme o número de crianças e adolescentes de até 15 anos na família, no máximo três, alcançando até R$ 66,00. Foi acrescido um benefício vinculado

---

pelo Bolsa Família ou foram desativadas, o que pode ser explicado pelo grande alcance do Bolsa Família em termos de abrangência geográfica, sendo implementado em todos os 5.565 municípios brasileiros e no Distrito Federal e pelo volume de público atendido em cada município.

aos adolescentes de 16 e 17 anos de R$ 33,00 mensais, até dois adolescentes por família, para manutenção desses jovens na escola. A partir de abril de 2011, a Presidente Dilma determinou um reajuste médio no valor dos benefícios de 19,4%. A correção correspondente à faixa de até 15 anos chegou a alcançar 45%. Desse modo, o valor médio dos benefícios passou para R$ 115,00 e o valor recebido pelas famílias variava de R$ 32,00 a R$ 242,00. Esse reajuste foi justificado como medida de ataque à pobreza extrema no Brasil, principal prioridade de governo da presidente Dilma Rousseff, consolidado no Plano Brasil sem Miséria.

O último reajuste nos valores dos benefícios do Bolsa Família ocorreu em junho de 2014, sendo garantido um aumento real médio nos benefícios de 44%, nos últimos três anos e meio do governo da presidente Dilma Rousseff, de modo que a partir de 1º de julho a linha de extrema pobreza passou de R$ 70,00 para R$ 77,00; o valor médio do benefício das famílias em situação de extrema pobreza elevou-se de R$ 216,00 para R$ 242,00, enquanto o benefício médio do conjunto de famílias beneficiárias passou de R$ 150,00 para R$ 167,00 (conforme *site* <www.mds.gov.br>. Acesso em: 02/05/2014).

Com o lançamento do Plano Brasil Sem Miséria, em 2011, o governo fixou a meta de inclusão no BF de mais 800 mil famílias extremamente pobres até dezembro de 2013. Outra modificação foi a elevação do limite do número de crianças e adolescentes com até 15 anos, de famílias extremamente pobres, de 03 para 05, as quais passaram a ter direito ao benefício variável de R$ 32,00, reajustado para R$ 35,00 em junho de 2014, possibilitando a inclusão de mais 1,3 milhão de crianças e adolescentes, com vigência a partir de setembro de 2011, elevando o valor máximo do benefício de R$ 242,00 para R$ 306,00.

O repasse para custear o Bolsa Família acumulado em 2011 chegou a R$ 17.360.387.445,00 e, no mês de abril de 2012, foi de R$ 1.584.600.515,00, (conforme *site* <www.mds.gov.br>. Acesso em: 27/04/2012). Já em agosto de 2014, o BF atendia a 13.963,137 famílias, com benefício médio de R$ 169,90, sendo que o valor total transferido pelo governo federal em benefícios foi de R$ 2.372.369.287,00 no respectivo mês (conforme *site* <www.mds.gov.br. Acesso em: 15/09/2014). A unidade beneficiária do

Programa é, por conseguinte, o grupo familiar, que é representado, preferencialmente, pela mãe.

É importante registrar, como aspecto preocupante, a drástica redução do valor da renda *per capita* familiar adotado como referência para definição de uma Linha de Pobreza como critério de acesso das famílias aos Programas de Transferência de Renda contemplada na proposta do Bolsa Família. A renda *per capita* familiar de corte que era de meio salário mínimo (R$ 362,00, em 2014), foi reduzida para uma renda *per capita* familiar, inicialmente, de R$ 50,00 para enquadramento das famílias na categoria de extremamente pobre, e para R$ 100,00 para classificação de famílias pobres. Em abril de 2007 esses valores foram reajustados para, respectivamente, R$ 60,00 e R$ 120,00. Em outubro de 2009 os valores foram novamente reajustados para R$ 70,00 e R$ 140,00 reais, passando para R$ 77,00 e R$ 154,00, respectivamente, para famílias extremamente pobres e pobres, conforme o último reajuste ocorrido em 1º de junho de 2014, já mencionado. Além da redução drástica do valor, a desvinculação de uma referência, no caso o salário mínimo, vem significando desvalorização crescente do valor monetário da renda de referência adotado para classificação da indigência e da pobreza.

Todavia, é importante registrar que houve a indicação que deveriam ser considerados outros indicadores sociais, além da renda para composição de um índice na seleção das famílias, como escolaridade, condições de saúde, acesso a saneamento e à luz elétrica (Cartilha do Programa Bolsa Família, 2003), expressando, assim, uma concepção multidimensional da pobreza, aspecto dificultado na sua operacionalização dado o caráter maciço do Bolsa Família e nunca efetivado. De qualquer forma, os critérios, sempre arbitrários que têm sido historicamente adotados no Brasil para classificação da população pobre devem ser considerados elementos-chave no desenvolvimento de programas sociais que pretendem adotar a focalização, não enquanto mera seletividade, mas como discriminação positiva de um grupo populacional que precisa superar uma dada situação.[32]

---

32. Sobre concepções de focalização, veja Silva, 2001.

O Bolsa Família, coordenado em nível nacional pela Secretaria Nacional de Renda de Cidadania do Ministério de Desenvolvimento Social e Combate à Fome e implementado de modo descentralizado pelos municípios, atribui uma grande ênfase em contrapartidas ou condicionalidades que devem ser assumidas pelas famílias beneficiárias, sob a justificativa de fazer com que o Programa seja capaz de romper com o viés assistencialista que tem marcado as Políticas Sociais brasileiras. Nesse sentido, as contrapartidas indicadas são as seguintes: no campo da saúde, as mulheres grávidas devem fazer o pré-natal, conforme a agenda do Ministério da Saúde; crianças com idade até 7 anos devem manter a programação de vacinas em dia, seguindo também a agenda do Ministério da Saúde, além da manutenção de acompanhamento do seu desenvolvimento físico e nutricional. No campo da educação, crianças e adolescentes de 06 a 15 anos de idade devem estar matriculados e manter uma frequência mínima mensal de 85% à escola, enquanto aos adolescentes de 16 e 17 anos de idade a frequência escolar mínima requerida é de 75%. Cabe ao Ministério de Desenvolvimento Social e Combate à Fome acompanhar o cumprimento das condicionalidades, mediante informações fornecidas pelas gestões municipais do Bolsa Família.

Configura-se também como relevante o que vem sendo denominado pelos responsáveis pelo Programa de "portas de saída" da situação de exclusão social, na medida em que o desenho do Bolsa Escola indica a necessidade de ativar outros programas, como alfabetização, capacitação profissional, apoio à agricultura familiar, geração de ocupação e renda e microcrédito, cujo objetivo é integrar esforços para permitir a autonomização das famílias, além do acesso à educação e a serviços de saúde para os filhos e da transferência monetária que permite melhoria na alimentação e na elevação das condições de vida do grupo familiar (Cartilha do Programa Bolsa Família, 2003, p. 2). Na perspectiva de integração das famílias beneficiárias do Bolsa Família,vem sendo registrado também seu acesso prioritário em outros programas e ações sociais, como tarifa especial de luz, água e telefone, acesso a programas destinados à agricultara familiar, ao programa Minha Casa Minha Vida, a programas especiais de capacitação profissional e à dispensa de taxas em concursos públicos, entre outros.

O acesso de novas famílias ao Bolsa Família ocorre pela inclusão no Cadastro Único, enquanto pré-requisito de inserção, e a seleção das famílias fica condicionada ao atendimento dos critérios de elegibilidade estabelecidos.

As famílias têm liberdade na aplicação do dinheiro recebido e podem permanecer no Programa enquanto houver a manutenção dos critérios de elegibilidade, desde que cumpram as condicionalidades determinadas pelo Programa, quando oferecidas as condições no âmbito do município, sendo previsto a revisão do benefício a cada dois anos.

Conforme indicado anteriormente, a execução do Bolsa Família, como os demais Programas de Transferência de Renda federais, ocorre de forma descentralizada, mediante a coordenação de esforços dos três níveis de governo, com atribuições articuladas e complementares definidas na documentação de orientação do Programa, observada a intersetorialidade, a participação comunitária e o controle social. (Presidência da República. Medida Provisória n. 132, art. 3º).

A Caixa Econômica Federal, nesse âmbito, é o agente operador do Cadastro Único e agente pagador.

O financiamento do Programa Bolsa Família tem como fonte de recursos as dotações alocadas aos Programas de Transferência de Renda federais e ao Cadastro Único, bem como outras dotações do Orçamento da Seguridade Social da União que vierem a ser consignados ao Programa (Presidência da República. Medida Provisória n. 132, art. 6º).

Se de fato o Governo Federal, mais do que criar um Programa de Transferência de Renda Unificado, pretende estabelecer uma Política de Transferência de Renda no país enquanto estratégia de enfrentamento à fome e à pobreza deve estimular e apoiar condições de envolvimento e participação de todos os estados e municípios, mas oferecendo suportes diferenciados, conforme a situação de cada município, para que tenhamos um programa unificado, mas respeitando as especificidades e autonomias dos sujeitos locais. Um avanço nessa direção foi a criação do Índice de

Gestão Descentralizada (IGD), mediante o qual o Ministério repassa recursos aos municípios nas rubricas custeio e capital, permitindo-os melhorarem suas condições para implementar mais adequadamente o Bolsa Família, sendo também que parte desses recursos são repassados aos Estados, que têm a missão de acompanhar e apoiar o Bolsa Família nos seus respectivos territórios.[33]

---

33. Sobre a concepção e o significado do IGD para municípios e estados, veja: Silva; Guilhon; Lima, 2013.

3

A realidade dos programas de transferência de renda de iniciativa de estados e municípios*

Como evidenciado nos capítulos anteriores, a temática dos Programas de Transferência de Renda, representados por um conjunto de programas que, via de regra, têm sido denominados de Renda Mínima ou Bolsa Escola, passa a integrar, definitivamente, a agenda pública brasileira a partir de 1991, quando foi aprovado, no Senado Federal, o Projeto de Lei n. 80/1991 de autoria do Senador Eduardo Suplicy (Partido dos Trabalhadores/São Paulo), que propõe a instituição do Programa de Garantia de Renda Mínima em nível nacional.

O ano de 1995 marcou o início da efetivação desses programas com a implantação de experiências pioneiras em Campinas, Brasília, Ribeirão Preto e Santos. Desde então, as iniciativas de municípios, estados, e programas federais têm-se expandido amplamente, de modo que Programas de Renda Mínima/Bolsa Escola ou similares chegaram a todos os municípios brasileiros em 2002, com a grande expansão de programas do Governo Federal.[1] Isto é, programas de transferência monetária para famílias,

---

* Participaram da apuração e tabulação da pesquisa: Regina Hirata e Sérgio Hora.

1. Com a expansão de programas federais de transferência de renda a partir de 2001, as iniciativas para criação desses Programas, em nível municipal e estadual, foram se restringindo, inclusive muitos programas já instituídos foram interrompidos.

sobretudo como incentivo ao encaminhamento e manutenção de crianças nas escolas, constituem, no presente, na dimensão mais ampla do Sistema de Proteção Social Brasileiro, pela extensão geográfica alcançada, pelo volume de recursos aplicados e pelo número de famílias atendidas.

O pressuposto é que, quando a criança de família pobre sai da rua ou do trabalho precoce, com apoio de uma renda financeira, pode-se, então, interromper o chamado ciclo vicioso da pobreza, mediante a articulação de uma política compensatória (transferência de renda monetária) com políticas básicas estruturantes como educação, saúde, trabalho etc.

Entendemos que os Programas de Transferência de Renda vêm imprimindo um significativo redirecionamento na Política Social Brasileira. Esse aspecto é mais significativamente visualizado a partir de 2001 quando se verifica uma grande ampliação desses programas com a implantação de programas de iniciativa federal, além do Benefício de Prestação Continuada — BPC e do Programa de Erradicação do Trabalho Infantil — PETI, iniciados em 1996. Em 2001, são implantados o Programa Nacional de Renda Mínima vinculado à Educação — "Bolsa Escola", substituto do Programa de Garantia de Renda Mínima — PGRM, "para toda criança na escola", o Programa Bolsa Alimentação, o Programa Bolsa Renda e o Auxílio-Gás, entre outros.

Todavia, há que se considerar o pioneirismo e o significado dos Programas de Renda Mínima/Bolsa Escola, instituídos e implementados por iniciativa de municípios e estados brasileiros, devendo ser mais profundamente conhecidos e sistematizados tendo em vista o próprio avanço do Sistema Brasileiro de Proteção Social e, mais especificamente, dos Programas de Transferência de Renda.

Muitos estudos e avaliações têm procurado conhecer e caracterizar os Programas de Renda Mínima/Bolsa Escola. Muitos, mormente, os pioneiros, com destaque ao Programa de Garantia de Renda Familiar Mínima da cidade de Campinas e ao Programa Bolsa Escola do Distrito Federal[2] que, particularmente, já foram estudados por agentes internos e

---

2. Esse Programa, instituído na gestão de Cristovam Buarque, então membro do Partido dos Trabalhadores — PT foi totalmente reformulado, inclusive na sua designação durante o governo

externos ao Programa. Esses estudos têm dado a conhecer aspectos significativos da Política Pública de Renda Mínima/Bolsa Escola; todavia, tornava-se necessário que estudos mais abrangentes fossem desenvolvidos. Nesse sentido, três instituições universitárias (Programa de Pós-Graduação em Serviço Social-PUC/SP; Programa de Pós-Graduação em Políticas Públicas — UFMA e Núcleo de Estudos de Políticas Públicas — NEPP/Unicamp), num consórcio de cooperação acadêmica, com apoio da Capes e do CNPq, realizaram o presente estudo, cujos resultados são aqui apresentados.

O objetivo principal desse estudo foi traçar um perfil dos Programas de Renda Mínima/Bolsa Escola, estaduais e municipais, em implementação no Brasil, destacando-se sua identidade, características, possíveis impactos, aspectos centrais relevantes e aspectos problemáticos que necessitam ser enfrentados, buscando, a partir dessa construção, apontar possíveis tendências desses programas em grande expansão no Brasil. Tem-se em vista também contribuir para o redimensionamento desses programas e do próprio Sistema Brasileiro de Proteção Social. Para isso, os resultados desse estudo foram amplamente divulgados aos programas participantes do estudo que contribuíram com a revisão de um texto preliminar. Agora, com a publicação desse livro, os resultados desse estudo são colocados também à disposição de todos os interessados que trabalham nesses programas, bem como para seus beneficiários, para o público acadêmico e o público de modo geral.

Entendemos que estudos dessa natureza podem contribuir para o conhecimento da Política Social no Brasil, permitindo correções de rumo, aperfeiçoamentos e ampliação dessa Política, sobretudo, procurando identificar e problematizar uma questão central que marcou os Programas de Transferência de Renda: o isolamento, o paralelismo, a dualidade e o embrionário e problemático esforço de articulação entre os programas dos três níveis de Governo: municipal, estadual e federal, para que assim já se possa começar a apontar indicações para a construção de uma Política

---

Roriz do Partido do Movimento Democrático Brasileiro — PMDB, a partir de 1999, passando a receber a denominação Renda Minha, conforme já explicado anteriormente.

Nacional de Transferência de Renda de modo a superar o patamar e os limites de uma renda mínima em direção à construção de uma renda de cidadania, capaz, de fato, de contribuir para a inclusão econômico-social das famílias brasileiras.

Em termos dos procedimentos metodológicos utilizados para desenvolvimento do presente estudo, além de um esforço sistemático de revisão da bibliografia nacional e internacional sobre o tema em consideração e da análise de documentos e estudos realizados sobre os programas brasileiros de Renda Mínima/Bolsa Escola, dois procedimentos foram utilizados:

a) Aplicação de um instrumento de coleta de informações encaminhado, por correio tradicional e por correio eletrônico, a 45 programas municipais e a 11 estaduais, identificados como em implementação.[3] Trata-se de um instrumento semiestruturado, dividido em duas seções: uma para identificação do programa e outra para levantamento de informações sobre o programa, destacando-se os seguintes aspectos: designação do programa, setor de vinculação institucional, data de início do programa, abrangência, indicações para contato, instrumento legal de criação e regulamentação, objetivos, critérios de elegibilidade, critérios de prioridade, motivos para desligamento dos beneficiários, duração e renovação do benefício, exigências contratuais, articulação com outros programas, formas de gestão, participação do beneficiário, parcerias, estratégias para implantação e expansão do programa, financiamento, indicações de resultados de avaliações já realizadas, dificuldades e problemas enfrentados, perspectiva de expansão dos programas. Dos instrumentos de coleta encaminhados, recebemos resposta de 30 instrumentos procedentes de programas municipais, o que representou um retorno de 66,6% do universo de programas municipais considerados que totalizavam 45 programas. Tivemos um retorno de 7 dos 11 programas estaduais, o que representou 63,6% das respostas, portanto tivemos

---

3. Convém registrar que esse foi o total de programas municipais e estaduais que conseguimos identificar, inclusive com informações que possibilitaram o contato pretendido para o encaminhamento do instrumento de coleta utilizado no estudo. Portanto, não significa que esse é o número exato de programas municipais e estaduais que se encontrava em implementação no Brasil.

um retorno altamente representativo dos programas municipais e estaduais, permitindo apresentar informações também com segurança e representatividade.[4]

b) Realização de uma Oficina Nacional, sendo convidados representantes de todos os programas estaduais e municipais, tendo ou não respondido o instrumento de coleta. Esse evento, realizado na cidade de Campinas/SP, em novembro de 2002, contou com a participação de 62 pessoas que representaram 37 programas municipais e estaduais de vários Estados brasileiros e orientou-se pelos seguintes objetivos:

- possibilitar troca de experiências e informações entre Programas de Renda Mínima/Bolsa Escola, em implementação, de iniciativa de estados e municípios brasileiros;
- socializar as informações levantadas sobre o conjunto dos programas;
- identificar impactos externos no desenvolvimento dos programas, particularmente os impactos dos programas federais nos programas de iniciativa de estados e municípios;
- complementar informações para aprofundamento do estudo;
- levantar elementos que permitam aprofundamento e análise do conjunto de Programas em estudo;
- identificar e avaliar mudanças recentes no conjunto dos Programas;
- contribuir para o avanço e sistematização da Política Pública de Renda Mínima/Bolsa Escola no Brasil.

---

4. Foram os seguintes os 45 municípios identificados com programas municipais em implementação: Arujá (SP), Barueri (SP), Bebedouro (SP), *Belém (PA), Belo Horizonte (MG)*, Betim (MG), *Blumenau (SC)*, Caçapava (SP) *Campinas (SP), Catanduva (SP)*, Caxias do Sul (RS), Chapecó (SC), Ferraz de Vasconcelos (SP), Fortaleza (CE), *Franca (SP), Goiânia (GO), Guaratinguetá (SP), Jaboticabal (SP), Jundiaí (SP), Limeira (SP), Londrina (PR), Manaus (AM), Mococa (SP)*, Mundo Novo (MS), *Natal (RN)*, Osasco (SP), Ourinhos (SP), *Paracatu (MG), Pindamonhangaba (SP), Piracicaba (SP), Porto Alegre (RS)*, Presidente Bernardes (SP), Ribeirão Preto (SP), *Recife (PE)*, Salesópolis (SP), *Santo André (SP), Santos (SP), São Bernardo do Campo (SP), São Carlos (SP), São José dos Campos (SP), São Luís (MA), São Paulo (SP)*, Suzano (SP), *Teresina (PI)* e *Vitória (ES)*. Foram os seguintes os 10 Estados, incluindo o Distrito Federal, identificados com programas estaduais: Amapá, Amazonas, Brasília, *Goiás, Mato Grosso do Sul*, Minas Gerais, *Rio Grande do Sul, Rio de Janeiro, São Paulo e Tocantins* (os nomes de Municípios e Estados que se encontram em itálico foram os que responderam a pesquisa).

3.1 O Perfil dos Programas de Transferência de Renda Estaduais e Municipais em Implementação

Nesse item são apresentados os resultados do presente estudo, buscando-se construir o perfil dos programas de Renda Mínima/Bolsa Escola, estaduais e municipais, em implementação no Brasil. É dado destaque à identidade desses programas, sua caracterização, bem como são apontadas indicações sobre o processo de acompanhamento, monitoramento e avaliações de impactos já realizadas juntos aos programas considerados.

3.1.1 Identidade dos Programas

A construção da identidade dos programas brasileiros de transferência de renda coloca, em primeiro plano, a própria forma de designação desses programas. No presente estudo, conforme o Quadro 1, verificou-se que 40,5% apresentaram-se com a denominação de programas de *Renda Mínima* e 27% ostentaram a designação de *Bolsa Escola*, sendo que ambas as designações foram mantidas por 5,4% desses programas e 24,3% adotaram outras designações. *Educação* e *Assistência Social* são as áreas de vinculação prioritárias dos programas e as áreas afins mais indicadas foram: saúde e trabalho, conforme Quadro 2.

QUADRO 1
Designação dos Programas

	ESTADUAL N	ESTADUAL %	MUNICIPAL N	MUNICIPAL %	TOTAL N	TOTAL %
Bolsa Escola	1	14,3	9	30,0	10	27,0
Renda Mínima	3	42,9	12	40,0	15	40,5
Bolsa Escola e Renda Mínima	0	0,0	2	6,7	2	5,4
Outras designações	3	42,9	6	20,0	9	24,3
Não informou	0	0,0	1	3,3	1	2,7
Total	7	100,0	30	100,0	37	100,0

Fonte: Pesquisa de campo, 2002.

QUADRO 2
Área/setor de vinculação institucional dos Programas

	ESTADUAL		MUNICIPAL		TOTAL	
	N	%	N	%	N	%
Educação	1	14,3	9	30,0	10	27,0
Assistência Social/Promoção Social/Ação Social/Bem-Estar Social/Desenvolvimento Social	2	28,6	15	36,7	13	48,5
Trabalho/Renda	2	28,6	2	6,7	4	10,8
Desenvolvimento Econômico	0	0,0	2	6,7	2	5,4
Outros	6	85,7	5	16,7	11	29,7
Não informou	0	0,0	3	10,0	3	8,1
Total	7	—	30	—	37	—

Fonte: Pesquisa de campo, 2002.

O Quadro 2 demonstra que, mantidas, predominantemente, as denominações de programas de Renda Mínima ou Bolsa Escola, a vinculação institucional dos programas estaduais e municipais tem sido majoritária nas áreas denominadas de Assistência Social, Promoção Social, Ação Social, Bem-Estar Social (48,5%), seguindo-se da área de Educação (27%); Trabalho e Renda e Desenvolvimento Social, cada uma com 10,8%; Desenvolvimento Econômico, com indicação de 6,7% dos programas municipais, além de outras áreas não especificadas (29,7%). Trata-se, na verdade, de uma vinculação lógica que reflete a história da implantação e conteúdo dos programas. No caso dos municipais, aparece uma dispersão maior nessa vinculação. Verificou-se, por conseguinte, que a vinculação apontada se deve em parte ao desenho dos programas e suas ênfases. Mas também se pode atribuir esta dispersão a motivos da política interna dos municípios, e seus próprios processos de formação de lideranças no campo das políticas sociais.

Em relação ao tempo inicial de implantação dos programas em estudo, tem-se que os programas estaduais foram implantados mais tardiamente, ou seja, a partir de 1999. Após a implantação pioneira do programa do município de Campinas, em 1995, o surgimento de outros programas municipais deu-se com força na segunda metade da década de 1990. Isto pode significar um razoável aprendizado institucional, para um período que varia entre 5 e 8 anos de implantação.

O Quadro 3, a seguir, demonstra, no tempo, a frequência e o ritmo de implementação dos programas:

QUADRO 3
Ano de início de implementação dos Programas

	ESTADUAL		MUNICIPAL		TOTAL	
	N	%	N	%	N	%
1995	1	14,3	9	30,0	10	27,0
1996	2	28,6	3	10,0	5	13,5
1997	0	0,0	10	33,3	10	27,0
1998	0	0,0	6	20,0	6	16,2
1999	2	28,6	5	16,7	7	18,9
2000	1	14,3	0	0,0	1	2,7
2001	2	28,6	4	13,3	6	16,2
Total	7	100,0	30	100,0	37	100,0

Fonte: Pesquisa de campo, 2002.

Em termos da abrangência dos programas estaduais que responderam ao estudo (7 dos 11 programas em implementação), 4 cobrem 100% de seus municípios (Amapá, Goiás, Mato Grosso do Sul e São Paulo). Em números absolutos, é coberto pelos programas estaduais um total de 1.131 municípios, o que representa cerca de 20% dos 5.561 municípios brasileiros.

Independente da designação adotada, dois aspectos são marcantes no desenho desses programas: a ideia de uma articulação entre uma transferência monetária, como benefício direto e imediato atribuído às famílias pobres e a política educacional direcionada às crianças e adolescentes dessas famílias. Isso significa que a originalidade desses programas é voltar-se para a manutenção de crianças e adolescentes nas escolas. O pressuposto é de que uma transferência monetária a famílias pobres permite-lhes ter seus filhos fora das ruas e de trabalhos penosos, degradantes e precoces, enquanto permanecem na escola, interrompendo assim o círculo vicioso de reprodução da pobreza. Segundo o desenho desses programas, essas crianças têm, ao mesmo tempo, a possibilidade de acesso a serviços básicos de saúde, e os adultos das famílias têm a possibilidade de ser alfabetizados quando analfabetos, bem como de participar em programas de qualificação profissional, de grupos socioeducativos e ser encaminhados para atendimento em outros serviços sociais que atendam às necessidades básicas das famílias.

É também importante, nesse esforço de construção da identidade dos Programas de Transferência de Renda, situá-los no âmbito do Sistema Brasileiro de Proteção Social enquanto programas no campo da Assistência Social, por serem implementados independentemente de contribuição prévia. Nesse sentido, podem ostentar uma perspectiva compensatória e residual ou podem orientar-se por uma perspectiva distributivista/ redistributivista.

Como indicado anteriormente, os programas de Renda Mínima/ Bolsa Escola começaram a ser implantados efetivamente a partir de 1995, quando se passou a registrar um número crescente de propostas de origem municipal e estadual.

A partir de 2001, com a implantação do Bolsa Escola federal, os programas de iniciativa municipal e estadual são diretamente afetados. No presente estudo foram identificadas as seguintes situações: desativação de programas já em implementação, principalmente em municípios que apresentam menores orçamentos. Nesses municípios, os programas vêm sendo substituídos pelo programa federal, bem como parece vir ocorrendo uma desaceleração de iniciativas para criação de novos programas, tanto por parte de Estados como de municípios, considerando que já implantaram programas similares federais; existência paralela de programas municipais, estaduais e federais, adotando benefícios com valores diferenciados; articulação do programa Bolsa Escola federal com similares municipais, mais especificamente, no caso de municípios que têm orçamentos mais elevados, como São Paulo, Porto Alegre e Belo Horizonte, com complementação do valor do benefício dos programas federais com recursos dos municípios, entre outros.

Para realização do presente estudo, verificou-se que o acompanhamento dos programas estaduais e principalmente municipais, desde de 1995, revela uma trajetória de muita instabilidade, o que se expressa por acréscimo e desativação de programas, sendo quase impossível um acompanhamento atualizado dessa complexa dinâmica, que inclui propostas em debate para sua formulação, propostas em tramitação para aprovação, programas aprovados e não implementados e aprovados e em implementação, além daqueles que foram desativados ou apenas suspensos por um determinado período.

Considerando essas dificuldades, não se tem a pretensão, nesse estudo, de ter incluído todos os programas municipais e estaduais, como já mencionamos anteriormente, tendo sido possível identificar um total de 45 programas municipais e 11 programas estaduais[5] em implementação, em 2002, no Brasil, conforme já mencionado na introdução desse texto. Assim, os programas municipais apresentam uma distribuição segundo o estado e região do país, conforme o Quadro 4.

O Quadro 4 revela a grande concentração dos programas de Renda Mínima/Bolsa Escola de iniciativa municipal no Estado de São Paulo, com 60,1% do total dos programas e nas Regiões Sudeste e Sul, com 79,6% do total dos programas considerados. Esses dados revelam que somente os municípios dos estados mais desenvolvidos e com uma menor concentração relativa de população situada abaixo da linha de pobreza é que apresentam condições de manter esses programas. Isso significa que são aqueles municípios com maiores possibilidades orça-

---

5. Registra-se, por exemplo, a existência de um programa estadual em desenvolvimento no Estado de Alagoas só identificado durante a divulgação da Oficina Nacional com a participação dos Programas de Renda Mínima/Bolsa Escola para discussão do presente texto, totalizando, assim, 11 programas de iniciativa de estados brasileiros. Todavia, como não temos a pretensão de tratar cada programa separadamente, mas de elaborar um perfil geral desses programas no Brasil e desenvolver uma problematização sobre suas tendências e características gerais, a não inclusão de algum programa no estudo não altera seus resultados, posto que trabalhamos com uma amostra altamente representativa.

QUADRO 4
Distribuição dos Programas Municipais de Renda Mínima/Bolsa-Escola
em Implementação por Estados e Regiões do País

Estado	Região	Número de programas	%
São Paulo	Sudeste	27	60,1
Minas Gerais	Sudeste	3	6,1
Rio Grande do Sul	Sul	2	4,5
Espírito Santo	Sudeste	1	2,2
Santa Catarina	Sul	2	4,5
Paraná	Sul	1	2,2
Mato Grosso	Centro-Oeste	1	2,2
Goiás	Centro-Oeste	1	2,2
Pará	Norte	1	2,2
Amazonas	Norte	1	2,2
Piauí	Nordeste	1	2,2
Pernambuco	Nordeste	1	2,2
Rio Grande do Norte	Nordeste	1	2,2
Ceará	Nordeste	1	2,2
Maranhão	Nordeste	1	2,2
Total		45	100

Fonte: Pesquisa de campo, 2002.

mentárias que mantêm um programa municipal custeado com recursos locais. Isto faz com que a presença dos governos estaduais e federal seja imprescindível na manutenção dos programas de Transferência de Renda nos municípios brasileiros. A própria cronologia de implantação (cf. Quadro 3) mostra a importância do efeito demonstração desencadeado pelas experiências pioneiras. Por outro lado, é necessário considerar que, mesmo a grande maioria desses municípios mantém seus programas com metas de atendimento ainda muito distanciadas da quantidade de famílias que atendem aos critérios de elegibilidade para acesso aos programas em relação ao público-alvo, além do que se verifica a falta de ampliação dessas metas ao longo do tempo de implementação dos programas, bem como a manutenção do valor monetário dos benefícios, sem a devida atualização. Isso revela o grande limite dos programas de iniciativa dos municípios brasileiros em termos quantitativos, sem considerar ainda o caráter restritivo e focalizador dos critérios de elegibilidade adotados nesses programas. Convém também registrar que só foram identificadas 12 das 27 capitais brasileiras com programas de Renda Mínima/Bolsa Escola de iniciativa municipal em implementação: Belém, Belo Horizonte, Fortaleza, Goiânia, Manaus, Natal, Porto Alegre, Recife, São Luís, São Paulo, Teresina e Vitória. Esses dados representam menos da metade das capitais, reafirmando o caráter limitado dos programas municipais.

QUADRO 5
Distribuição dos Programas Estaduais de Renda Mínima/Bolsa Escola em Implementação por Estados e Regiões do País

Estado	Região
Centro-Oeste	Brasília
	Goiás
	Mato Grosso do Sul
	Tocantins
Nordeste	Alagoas
Norte	Amapá
	Amazonas
Sudeste	Minas Gerais
	Rio de Janeiro
	São Paulo
Sul	Rio Grande do Sul

Fonte: Pesquisa de campo, 2002.

O Quadro anterior revela, retirando Brasília, a identificação de 11 programas, o que significa que 42,30% dos estados brasileiros mantêm em implementação programas de Renda Mínima/Bolsa Escola, de sua iniciativa. Todavia, isso não significa que esses programas tenham alcançado todos os municípios integrantes do respectivo estado, sendo que o presente estudo revela que o total de municípios atingido nos 11 estados é da ordem de 1.151 municípios, o que representa cerca de 20% do total dos 5.561 municípios brasileiros. Esse aspecto quantitativo vem reafirmar o que já foi indicado, quando dos programas municipais, evidenciando que os programas municipais e estaduais são limitados muito mais pelas possibilidades orçamentárias e, naturalmente, pelas decisões políticas, do que pelas reais necessidades identificadas em relação ao contingente de famílias potencialmente alvos desses programas.

3.1.2 Caracterização dos Programas

No que se refere à caracterização dos Programas de Renda Mínima/ Bolsa Escola de iniciativa de estados e municípios, em implementação, considerados no presente estudo, verificou-se, em princípio, que todos eles foram criados por iniciativa do poder executivo, registrando-se uma variação no que diz respeito ao instrumento legal de criação, sendo que a maioria foi criada por leis, decretos ou leis e decretos (71,5%), mas também se registrou a criação por resolução executiva. É preciso ressaltar aqui possíveis interferências político-eleitorais, particularmente quando se observa que no ano eleitoral de 1997 foram criadas 33% dos programas municipais e, em 1999 (ano eleitoral na esfera federal), 28,6% dos programas estaduais.

No caso dos programas municipais, predominam também a lei e o decreto-lei como instrumentos de criação. Nesses programas, embora as iniciativas mais frequentes tenham sido do poder executivo (46,7%), outros casos foram de iniciativa do legislativo 16,7%, sendo que os demais programas não responderam a essa questão.

Em relação ao instrumento legal de regulamentação dos programas, tanto os estaduais como municipais foram regulamentados por

Decreto ou Portaria, não havendo informação nesse aspecto por 24,3% dos programas.

Do ponto de vista da iniciativa da criação dos programas por proposição de partidos políticos, registrou-se significativa preponderância de iniciativas do Partido dos Trabalhadores — PT, com 43,2% das iniciativas, seguido pelo Partido da Social Democracia Brasileira — PSDB, com 24,3%, Partido Social-Democrático — PSB (8,1%), Partido da Frente Liberal — PFL, com 5,4% e Partido Democrático Trabalhista — PDT, Partido Nacional Municipalista — PNM, e numa ação conjunta o PT e o Partido Progressista Brasileiro — PPB, estes últimos, cada um com 2,7% de autoria das propostas. Não apresentaram informações a essa questão 10,8% dos programas estaduais e municipais. Entendemos que esse aspecto merece estudos específicos, sobretudo para identificação da matriz ideológica de inspiração desses programas.

QUADRO 6
Partido político proponente dos projetos para criação dos Programas

	ESTADUAL N	ESTADUAL %	MUNICIPAL N	MUNICIPAL %	TOTAL N	TOTAL %
PT	2	28,6	14	46,7	16	43,2
PSDB	2	28,6	7	23,3	9	24,3
PSB	2	28,6	1	3,3	3	8,1
PDT	0	0,0	1	3,3	1	2,7
PFL	1	14,3	1	3,3	2	5,4
PNM	0	0,0	1	3,3	1	2,7
PT/PPB	0	0,0	1	3,3	1	2,7
Não informou	0	0,0	4	13,3	4	10,8
Total	7	100,0	30	100,0	37	100,0

Fonte: Pesquisa de campo, 2002.

Há que se ressaltar a presença da participação popular na iniciativa de criação desses programas, representado por pressões e demandas de movimentos sociais e a realização de audiências públicas, sendo considerado fator determinante para o desenvolvimento desses programas o caráter democrático-popular principalmente dos governos petistas.

O Quadro 7 indica a diferença de objetivos preconizados pelos programas estaduais e pelos municipais.

QUADRO 7
Objetivos dos Programas

	ESTADUAL N	ESTADUAL %	MUNICIPAL N	MUNICIPAL %	TOTAL N	TOTAL %
Contribuir para inclusão social	2	28,6	5	16,7	7	18,9
Garantir uma renda mínima	3	42,9	14	46,7	17	45,9
Estimular para autonomização da família	2	28,6	6	20,0	8	21,6
Atender às necessidades básicas da família	2	28,6	2	6,7	4	10,8
Melhorar as condições de vida da família	1	14,3	5	16,7	6	16,2
Proteger os direitos da criança e adolescentes segundo ECA (situação de risco)	3	42,9	11	36,7	14	37,8
Combater o trabalho infantil	1	14,3	4	13,3	5	13,5
Permitir acesso e permanência das crianças e adolescentes nas escolas	3	42,9	20	66,7	23	62,2
Não informou	0	0,0	1	3,3	1	2,7
Total	7	—	30	—	37	—

Fonte: Pesquisa de campo, 2002.

No que diz respeito aos objetivos, os programas estaduais destacaram, com maior frequência, garantir renda mínima a famílias pobres e garantir proteção à criança e ao adolescente em situação de risco, conforme prescreve o Estatuto da Criança e do Adolescente. Ambos os objetivos aparecem em 42,9% dos programas. Aparecem também como objetivos dos programas estaduais: garantir o acesso e permanência das crianças na escola (42,9%) e atender às necessidades básicas das famílias (28,6%).

Objetivos como: possibilitar a permanência e o sucesso da criança na escola; a emancipação financeira e cidadã das famílias e a erradicação do trabalho infantil não foram explicitados pelos informantes, talvez por serem considerados intrínsecos a esses programas.

Os programas municipais apresentam uma configuração diferente quanto aos objetivos. Embora, como os programas estaduais, tenham também como objetivos mais presentes oferecer uma transferência monetária a famílias empobrecidas e proteger a criança e o adolescente, destaca-se, ainda, possibilitar o acesso e a permanência das crianças na escola (66,7%). Embora não tenha sido citado, é importante se destacar a possibilidade de acesso à documentação pessoal, visto que muitos usuários não possuem documentos pessoais ao ingressarem nos programas.

Em relação aos benefícios e serviços oferecidos pelos programas, a transferência monetária aparece como o benefício mais significativo, explicitado por 57,1% dos programas estaduais e 33,3% dos programas municipais; todavia, há que se considerar que, na realidade, todos os programas oferecem esse benefício, na medida em que a transferência monetária é elemento definidor dos Programas de Transferência de Renda. O trabalho socioeducativo, com as famílias das crianças e adolescentes, é indicado, em segundo lugar, por 42,9% dos programas estaduais e por 36,7% dos programas municipais. Merecem destaque, no âmbito municipal, as atividades de habilitação da família para geração de renda em 21,6% dos programas pesquisados. Realização de atividades complementares (recreativas, esportivas e culturais para crianças e adolescentes) e encaminhamentos para outros serviços da rede de atendimento são observados por 42,9% dos programas estaduais e 23,3% dos programas municipais.

Em relação aos critérios para acesso aos programas, verificou-se, nos programas estaduais, referência à renda *per capita* das famílias, a existência de dependentes, ao tempo de residência no município, exigência de frequência à escola e a identificação de situação de vulnerabilidade social. Quanto aos dependentes, os programas estaduais indicaram: ter dependentes de 0 a 7 anos de idade, indicados por 42,9%; ter dependentes de 7 a 14 anos, indicados por 85,7% e ter dependentes de 14 a 16 anos, indicados por 71,4% dos programas. Quanto à renda: ter renda *per capita* igual ou inferior a R$ 50,00 (meio salário mínimo) é critério em 42,9% dos programas estaduais e ter renda *per capita* superior a R$ 50,00 e igual ou inferior a R$ 100,00 é critério em 57,1% dos demais programas estaduais. A residência no município há mais de 2 anos é critério em 42,9% dos programas estaduais e há mais de 5 anos é critério para 14,3% dos programas estaduais. Frequência à escola e a existência de filhos ou adultos portadores de deficiência na família é critério em 28,6% dos programas estaduais, e encontrar-se em situação de vulnerabilidade social, em 14,3% dos mesmos programas. Nos municípios, os critérios são praticamente os mesmos. No que se refere aos dependentes: ter dependentes de 7 a 14 anos é critério em 86,7% dos programas municipais; ter dependentes de 0 a 7 anos é critério em 46,7%, e ter dependentes de 14 a 16 anos é critério em 50%. Ter renda *per capita* igual ou inferior a R$ 50,00 (meio salário mínimo) é critério em 23,3% dos programas municipais e renda superior a R$ 50,00 e igual ou inferior a R$ 100,00, em 63,3% dos programas municipais. Quanto ao tempo de residência nos municípios, o destaque foi dado à exigência de residência no município há mais de 3 anos (40%). A frequência à escola é colocada, explicitamente, como exigência por 30% dos programas municipais, embora esteja presente em todos eles, e a vulnerabilidade social foi indicada por 20% dos programas municipais. Em apenas 1 município, a família com idoso, ainda que sem criança, é elegível pelo programa. Em resumo, são identificados três critérios básicos para elegibilidade das famílias tanto nos programas estaduais como nos municipais: ter filhos em idade escolar, ter renda *per capita* familiar, predominantemente, de meio salário mínimo e residir no município onde o programa é implementado.

Estas observações ficam mais claras no Quadro 8.

Aos critérios de elegibilidade, os programas acrescentam os critérios de prioridade, permitindo restringir ainda mais o número de famílias a serem atendidas a partir da disponibilidade orçamentária que, como já vimos, é sempre insuficiente para atender todas as famílias, mesmo a partir dos critérios de elegibilidade indicados pelos programas. Nesse sentido, a família com maior número de dependentes incapazes de prover

QUADRO 8
Critérios de elegibilidade

	ESTADUAL		MUNICIPAL		TOTAL	
	N	%	N	%	N	%
Ter dependentes de 0 a 7 anos	3	42,9	14	46,7	17	45,9
Ter dependentes de 7 a 14 anos	6	85,7	26	86,7	32	86,5
Ter dependentes de 14 a 16 anos	5	71,4	15	50,0	20	54,1
Ter renda *per capita* igual ou inferior a R$ 50,00	3	42,9	7	23,3	10	27,0
Ter renda *per capita* superior a R$ 50,00 e igual ou inferior a R$ 100,00	4	57,1	19	63,3	23	62,2
Residir no município há mais de 1 ano	0	0,0	2	6,7	2	5,4
Residir no município há mais de 2 anos	3	42,9	6	20,0	9	24,3
Residir no município há mais de 3 anos	0	0,0	12	40,0	12	32,4
Residir no município há mais de 5 anos	1	14,3	5	16,7	6	16,2
Encontrar-se em situação de vulnerabilidade social	1	14,3	6	20,0	7	18,9
Estar frequentando a escola	2	28,6	9	30,0	11	29,7
Ter filhos/adultos portadores de deficiências	2	28,6	5	16,7	7	18,9
Família com idoso ainda que sem criança	0	0,0	1	3,3	1	2,7
Indivíduos acima de 21 anos	0	0,0	1	3,3	1	2,7
Outros	2	28,6	4	13,3	6	16,2
Total	7	—	30	—	37	—

Fonte: Pesquisa de campo, 2002.

seu próprio sustento (idosos, portadores de deficiência, desnutrição infantil, drogadição etc.) tem prioridade em 51,4% dos programas estaduais e municipais; a família com maior número de filhos é prioridade para 32,4% dos programas estaduais e municipais; famílias com crianças e adolescentes sob medida de proteção social ou medidas socioeducativas (conforme o ECA) são prioridade em 35,1% dos programas estaduais e municipais; famílias com menor renda são prioridade em 27% dos programas estaduais e municipais. Famílias monoparentais, famílias com situação de desemprego, famílias com trabalho infantil, em situação de mendicância, em situações de violência e vivendo em regiões identificadas como mais pobres ou com alto grau de evasão escolar também aparecem como prioridades para atendimento por parte de alguns programas. Verifica-se que são acrescidas aos critérios de elegibilidade variadas situações de vulnerabilidade social das famílias pobres como prioridade para seu atendimento. Destaca-se ainda que é frequente serem selecionadas áreas prioritárias para implantação e desenvolvimento dos programas nos municípios, destacando-se principalmente a prioridade atribuída a áreas de maior concentração de pobreza.

Todas as situações estão descritas no Quadro 9 que se segue.

Sobre os procedimentos para inclusão das famílias nos programas, as respostas dadas pelos informantes apontaram procedimentos de diferentes naturezas: administrativos, técnicos e políticos. Assim, aparecem, sem hierarquização, desde atividades de encaminhamentos de famílias por Organizações Governamentais, Organizações Não Governamentais, Juizado da Infância e Juventude, Conselho Tutelar, Promotoria, até o preenchimento de fichas cadastrais, a apresentação e análise de documentação, o estudo socioeconômico realizado por técnicos — as visitas domiciliares (54,1%) são a prática mais recorrente; a classificação e avaliação das famílias; a definição de metas e de áreas selecionadas; as tarefas de alimentação do Banco de dados (digitação de fichas de inscrição e de fichas de cadastro). Portanto, nessa resposta, os informantes apresentaram tudo o que fazem para incluir as famílias, atribuindo o mesmo peso. Todavia, é possível destacar três dimensões nas informações prestadas nesse quesito: a dimensão de articulação entre diferentes instâncias expressa pelos diversos encaminhamentos das famílias; a dimensão representada pelas atividades administrativas e gestionárias dos programas; a dimensão de estudo, avaliação e acompanhamento das condições socioeconômicas das famílias com vistas à sua inclusão (ou não) no programa.

QUADRO 9
Critérios de prioridade de atendimento associados aos critérios de elegibilidade

	ESTADUAL		MUNICIPAL		TOTAL	
	N	%	N	%	N	%
Família com maior número de filhos	2	28,6	10	33,3	12	32,4
Família com menor renda	2	28,6	8	26,7	10	27,0
Família com maior número de dependentes incapazes de prover seu próprio sustento, impedidos de trabalhar definitiva ou temporariamente (idosos, portadores de deficiência, doenças crônicas, desnutrição infantil, drogadição)	4	57,1	15	50,0	19	51,4
Família com presença de violência doméstica	1	14,3	3	10,0	4	10,8
Família monoparental	2	28,6	6	20,0	8	21,6
Família que possui situação de desemprego dos adultos	1	14,3	5	16,7	6	16,2
Situações de mendicância na família	0	0,0	2	6,7	2	5,4
Famílias com crianças e adolescentes sob medida de proteção social (artigo 101 — ECA) ou de adolescentes sob medidas socioeducativas (artigo 124 — ECA), encaminhados pelo Conselho Tutelar, Juizado de Infância e Juventude, Promotoria, SOS	3	42,9	10	33,3	13	35,1
Regiões identificadas como mais pobres e/ou com maior índice de evasão escolar e/ou piores condições de habitação	1	14,3	6	20,0	7	18,9
Família com presença de trabalho infantil	0	0,0	2	6,7	2	5,4
Não informou	1	14,3	5	16,7	6	16,2
Total	7	—	30	—	37	—

Fonte: Pesquisa de campo, 2002.

Os dados quantitativos podem esclarecer ainda mais estes procedimentos (Quadro 10).

QUADRO 10
Procedimentos para inclusão das famílias nos Programas

	ESTADUAL N	ESTADUAL %	MUNICIPAL N	MUNICIPAL %	TOTAL N	TOTAL %
Preenchimento da uma ficha de cadastro	1	14,3	8	26,7	9	24,3
Apresentação e análise da documentação exigida	0	0,0	9	30,0	9	24,3
Estudo socioeconômico realizado por técnicos	2	28,6	6	20,0	8	21,6
Preenchimento de uma ficha de inscrição em entrevista individual	1	14,3	5	16,7	6	16,2
Classificação das famílias através de sistema informatizado	0	0,0	7	23,3	7	18,9
Encaminhamento de famílias pelo Juizado da Infância e Juventude, Conselho Tutelar, Promotoria	0	0,0	5	16,7	5	13,5
Inscrição no plantão social	0	0,0	5	16,7	5	13,5
Pontuação e pré-seleção das famílias inscritas	1	14,3	6	20,0	7	18,9
Visitas domiciliares (colher informações para inscrição, conferência de cadastro e para inclusão no Programa)	5	71,4	15	50,0	20	54,1
Avaliação da listagem das famílias selecionadas e definição de prioridade para atendimento	1	14,3	5	16,7	6	16,2
Divulgação da listagem de famílias selecionadas	0	0,0	5	16,7	5	13,5
Encaminhamento de famílias pelos programas de ONGs e OGs (escolas, programas de proteção social etc.)	0	0,0	4	13,3	4	10,8
Definição prévia de Meta de Atendimento	0	0,0	3	10,0	3	8,1
Definição das áreas selecionadas	0	0,0	3	10,0	3	8,1
Inscrição nas escolas	0	0,0	2	6,7	2	5,4
Alimentação do Banco de Dados (digitação das fichas de inscrição)	2	28,6	1	3,3	3	8,1
Alimentação de Banco de Dados (digitação das fichas de cadastro)	0	0,0	2	6,7	2	5,4
Lista de Espera de famílias classificadas	0	0,0	2	6,7	2	5,4
Divulgação e abertura de inscrição na comunidade e nas escolas	0	0,0	1	3,3	1	2,7
Não informou/informação incompleta	2	28,6	3	10,0	5	13,5
Total	7	—	30	—	37	—

Fonte: Pesquisa de campo, 2002.

Sobre os beneficiários dos programas, os informantes destacaram a família como seu maior beneficiário, tanto dos programas estaduais (85,7%) como dos municipais (90%). Em dois programas municipais, o beneficiário é a família e o indivíduo, e em um programa estadual e em um programa municipal, o beneficiário é apenas o indivíduo. Essa focalização na família por parte dos programas é compatível com uma tendência historicamente observável nas políticas assistenciais brasileiras que colocam o grupo familiar no centro de seu núcleo de ação.

No que se refere aos valores monetários dos benefícios, verificou-se a prevalência de menores valores nos programas estaduais. Assim, em 57,2% dos programas estaduais o benefício é de até R$ 100,00 por mês, sendo que, em metade destes, o benefício é de até R$ 50,00.

Nos programas municipais, estão os maiores valores pagos como benefício monetário, sendo a faixa de R$ 101,00 a R$ 150,00 observada em 36,7% destes programas, e a faixa de R$ 151,00 a R$ 200,00, encontrada em 23,3% dos programas municipais.

Apenas 8,1% dos programas estaduais e municipais apresentaram o valor do benefício monetário acima de R$ 200,00 (ver Quadro 11).

QUADRO 11
Valor do benefício monetário transferido às famílias

	ESTADUAL N	ESTADUAL %	MUNICIPAL N	MUNICIPAL %	TOTAL N	TOTAL %
Até R$ 50,00	2	28,6	3	10,0	5	13,5
De R$ 51,00 a R$ 100,00	2	28,6	2	6,7	4	10,8
De R$ 101,00 a R$ 150,00	2	28,6	11	36,7	13	35,1
De R$ 151,00 a R$ 200,00	0	0,0	7	23,3	7	18,9
Mais de R$ 200,00	1	14,3	2	6,7	3	8,1
Não informou	0	0,0	5	16,7	5	13,5
Total	7	100,0	30	100,0	37	100,0

Fonte: Pesquisa de campo, 2002.

Sobre os critérios para fixação dos valores monetários dos benefícios, a maior parte dos programas não informou (57,1% dos programas estaduais e 66,7% dos municipais). Entre os que informaram, o critério prevalecente é o salário mínimo, com indicação de 29,7% dos programas estaduais e municipais.

Além da transferência monetária enquanto benefício principal, foi evidenciado que um número significativo de Programas vem buscando oferecer outros benefícios a seus usuários, com prevalência para encaminhamentos a programas de saúde, educação, habitação e assistência social (54,1%). Destacaram-se também encaminhamentos para cursos de qualificação profissional (45,9%) que, somados a encaminhamentos para cursos de alfabetização de jovens e adultos (18,9%), perfazem um total de 64,8% de Programas que encaminharam para cursos. Ainda, 29,7% dos Programas encaminharam para outros programas de geração de trabalho e renda. As ações socioeducativas, particularmente os grupos de acompanhamento familiar, também alcançaram 57,1% dos Programas estaduais e 36,7% dos Programas municipais. Este conjunto de ações possibilita verificar um esforço de articulação com outros programas e políticas, o que pode potencializar seus impactos para a melhoria das condições de vida da população que a eles recorrem. Observou-se que 16,2% dos programas não apresentaram informações acerca de outros benefícios que ofereçam. O acesso à documentação pessoal, embora não tenha sido destacado, pode também ser considerado como um benefício proporcionado pelos programas estudados.

O estudo evidenciou que o cadastro das famílias está sob a responsabilidade da equipe técnica dos Programas (73%) ou das equipes de outras secretarias (24,3%). Essa ação é executada por equipes de ONGs (13,5%), estagiários (8,1%) e também voluntários. Chama atenção essa presença de 5,4% de voluntários compondo o quadro de responsáveis pelo cadastramento das famílias, dado que se revela compatível com as atuais tendências do Sistema Brasileiro de Proteção Social. Ressalta-se que 13,5% da responsabilidade pelo cadastramento são realizadas por outros agentes.

Sobre a principal forma de acesso ao benefício monetário, foi indicado o uso do cartão magnético (45,9%), forma que em princípio pode possibilitar maior autonomia e independência do beneficiário. O cheque nominal (21,6%) e o boleto bancário (13,5%) também são utilizados, podendo tanto permitir autonomia ou possibilitar relações clientelistas e de dependência, conforme é feito o repasse para o usuário do programa. Ainda foi revelado que 10,8% dos programas utilizam outras formas de pagamento, sem que essas formas tenham sido explicitadas. Fica, no entanto, clara a tendência de utilização do cartão magnético por suas vantagens operacionais.

Em relação ao tempo de duração dos programas, 56,8% dos programas estaduais e municipais apresentaram 12 meses como tempo de duração inicial do benefício e 13,5% destes ofereciam o benefício pelo período entre 18 e 24 meses. Este dado indica que 64,9% dos programas têm como tempo de duração do benefício um período que vai de 12 a 24 meses. Apenas 2 programas, um municipal e outro estadual vinculam o tempo de duração do benefício à idade dos filhos até 14/16 anos. Observa-se, ainda, que apenas um Programa municipal informou ser a duração do benefício relacionada à persistência das condições de vulnerabilidade de seus usuários, o que poderia permitir uma ultrapassagem do caráter residual e compensatório da transferência monetária no atual contexto de nossa sociedade. Tem-se que a questão do tempo de permanência das famílias nos programas, embora venha se verificando certa flexibilidade, ainda representa uma questão central a ser considerada.

Em relação aos motivos para desligamento dos programas, uma das principais razões apontadas pelos programas estaduais e municipais (78,4%) é o não cumprimento dos compromissos exigidos, como frequência da criança à escola, frequência a reuniões e retirada da criança de trabalho infantil. Foi também apontado pelo conjunto dos programas como outro relevante motivo a mudança de domicílio municipal (59,5%). Estes dois conjuntos de motivos para o desligamento dos Programas deixam entrever algumas características das situações de extrema pobreza e precarização (não apenas material) das condições de vida dessa população, que não consegue responder às exigências dos programas sociais destinados a apoiar sua (re)inserção social e muitas vezes sequer apresenta estabilidade de moradia, uma das questões cruciais para a concretização da cidadania social. É necessário ter presente a pobreza como condição crônica, multifacetada e expressando-se em diferentes dimensões da sociabilidade humana. Nessa mesma direção, foram destacadas as informações falsas como razão para o desligamento em 29,7% dos programas estaduais e municipais.

Deve ser reafirmado, portanto que o desligamento das famílias é uma das questões mais críticas dos Programas de Transferência de Renda por se direcionar para grupos familiares com baixa capacidade e baixa possibilidade de autonomização econômica, dada sua inserção crônica na pobreza e seu baixo nível de instrução e de qualificação profissional.

Como aspecto positivo, no conjunto de motivos para o desligamento dos programas, destacou-se, por parte do conjunto dos programas estaduais e municipais, a indicação do aumento da renda *per capita* familiar, com indicação de 51,4% desses programas, o que pode sugerir busca de possíveis ultrapassagens das marcas residuais dos programas e o início de reversão das condições que levaram à procura do benefício. Mas como se sabe, do ponto de vista do conjunto das famílias e não de casos isolados, isso depende da retomada da adoção de uma política econômica de crescimento da economia, de distribuição de renda, de valorização da renda do trabalho e de geração de emprego e renda.

Conforme as informações prestadas, a prorrogação do benefício é possível em 81,1% dos programas estaduais e municipais contra 16,2% de programas municipais que não consideram a possibilidade de prorrogação. Esta possibilidade, com grande predomínio no conjunto dos programas, tanto pode expressar, por parte destes, a busca de superação de características emergenciais, compensatórias e residuais da transferência monetária, como pode revelar uma população em pobreza crônica, dependente e sem condições de alavancar sua própria emancipação. Revela ainda uma possível desarticulação destes programas com outras políticas e ações no campo da proteção social.

No caso de possibilidade de renovação do benefício, o período renovável predominante no conjunto dos programas é o de 12 meses (50%), vindo a seguir o período de 6 meses (13,3%). Os programas que oferecem o benefício enquanto a família precisar ou que apresentam tempo indefinido para esta oferta, perfazem juntos um total de 20%, o que pode expressar uma tentativa de superação dos limites desses programas.

Veja a seguir o Quadro 12.

QUADRO 12
Período renovável para permanência das famílias nos Programas

	ESTADUAL		MUNICIPAL		TOTAL	
	N	%	N	%	N	%
4 meses	0	0,0	1	4,3	1	3,3
6 meses	0	0,0	4	17,4	4	13,3
12 meses	4	57,1	11	47,8	15	50,0
Indefinido	2	28,6	1	4,3	3	10,0
Enquanto a família precisar	0	0,0	3	13,0	3	10,0
Até completar 15 anos	0	0,0	1	4,3	1	3,3
6 meses ou 1 ano	1	14,3	0	0,0	1	3,3
Não informou	0	0,0	2	8,7	2	6,7
Total	7	100,0	23	100,0	30	100,0

Fonte: Pesquisa de campo, 2002.

Em relação aos mecanismos adotados para renovação do benefício, a principal indicação coube à avaliação socioeconômica das famílias realizada pela equipe técnica do Programa ou por comissão externa, com indicação de 65,5% dos programas estaduais e municipais. Recorreram ao recadastramento socioeconômico informatizado apenas 6,7% dos programas estaduais e municipais. Chama atenção, nesses dados, o fato de 30% de todos os programas não apresentarem informações sobre os mecanismos adotados para renovar o benefício.

O critério mais utilizado para renovação do benefício é a persistência das condições iniciais, que permitiram a inserção nos programas. Este critério é utilizado por 71,4% dos programas estaduais e por 60,9% dos municipais. A emergência de novas situações de risco aparece como critério em 13% apenas nos programas municipais; o cumprimento por parte da família dos objetivos do programa em outros 8,7% dos mesmos programas e o início de atividade de geração de renda foi indicado apenas por 4,3% dos programas municipais, o que representa somente um programa. Critérios que levaram em consideração famílias que possuam membros que necessitem de cuidados especiais, com indicação de 8% dos programas municipais; que tenham membros com idade superior a 60 anos, foi indicado apenas por um programa estadual; que tenham seu chefe preso indicado por um programa municipal ou que estejam construindo sua moradia.

Conforme é possível verificar pelos critérios indicados para renovação do benefício monetário mais elencados pelos programas (Quadro 11), a referência predominante está sempre relacionada às crônicas condições de risco e vulnerabilidade que caracterizam as condições de vida das famílias usuárias desses programas, sendo a prorrogação para permanência das famílias nos programas, de modo geral, responsabilidade da equipe técnica e dos gestores do Programa ou de outros representantes do Executivo.

QUADRO 13
Critérios adotados para renovação do benefício

	ESTADUAL N	ESTADUAL %	MUNICIPAL N	MUNICIPAL %	TOTAL N	TOTAL %
Desqualificação para o trabalho	0	0,0	2	8,7	2	6,7
Membros da família que necessitem de cuidados especiais	1	14,3	2	8,7	3	10,0
Família composta por membros com idade superior a 60 anos	1	14,3	0	0,0	1	3,3
Chefe de família cumprindo pena de reclusão	0	0,0	1	4,3	1	3,3
Família aguardando atendimento em outro programa de assistência	0	0,0	1	4,3	1	3,3
Família que esteja construindo moradia	0	0,0	1	4,3	1	3,3
Persistência das condições iniciais	5	71,4	14	60,9	19	63,3
Nova situação de risco	0	0,0	3	13,0	3	10,0
Iniciando atividade de geração de renda	0	0,0	1	4,3	1	3,3
Família cumprindo os objetivos do programa	0	0,0	2	8,7	2	6,7
Não informou	0	0,0	2	8,7	2	6,7
Total	7	—	23	—	30	—

Fonte: Pesquisa de campo, 2002.

Sobre a presença de exigências contratuais de compromisso dos beneficiários como contrapartida para inserção nos programas, vem se constituindo uma característica central dos Programas de Transferência de Renda na experiência brasileira em seus diferentes níveis: federal, estadual e municipal. No nível federal, a exceção é o Benefício de Prestação Continuada — BPC, destinado a idosos e a portadores de deficiência, previsto na Lei Orgânica da Assistência Social — LOAS. No âmbito dos programas municipais e estaduais, apenas um programa estadual e dois programas municipais não apresentaram exigências contratuais. Convém ressaltar que a contrapartida exigida pelos programas é justificada como uma estratégia para permitir o alcance dos objetivos propostos.

Ainda conforme as informações coletadas, a principal contrapartida colocada para as famílias beneficiárias vem sendo a exigência de frequência à escola para as crianças, explicitada por 75,7% dos programas estaduais e municipais. Além da frequência à escola, a garantia do sucesso escolar apareceu como exigência em três programas municipais (ver Quadro 12).

Outras exigências, muitas delas apresentadas concomitantemente, referiram-se à participação em atividades socioeducativas (37,8%), em atividades complementares para adultos (29,7%), e para crianças e adolescentes (18,9%). A proibição do trabalho infantil é outra exigência explicitamente colocada por 21,6% dos programas municipais e estaduais.

Um conjunto de outras exigências contratuais relacionadas à vacinação, violência doméstica e situações de discriminação apareceram em 40% de programas estaduais e municipais.

Uma contrapartida que merece atenção é a exigência de aplicação do benefício para atender às necessidades gerais. Essa exigência traz embutido o risco de "policiar as famílias" e interferir em sua autonomia, bem como de ampliar excessivamente o aparato burocrático de focalização.

Há que considerar que a contrapartida constitui uma questão polêmica, pois, obscurece a dimensão constitucional do direito à sobrevivência digna, independentemente de qualquer "merecimento" para obtê-la. Apesar disso, parece estar funcionando como mecanismo de proteção aos direitos de crianças e adolescentes, como à educação e ao não trabalho, assim como, ao que tudo indica, vem propiciando situações de caráter socioeducativo para os beneficiários dos programas.

QUADRO 14
Exigências contratuais de compromisso dos beneficiários como contrapartida

	ESTADUAL		MUNICIPAL		TOTAL	
	N	%	N	%	N	%
Garantir frequência das crianças à escola	5	71,4	23	76,7	28	75,7
Garantir sucesso das crianças na escola	0	0,0	3	10,0	3	8,1
Aplicação do benefício para atender às necessidades gerais	1	14,3	6	20,0	7	18,9
Participação em atividades complementares para crianças e adolescentes	1	14,3	6	20,0	7	18,9
Participação em atividades complementares para adultos	4	57,1	7	23,3	11	29,7
Não permissão para que a criança/adolescente trabalhe	1	14,3	7	23,3	8	21,6
Participação em reuniões socioeducativas	3	42,9	11	36,7	14	37,8
Sem exigências contratuais	1	14,3	2	6,7	3	8,1
Outros (vacinação, situações de violência doméstica, situações de discriminação)	4	57,1	11	36,7	15	40,5
Não informou	1	14,3	2	6,7	3	8,1
Total	7	—	30	—	37	—

Fonte: Pesquisa de campo, 2002.

Ainda nessa caracterização, verificou-se que um dos aspectos mais interessantes dos programas de Renda Mínima/Bolsa Escola é colocarem explicitamente a possibilidade (e necessidade) de articulação destes com outros programas para superação de suas características compensatórias e residuais. Assim, a combinação/vínculo com outros programas locais e serviços complementares pode favorecer a potencialização de seus resultados e apontar para a necessária integração que deve caracterizar políticas direcionadas à emancipação de seus usuários. Nesse aspecto, o estudo revela que a maior parte dos programas estaduais contempla a articulação com a geração de trabalho e renda (57,1%), a saúde (42,9%), a educação (42,9%), a assistência social (42,9%) e outros programas comunitários/ONGs (28,6%). No nível dos programas municipais, a maior articulação é com a habitação (43,3%), seguida pelo trabalho com a assistência social (36,7%), com programas de geração de trabalho e renda (33,3%), com a saúde (23,3%), com a educação (20%), com a cultura e lazer (16,7%) e com outros programas comunitários/ONGs (13,3%).

Visualize esses dados no Quadro 15.

QUADRO 15
Articulação entre os Programas de RM/BE e outros programas

	ESTADUAL N	ESTADUAL %	MUNICIPAL N	MUNICIPAL %	TOTAL N	TOTAL %
Assistência Social	3	42,9	11	36,7	14	37,8
Saúde (saúde mental)	3	42,9	7	23,3	10	27,0
Cultura e lazer	0	0,0	5	16,7	5	13,5
Abastecimento	0	0,0	1	3,3	1	2,7
Geração de trabalho e renda	4	57,1	10	33,3	14	37,8
Educação (alfabetização, creche)	3	42,9	6	20,0	9	24,3
Assistência judiciária	1	14,3	3	10,0	4	10,8
Programas comunitários/ONGs	2	28,6	4	13,3	6	16,2
Habitação	0	0,0	13	43,3	13	35,1
Não informou	1	14,3	10	33,3	11	29,7
Total	7	—	30	—	37	—

Fonte: Pesquisa de campo, 2002.

A natureza e a qualidade dessa articulação e seu potencial, numa perspectiva emancipatória, configuram-se como aspectos a serem aprofundados em estudos posteriores e considerados na elaboração, ou mesmo na reformulação dos programas existentes.

Em relação às unidades responsáveis pela gestão dos programas, os informantes destacaram as Secretarias onde os mesmos estão alocados: 71,4% no nível estadual e 56,7% no municipal; ou são gestões intersecretariais: 28,6% nos programas estaduais e 20% nos municipais; ou ainda grupos designados: 14,3% nos programas estaduais e 10% nos municipais. Aparecem com menor indicação pelos programas municipais ONGs, e Fundações e outros: 16,2%.

Buscando-se identificar a participação dos beneficiários em atividades e avaliações dos programas, verificou-se que o maior índice de participação pode ser observado em reuniões grupais: 62,2% nos programas estaduais e municipais, sendo que nos municipais este índice chega a 73,3%. É também no âmbito municipal que encontramos 40% dos programas cujos beneficiários participaram de cursos de capacitação/alfabetização. Encontros, palestras e seminários também reuniram 21,6% dos beneficiários nos programas estaduais e municipais.

É interessante notar que atendimentos individuais e visitas domiciliares (18,9%) são indicados pelos informantes dos programas estaduais e municipais como expressões da presença da participação dos beneficiários nos programas, quando na realidade parecem enquadrar-se melhor em ações inerentes ao acompanhamento e controle do usufruto do benefício.

Dado preocupante, se considerarmos necessária atribuição de uma perspectiva emancipatória aos programas de transferência monetária, é a informação de que não existe qualquer participação dos beneficiários em 28,6% dos programas estaduais e em 10% dos municipais.

Buscando-se saber sobre possíveis parcerias no desenvolvimento dos programas, verificou-se que as principais parceiras indicadas são com entidades assistenciais, tanto no nível estadual (71,4%) como nos municípios (50%). Nos programas municipais, outras Secretarias também aparecem como parceiras (40%), assim como universidades (10%), igrejas (10%) e empresas (6,7%), Clubes de serviços (3,3%) e outros

(33,3%). No âmbito dos programas estaduais, destacaram-se ainda organizações governamentais (57,1%), igrejas e clubes de serviços, cada um com 28,6%, e outros com indicação de 57,1% dos programas estaduais e 33,3% dos municipais. Este número elevado de *outros* está a exigir melhor verificação.

É interessante notar, em primeiro lugar, a heterogeneidade das parcerias que se estabelecem na forma de gestão dos programas, tanto nos níveis estadual como municipal. Outro aspecto que merece análise é a forte presença da rede privada na gestão desses Programas, reiterando uma tradição histórica da Assistência Social no país e as atuais tendências da proteção social no que se refere à expansão de parcerias: o Estado subsidiando iniciativas da rede solidária da sociedade.

No que se refere às estratégias e procedimentos utilizados para expansão dos programas foram destacados: a definição das prioridades para o atendimento em 85,7% dos programas estaduais e em 40% dos programas municipais e a integração/parceria com diversos órgãos e instituições em 57,1% dos programas estaduais e em 26,7% dos municipais.

Outras estratégias e procedimentos foram indicados, tais como: a realização de pesquisa socioeconômica antes de implantar o programa, a definição do modelo/desenho institucional, a elaboração de leis e regulamentações complementares, a divulgação do programa para a população, a criação de comissões, a elaboração do projeto de operacionalização do programa, a formação de equipes, a inscrição das famílias e outras que constituem o processo aparecem distribuídas heterogeneamente nas esferas municipal e estadual.

Finalmente, em relação ao financiamento dos programas, verificou-se que a grande maioria, tanto dos programas estaduais (71,4%) como municipais (73,3%), contaram com orçamento próprio. Um programa estadual contava também com recursos próprios e transferências federais. Um programa municipal contava com financiamento de Organizações não Governamentais e outros, além de outro programa que contava com recursos próprios e com transferência de recursos federais.

Veja o Quadro 16.

QUADRO 16
Financiamento dos Programas

	ESTADUAL		MUNICIPAL		TOTAL	
	N	%	N	%	N	%
Orçamento próprio	5	71,4	22	73,3	27	73,0
Financiamento de ONGs e outros	—	0,0	1	3,3	1	2,7
Orçamento próprio e transferência de recursos federais	—	0,0	1	3,3	1	2,7
Orçamento próprio e financiamento de ONGs e outros	1	14,3	2	6,7	3	8,1
Transferência de recursos federais e estaduais	—	0,0	1	3,3	1	2,7
Não informou	1	14,3	3	10,0	4	10,8
Total	7	100,0	30	100,0	37	100,0

Fonte: Pesquisa de campo, 2002.

3.1.3 Monitoramento, Avaliação e Impactos dos Programas

Historicamente, os programas sociais foram implementados no Brasil sem o devido acompanhamento, monitoramento e realização de avaliações sistemáticas que permitissem corrigir os seus rumos e dimensionar impactos e resultados. A partir do final da década de 1980, essa prática parece vir mudando, motivada por duas exigências: escassez de recursos e exigências da sociedade organizada que vem demandando o controle social dos programas sociais que passaram a ser implementados mais próximos dos usuários, mediante a descentralização desses programas. Sem entrar no mérito das distorções e dos limites com que vem se dando, no Brasil, o processo de descentralização e de controle social dos programas sociais, os programas formulados, mais recentemente, têm incluído, no seu desenho, a necessidade de monitoramento e avaliação. Esse é o caso dos Programas de Renda Mínima/Bolsa Escola, aspecto que é considerado nesse item, permitindo se verificar o que o processo tem apontado em termos de resultados, impactos, limites e possibilidades, senão, vejamos.

As informações apresentadas sobre os mecanismos utilizados para acompanhamento dos beneficiários dos programas de Renda Mínima/ Bolsa Escola, estaduais ou municipais, indicaram, em ordem de relevância: controle de frequência escolar, destacado por 94,6% do total dos programas; reuniões socioeducativas (51,4%); visitas domiciliares (37,8%) e controle de frequência aos cursos de capacitação, bem como outros mecanismos não especificados (13,5%). Essas informações apresentam indícios de articulação do benefício de transferência monetária com outras políticas sociais, com destaque à educação e ao trabalho. É importante registrar que o controle e acompanhamento desenvolvidos pelos programas não têm gerado informações sobre a efetividade e a eficácia destes.

Sobre a periodicidade do acompanhamento das famílias e crianças beneficiárias dos programas, também, em termos gerais, verificou-se a predominância da periodicidade mensal, indicada por 40,5% da totalidade dos programas, o que se presume que a referência é para o controle mensal de frequência das crianças às escolas, seguindo-se da indicação de 10,8% de periodicidade bimestral e de 5,4%, tanto trimestral como semestral. Verificou-se que 37,8% dos programas deixaram de informar quanto à periodicidade do acompanhamento referido. O importante a considerar é que parece estar presente nesses programas uma preocupação com o acompanhamento sistemático dos seus beneficiários.

Perguntados sobre a realização de avaliação de processo e impactos dos programas de Renda Mínima/Bolsa Escola, a grande maioria, tanto dos programas estaduais (71,4%), como municipais (63,3%), admitiu que já foi realizado algum tipo de avaliação dos referidos programas, o que evidencia que a prática da avaliação, tão ausente na história da política social brasileira, vem se constituindo elemento integrante dos Programas de Transferência de Renda.

Em relação ao agente avaliador do processo e dos impactos dos programas municipais e estaduais em consideração, foram destacadas as seguintes instituições: Núcleo de Estudos de Políticas Públicas — NEPP/ Unicamp, Instituto de Estudos Especiais — IEE/PUC/SP e Instituto PÓLIS com 35,1% das avaliações realizadas, seguindo-se de agentes não especificados (24,3%), Instituto de Pesquisa Econômica Aplicada — IPEA (2,7%) e Universidade Federal do Rio de Janeiro/Universidade Estadual do Rio de Janeiro/Programa das Nações Unidas para o Desenvolvimento — UFRJ/UERJ/PNUD (2,7%). Convém ressaltar que 27% dos programas admitiram ainda não ter sido avaliados e 8,1% deixaram de informar sobre o agente avaliador do programa.

Ao considerar as avaliações realizadas, verificou-se que os impactos mais indicados, decorrentes dos programas, com relação às *crianças*, foram:

- ingresso, retorno e permanência das crianças na escola, destacados por 40% dos programas estaduais e 68,4% dos programas municipais;
- aquisição de itens de necessidades básicas (alimentação, material escolar, roupas, guloseima), com indicação de 47,4% dos programas municipais 40% dos estaduais;
- diminuição do trabalho infantil e melhoria no desempenho escolar, indicados, respectivamente, por 36,8% e 31,6% dos programas municipais, e cada um desses impactos, por 20% dos programas estaduais;
- melhoria na socialização da criança na comunidade, com indicação de 20% e 26,3%, respectivamente, pelos programas estaduais e municipais;
- maior acesso a programas educativos e de saúde, indicado por 26,3% dos programas municipais;
- diminuição da evasão escolar, com indicação de 20% dos programas estaduais e 15,8% dos municipais;
- elevação da autoestima, com indicação de 40% dos programas estaduais e 5,3% dos municipais.

Veja os dados no Quadro 17.

QUADRO 17
Impactos dos Programas em crianças segundo avaliações realizadas

	ESTADUAL		MUNICIPAL		TOTAL	
	N	%	N	%	N	%
Ingresso e retorno escolar	1	20,0	2	10,5	3	12,5
Permanência na escola	1	20,0	11	57,9	12	50,0
Diminuição da evasão escolar	1	20,0	3	15,8	4	16,7
Melhoria no desempenho escolar	1	20,0	6	31,6	7	29,2
Diminuição do trabalho infantil	1	20,0	7	36,8	8	33,3
Aquisição de itens de necessidades básicas (alimentação, material escolar, roupas, guloseimas)	2	40,0	9	47,4	10	41,7
Melhoria na socialização da criança na comunidade	1	20,0	5	26,3	6	25,0
Melhoria no relacionamento familiar	1	20,0	4	21,1	5	20,8
Maior acesso a programas educativos e de saúde	0	0,0	5	26,3	5	20,8
Elevações da autoestima	2	40,0	1	5,3	3	12,5
Outros	1	20,0	1	5,3	2	8,3
Não informou	1	20,0	1	5,3	2	8,3
Total	5	—	19	—	24	—

Fonte: Pesquisa de campo, 2002.

Verificou-se que os possíveis impactos dos programas de Renda Mínima/Bolsa Escola nas crianças das famílias beneficiárias, além de apontar para o atendimento de necessidades básicas imediatas, indicaram outros aspectos que podem representar a criação de condições capazes de contribuir para a emancipação progressiva das crianças de famílias atendidas, dependendo do tempo de permanência dessas famílias nesses programas e da efetividade da articulação da transferência monetária com outros programas sociais básicos.

No que se refere à identificação de impactos dos programas nas *famílias*, as indicações mais identificadas pelas avaliações já realizadas foram as seguintes:

- melhoria nas condições de vida (alimentação, habitação, vestuário, higiene e aquisição de bens móveis), com indicação de 54,2% do total dos programas tanto estaduais como municipais;
- melhorias subjetivas com relação à autoestima e projetos de vida, indicado por 52,6% dos programas municipais e 40% dos estaduais;
- melhoria no relacionamento familiar (dinâmica e fortalecimento dos vínculos afetivos), com indicação de 40% dos programas estaduais e 36,8% dos municipais;
- participação em alguma atividade de trabalho e renda (emprego, pequenos negócios), indicada por 40% dos programas estaduais e 26,3% dos municipais;
- organização familiar e do orçamento doméstico, com indicação de 31,6% dos programas municipais;
- acesso a informações e a serviços e participação comunitária, ambos indicados por 40% dos programas estaduais e 15,8% dos municipais. Com menor incidência, foram ainda indicados como impactos dos programas nas famílias: acesso à escolaridade, à documentação, maior integração da família com a escola e aumento da renda familiar.

Veja os dados no Quadro 18.

No que se refere a possíveis impactos dos programas na economia local, constatou-se que os programas estaduais (com 57,1%) e municipais (com 40%) admitiram que os Programas de Renda Mínima/Bolsa Escola dinamizaram a economia local, sendo que 28,6% dos programas estaduais e 30% dos municipais não responderam a essa questão. Ao apontar como ocorreu essa dinamização, apenas 28,6% dos programas estaduais destacaram aumento na arrecadação de impostos e 10% dos programas municipais apontaram diminuição de pedintes e geração de emprego. Porém, o conjunto dos programas admitiu ser difícil proceder a essa mensuração ou não identificaram essa dinamização. Portanto, esse aspecto merece estudos particulares, considerando sua relevância quando se pretende ter

QAUDRO 18
Impactos do Programa nas famílias segundo avaliações realizadas

	ESTADUAL N	ESTADUAL %	MUNICIPAL N	MUNICIPAL %	TOTAL N	TOTAL %
Melhorias nas condições de vida (alimentação, habitação, vestuário, higiene e aquisição de bens móveis)	3	60,0	10	52,6	13	54,2
Melhorias subjetivas com relação à autoestima e projeto de vida	2	40,0	10	52,6	12	50,0
Participação em alguma atividade de trabalho e renda (emprego, pequenos negócios)	2	40,0	5	26,3	7	29,2
Qualificação profissional	1	20,0	4	21,1	5	20,8
Melhoria no relacionamento familiar (dinâmica e fortalecimento de vínculos afetivos)	2	40,0	7	36,8	9	37,5
Acesso a informações e serviços	2	40,0	3	15,8	5	20,8
Participação comunitária	1	20,0	3	15,8	4	16,7
Organização familiar e do orçamento doméstico	0	0,0	6	31,6	6	25,0
Outros (escolaridade, documentação etc.)	0	0,0	3	15,8	3	12,5
Integração família X escola (participação dos pais na escola)	0	0,0	2	10,5	2	8,3
Aumento da renda familiar	0	0,0	2	10,5	2	8,3
Não informou	—	—	—	—	—	—
Total	5	—	19	—	24	—

Fonte: Pesquisa de campo, 2002.

um conhecimento mais aprofundado das diferentes possibilidades dos Programas de Transferência de Renda.

Veja os dados no Quadro 19.

Em relação aos impactos, no Sistema Educacional, identificados pelos programas de Renda Mínima/Bolsa Escola, que tiveram avaliação, o estudo apontou as seguintes constatações:

- aumento dos índices de aprovação das crianças das famílias beneficiárias em 28,6% dos programas estaduais e em 16,7% dos municipais;

QUADRO 19
Impactos dos Programas na economia local segundo avaliações realizadas

	ESTADUAL N	ESTADUAL %	MUNICIPAL N	MUNICIPAL %	TOTAL N	TOTAL %
Dinamização da economia local	4	57,1	12	40,0	16	43,2
Baixo grau de impacto econômico	0	0,0	1	3,3	1	2,7
Dificuldade em mensurar	0	0,0	2	6,7	2	5,4
Aumento da arrecadação de impostos	2	28,6	0	0,0	2	5,4
Não identificado	1	14,3	7	23,3	8	21,6
Outros (diminuiu pedintes, gerou empregos)	0	0,0	3	10,0	3	8,1
Não informou	2	28,6	9	30,0	11	29,7
Total	5	—	19	—	24	—

Fonte: Pesquisa de campo, 2002.

- diminuição do índice de evasão escolar em 14,3% dos programas estaduais e em 23,3% dos municipais;
- melhoria no relacionamento família — comunidade — escola em 14,3% dos programas estaduais e em 13,3% dos municipais;
- diminuição do índice de retenção das crianças nas escolas, com indicação de 13,3% dos programas municipais.

Com menor incidência foram ainda identificados os seguintes impactos no Sistema Educacional: maior integração entre as escolas estaduais e municipais; identificação precoce de dificuldades de aprendizagem; aumento de demanda para acompanhamento psicopedagógico; atendimento das crianças em jornadas ampliadas; prevenção contra situações de risco social, com destaque ao trabalho infantil e à violência doméstica; aumento de demanda para outros serviços; aumento de demanda para vagas/matrículas nas escolas (ver Quadro 20).

Perguntados sobre a aplicação da transferência monetária recebida pelas famílias beneficiárias dos programas objeto do presente estudo que já foram avaliados, foram destacadas as seguintes aplicações:

QUADRO 20
Impactos dos Programas no Sistema Educacional e em
outros programas segundo as avaliações realizadas

	ESTADUAL		MUNICIPAL		TOTAL	
	N	%	N	%	N	%
Aumento da demanda para vagas/matrículas	0	0,0	2	6,7	2	5,4
Atendimento em jornada ampliada (atividades socioeducativas)	0	0,0	3	10,0	3	8,1
Aumento do índice de aprovação	2	28,6	5	16,7	7	18,9
Diminuição do índice de retenção		0,0	4	13,3	4	10,8
Diminuição do índice de evasão escolar	1	14,3	7	23,3	8	21,6
Prevenção contra situações de risco social (trabalho infantil, violência doméstica)	1	14,3	3	10,0	4	10,8
Aumento de demanda para outros serviços	0	0,0	3	10,0	3	8,1
Melhoria no relacionamento família-comunidade-escola	1	14,3	4	13,3	5	13,5
Outros (maior integração entre as escolas estaduais e municipais, identificação precoce de dificuldades de aprendizagem, aumento de demanda para acompanhamento psico-pedagógico)	1	14,3	3	10,0	4	10,8
Não realizou estudo	2	28,6	3	10,0	5	13,5
Não informou	1	14,3	7	23,3	8	21,6
Total	5	—	19	—	24	—

Fonte: Pesquisa de campo, 2002.

- em alimentação, por 53,3% dos programas municipais, e 57,1% dos estaduais;
- em reforma/construção de moradia, indicada por 33,3% dos programas municipais e 14,3% dos estaduais;
- em vestuário, indicado por 40% dos programas municipais e 28,6% dos estaduais;
- em pagamento de dívidas, água, luz e gás, indicado por 26,7% dos programas municipais e 14,3% dos estaduais;

- em aquisição de instrumentos para geração de renda, com indicação de 16,7% dos programas municipais;
- para compra de mobiliário, indicado por 10% dos programas municipais;
- para compra de medicamento, indicado por 16,7% dos programas municipais;
- para tratamento médico/dentário, indicado por 10% dos programas municipais;
- para compra de produto de higiene pessoal, indicado por 28,6% dos programas estaduais e por 3,3% dos municipais, o que pode ser mais bem visualizado no Quadro 21.

QUADRO 21
Aplicação pelas famílias da transferência monetária recebida segundo avaliações realizadas

	ESTADUAL N	ESTADUAL %	MUNICIPAL N	MUNICIPAL %	TOTAL N	TOTAL %
Alimentação	4	57,1	16	53,3	20	54,1
Vestuário	2	28,6	12	40,0	14	37,8
Mobiliário	0	0,0	3	10,0	3	8,1
Eletrodomésticos	0	0,0	5	16,7	5	13,5
Material escolar	2	28,6	15	50,0	17	45,9
Reforma/construção de moradia (aluguel/aquisição de terrenos)	1	14,3	10	33,3	11	29,7
Pagamento de dívidas, água, luz e gás	1	14,3	8	26,7	9	24,3
Medicamentos	1	14,3	5	16,7	6	16,2
Produtos de higiene pessoal	2	28,6	1	3,3	3	8,1
Tratamento médico/dentário	0	0,0	3	10,0	3	8,1
Geração de renda	0	0,0	5	16,7	5	13,5
Não realizou estudo	0	0,0	1	3,3	1	2,7
Não informou	1	14,3	4	13,3	5	13,5
Total	5	—	19	—	24	—

Fonte: Pesquisa de campo, 2002.

No que se refere à identificação de pontos positivos na implementação dos programas em consideração, mediante avaliações já realizadas, foram indicados os seguintes aspectos:

- melhoria na qualidade de vida das famílias com indicação de 30% dos programas municipais e 28,6% dos estaduais;
- maior participação das famílias beneficiárias na vida da comunidade e ações intersetoriais/acesso aos programas, ambas com indicação de 26,7% dos programas municipais e 26,6% dos estaduais;
- melhoria no aspecto educacional no que se refere à família atribuir maior importância aos estudos das crianças bem como mudança nos índices educacionais, indicado por 20% dos programas municipais;
- inovação no modelo de atendimento com a introdução de atividades grupais para educação socioeconômica das famílias e articulação/integração da transferência monetária com políticas públicas, ambas indicadas por 28,6% dos programas estaduais e 16,7% dos municipais;
- atendimento a três frentes: criança, família e escolas, com indicação de 13,3% dos programas municipais;
- autonomia das famílias na utilização dos recursos monetários com indicação de 28,6% dos programas estaduais e 3,3% dos municipais;
- informatização dos dados cadastrais das famílias, com indicação de 6,7% dos programas municipais. Ressalta-se ainda que 18,9% do total dos programas admitiram a existência de outros pontos positivos.

Essas informações ficam mais bem visualizadas no Quadro 22.

Os pontos positivos na implementação dos programas associados a outras informações evidenciam que os programas de Renda Mínima/Bolsa Escola apresentam potencial para ultrapassar a marca compensatória dos Programas de Transferência de Renda quando procuram articular essa transferência com outros serviços e programas; todavia, essa potencialidade fica limitada pela efetividade com que esse aspecto consegue ser implementado pelos programas.

No que se refere aos aspectos considerados negativos, identificados na implementação dos programas que já foram avaliados, foram destacados pelos programas que informaram sobre essa questão:

QUADRO 22
Aspectos positivos identificados na implementação
dos Programas segundo avaliações realizadas

	ESTADUAL N	ESTADUAL %	MUNICIPAL N	MUNICIPAL %	TOTAL N	TOTAL %
Melhoria na qualidade de vida das famílias	2	28,6	9	30,0	11	29,7
Maior participação comunitária	1	14,3	7	23,3	8	21,6
Informatização dos dados cadastrais	0	0,0	2	6,7	2	5,4
Atendimento a três frentes: criança, família, escola	1	14,3	4	13,3	5	13,5
Ações intersetoriais/acesso aos programas	2	28,6	8	26,7	10	27,0
Articulação/integração com as políticas públicas	2	28,6	5	16,7	7	18,9
Inovação no modelo de atendimento (grupal/socioeducativo)	1	14,3	4	13,3	5	13,5
Autonomia na utilização do recurso monetário	2	28,6	1	3,3	3	8,1
Melhoria no aspecto educacional (importância ao estudo, mudança nos índices educacionais)	0	0,0	6	20,0	6	16,2
Outros	2	28,6	5	16,7	7	18,9
Não informou	2	28,6	7	23,3	9	24,3
Total	5	—	19	—	24	—

Fonte: Pesquisa de campo, 2002.

- limite de recursos financeiros, inviabilizando a ampliação de atendimento e o aumento do valor do benefício, indicado por 40% dos programas municipais;
- falta de apoio por parte das escolas, setores da sociedade, entidades sociais, governos estaduais e outros programas sociais,

com indicação de 26,7% dos programas municipais e 14,3% dos estaduais;
- falta de recursos humanos e materiais, dificultando o atendimento adequado, com indicação de 23,3% dos programas municipais;
- perfil das famílias, na maioria vivenciando situações crônicas que limitam sua autonomia em relação aos programas, com indicação de 16,7% dos programas municipais e 28,6% dos estaduais.

Veja esses aspectos no Quadro 23.

QUADRO 23
Aspectos negativos identificados na implementação
dos Programas segundo as avaliações realizadas

	ESTADUAL N	ESTADUAL %	MUNICIPAL N	MUNICIPAL %	TOTAL N	TOTAL %
Falta de apoio (escolar, setores da sociedade civil, entidades sociais, governo estadual, federal e outros programas sociais)	1	14,3	8	26,7	9	24,3
Limite de recursos financeiros inviabilizando a ampliação de atendimento ou aumento do valor do benefício	0	0,0	12	40,0	12	32,4
Falta de recursos humanos materiais dificultando o atendimento adequado	0	0,0	7	23,3	7	18,9
Perfil das famílias (situações crônicas) que limitam melhores resultados	2	28,6	5	16,7	7	18,9
Não realizou avaliação e monitoramento do Programa	1	14,3	2	6,7	3	8,1
Não informou	3	42,9	8	26,7	11	29,7
Total	5	—	19	—	24	—

Fonte: Pesquisa de campo, 2002.

Uma análise dos pontos negativos registrados evidencia como principal problema na implementação dos programas o montante insuficiente de recursos atribuído a eles, a falta de retaguarda aos programas e o próprio perfil dos integrantes das famílias beneficiárias, marcados pela pobreza crônica, o baixo nível de instrução e o limitado acesso a informações que dificulta a superação de uma situação de dependência.

No que se refere à identificação das dificuldades encontradas no processo de implementação dos programas em consideração, mediante avaliações já realizadas, segundo os programas que informaram, foram indicados os seguintes aspectos:

- falta de recursos humanos e materiais, dificultando o atendimento adequado dos beneficiários, aspecto esse apontado por 36,7% dos programas municipais e 14,3% dos estaduais;
- perfil das famílias marcado por situações crônicas que limitam os resultados dos programas conforme indicado por 33,3% dos programas municipais e 14,3% dos estaduais;
- limite de recursos financeiros impossibilitando a ampliação do atendimento das famílias elegíveis para os programas bem como o aumento do valor do benefício, com indicação de 23,3% dos programas municipais e 14,3% dos programas estaduais;
- falta de apoio das escolas, de setores da sociedade, de entidades sociais, do governo federal e estadual e de outros programas sociais, conforme indicação de 20% dos programas municipais;
- mudanças das famílias do local de residência sem notificação aos programas, conforme indicado por 6,7% dos programas municipais;
- um conjunto de dificuldades é indicado por 36,7% dos programas municipais e 28,6% dos estaduais, tais como: elevada restrição dos critérios de elegibilidade; valor reduzido do benefício monetário; limite do tempo de vinculação das famílias aos programas; adoção do tempo de residência como critério de elegibilidade. Visualize essas informações no Quadro 24.

Comparando-se os aspectos que foram indicados como pontos negativos dos programas, verificou-se uma coincidência nos pontos principais

QUADRO 24
Dificuldades encontradas no processo de implementação
dos programas segundo avaliações realizadas

	ESTADUAL		MUNICIPAL		TOTAL	
	N	%	N	%	N	%
Falta de apoio (escolar, setores da sociedade civil, entidades sociais, governo estadual, federal e outros programas sociais)	0	0,0	6	20,0	6	16,2
Limite de recursos financeiros inviabilizando ampliação de atendimento ou aumento do valor do benefício	1	14,3	7	23,3	8	21,6
Falta de recursos humanos materiais dificultando o atendimento adequado	1	14,3	11	36,7	12	32,4
Perfil das famílias (situações crônicas) que limitam melhores resultados	1	14,3	10	33,3	11	29,7
Mudança das famílias do local de residência sem notificação	0	0,0	2	6,7	2	5,4
Outros (desemprego, falta de documentação, mulheres que não sabem usar o sistema bancário, ausência de supervisão para o trabalho com famílias)	2	28,6	11	36,7	13	35,1
Não informou	2	28,6	6	20,0	8	21,6
Total	5	—	19	—	24	—

Fonte: Pesquisa de campo, 2002.

quando foram indicadas as dificuldades, ou seja, os aspectos negativos constituem-se em dificuldades enfrentadas na implementação dos programas, representadas pelo montante insuficiente de recursos atribuídos aos mesmos, pela falta de retaguarda aos programas e o próprio perfil dos integrantes das famílias beneficiárias, marcados pela pobreza crônica, o baixo nível de instrução e o limitado acesso a informações que possibilitem a superação de uma situação de dependência.

Ainda considerando indicações apresentadas por programas que já foram avaliados, verificou-se que 24,3% não se manifestaram quanto à indicação de possíveis modificações para melhorar os programas e os que se manifestaram indicaram a necessidade das seguintes modificações:

- integração com escolas e programas de capacitação profissional, trabalho e renda e outros, com indicação de 26,7% dos programas municipais e 14,3% dos estaduais;
- alterações na legislação que criou e regulamentou os programas no que se refere aos critérios de elegibilidade, com destaque ao tempo de residência e valor do benefício, indicados por 23,3% dos programas municipais;
- maior investimento nos recursos físicos, materiais e humanos para melhor suporte dos programas, com indicação de 42,9% dos programas estaduais e 13,3% dos municipais;
- implementação ou ampliação do trabalho de acompanhamento das famílias beneficiárias dos programas, com indicação de 28,6% dos programas estaduais e 10% dos municipais;
- mudança na forma de pagamento para cartão magnético, indicado por 10% dos programas municipais;
- integração do Bolsa Escola Federal com os programas municipais, indicado por 14,3% dos programas estaduais e 6,7% dos municipais.

Visualizemos essas informações no Quadro 25.

Verifica-se que as modificações sugeridas para os programas se referem diretamente a medidas para aperfeiçoamento, ampliação do seu alcance e melhoria de condições para melhor funcionamento desses programas.

Como indicado anteriormente, 64,9% dos programas estaduais e municipais já foram avaliados, sobretudo por instituições externas aos programas. Nesse caso os informantes do estudo apresentaram como resultados dessas avaliações os aspectos acima considerados. Todavia, 27% dos mesmos programas declararam ainda não ter desenvolvido uma avaliação sistemática e 8,1% não responderam a essa questão. Há que considerar que, mesmo não tendo ainda realizado avaliações sistemáticas,

QUADRO 25
Modificações para melhorar os Programas segundo as avaliações realizadas

	ESTADUAL		MUNICIPAL		TOTAL	
	N	%	N	%	N	%
Ampliação do número de atendimentos	1	14,3	5	16,7	6	16,2
Maior investimento nos recursos físicos, materiais e humanos (equipe, informatização, salas, reuniões)	3	42,9	4	13,3	7	18,9
Atendimento regionalizado		0,0	4	13,3	4	10,8
Mudança na forma de pagamento (cartão magnético)	0	0,0	3	10,0	3	8,1
Integração do Bolsa-Escola (Governo Federal) com o programa municipal	1	14,3	2	6,7	3	8,1
Integração com escolas e os programas de capacitação profissional, trabalho e renda e outros	1	14,3	8	26,7	9	24,3
Implantação ou incremento do trabalho de acompanhamento (reuniões grupais, visitas domiciliares)	2	28,6	3	10,0	5	13,5
Alterações da lei (critérios de elegibilidade, valor do benefício, tempo de permanência no Programa, tempo de residência)	0	0,0	7	23,3	7	18,9
Outros (sistema de avaliação)	2	28,6	5	16,7	7	18,9
Não informou	2	28,6	7	23,3	9	24,3
Total	5	—	19	—	24	—

Fonte: Pesquisa de campo, 2002.

Os informantes da pesquisa emitiram opiniões avaliativas sobre a maioria dos aspectos considerados pelos programas já avaliados: quanto aos impactos nas famílias, na economia local, no Sistema Educacional e em outros programas; quanto às formas de aplicação da transferência monetária recebida pelas famílias; quanto aos aspectos positivos, negativos, dificuldades e situações problemáticas identificadas no processo de implementação dos programas. Ressalta-se que as impressões avaliativas apresentadas pelos informantes, ao responderem o instrumento de coleta de informações sobre os programas, em relação a esses aspectos, confirmaram, no geral, todas as considerações identificadas no âmbito das avaliações já realizadas, reafirmando as considerações avaliativas apresentadas anteriormente.

Ainda no âmbito do que se pode considerar como informações avaliativas sobre os programas, perguntou-se sobre os procedimentos adotados para o desligamento ou manutenção das famílias nos programas, constatando-se que o maior percentual do conjunto dos programas estaduais e municipais é para a indicação de que o desligamento ou manutenção das famílias nos programas baseia-se em avaliações socioeconômicas, mediante acompanhamento sistemático ou recadastramento das famílias com indicação de 21,6% do conjunto dos programas, seguindo-se de 32,4% do conjunto dos programas que admitiram que o desligamento é realizado automaticamente, conforme período predeterminado por lei; desligamento por descumprimento dos compromissos, principalmente a frequência escolar das crianças/adolescentes, com 16,7% dos programas municipais e 14,3% dos estaduais; desligamento por deixar de atender aos critérios de elegibilidade indicados por 28,6% dos programas estaduais e 10% dos municipais, sendo que 27% dos dois grupos de programas não responderam a essa questão e apenas 2,7% deles admitiram que ainda não ocorreu essa situação no seu programa.

É importante considerar que a questão do tempo necessário para manutenção das famílias nos programas vem se tornando mais flexível, mas continua representando uma questão central no encaminhamento desses programas, posto que impactos que venham a permitir a autonomia econômico-financeira dessas famílias são ainda muito limitados, quer pela conjuntura econômica desfavorável, quer pelas características pessoais dos integrantes das famílias atendidas por esses programas, via de regra com baixo nível educacional, baixa qualificação para o trabalho e limitado acesso a informações.

Finalmente, em relação às propostas indicadas pelos informantes para aperfeiçoamento dos programas, verificou que o percentual de maior indicação do conjunto dos programas estaduais e municipais foi no sentido de ampliação do atendimento com aumento de recursos orçamentários, com indicação de 54,3%, seguindo-se de 11,4% que admitiram que os programas não têm previsto sua expansão. Outras indicações registradas com menor incidência foram: ampliação do atendimento com a integração de programas dos três níveis de governo (municipal, estadual e federal), indicado por 10,3% dos programas municipais; aperfeiçoamento das ações integradas com outros programas das demais secretarias municipais, alteração do valor do benefício, e melhoria no relacionamento com a comunidade, cada um desses aspectos indicados por 6,9% dos programas municipais, sendo que 2,9% desses mesmos programas apontaram a necessidade de incrementar o acompanhamento social das famílias. Indicação de medidas para o aperfeiçoamento dos programas não foi fornecida por 34,3% do conjunto dos programas; todavia, nas respostas apresentadas, o grande destaque foi para a necessidade da ampliação do atendimento desses programas ao público-alvo, o que evidencia o limite quantitativo dos programas estaduais e municipais, conforme apontado anteriormente.

O perfil dos Programas de Renda Mínima/Bolsa Escola de iniciativa de Estados e Municípios em implementação, permite apontarem-se aspectos relevantes sobre as tendências desses programas, problematizando suas possibilidades e limites e chamando a atenção para aspectos centrais que podem contribuir para o melhor conhecimento desses programas e para o redimensionamento de suas práticas com vistas a ampliar suas potencialidades.

3.2 Traços Marcantes e Tendências dos Programas

A partir do presente estudo, numa tentativa de ultrapassar o conteúdo identificador e caracterizador dos Programas de Renda Mínima/Bolsa Escola de iniciativa de Estados e Municípios brasileiros apresentados acima, destacam-se os aspectos, a seguir como esforço de apontar elementos que contribuam para uma compreensão mais aprofundada desses programas, destacando as tendências gerais que eles vêm assumindo, tais como:

a) Os programas estaduais e municipais de Renda Mínima/Bolsa Escola apresentam duas características básicas que os distinguem dos programas federais. Primeiro, têm uma abrangência mais restrita em relação à quantidade de famílias atendidas. Segundo, o valor monetário do benefício transferido às famílias é, via de regra, superior aos dos programas federais, sendo que o valor monetário do benefício dos programas municipais tende a ser também superior ao dos programas estaduais; porém, em qualquer caso, o valor monetário, quando não vinculado a determinado índice, como o salário mínimo, tem se mantido inalterado ao longo do tempo. Por outro lado, as metas para atendimento desses programas ou têm sido congeladas ao longo do tempo ou os acréscimos têm sido muito limitados, quando não são reduzidos. Entendemos que o limite orçamentário e a vontade política para alocação de recursos são o que determinam a fixação das metas para atendimento, muito mais que a dimensão do número de famílias necessitadas e os parâmetros dos critérios de elegibilidade para acesso aos programas;

b) Os programas, mormente os municipais, dado ao quantitativo de atendimento menor, têm assumido, com mais frequência, o desenvolvimento do denominado trabalho socioeducativo com as famílias atendidas, o que pode representar um esforço para maior associação da transferência monetária com o encaminhamento e acompanhamento das famílias a outros serviços sociais básicos, além da exigência da manutenção de crianças e adolescentes nas escolas;

c) O desenho dos programas de Renda Mínima/Bolsa Escola vem incluindo elementos de ultrapassagem de certas tradições que marcaram a política social brasileira quando procuram desenvolver articulação entre programas e políticas sociais, mormente no campo da Assistência Social, da Educação, da Saúde e do Trabalho, permitindo abrirem-se três frentes de atuação: a família, a criança e a escola. Todavia, em termos práticos, essa articulação tem se verificado com o limite da escassez dos serviços sociais básicos e de recursos financeiros, humanos e institucionais para o atendimento adequado e desejado. Outro elemento de busca de superação de deficiências da política social brasileira é a introdução de um esforço explícito em desenvolver o monitoramento dos programas e avaliações de impactos destes em relação às famílias, às crianças e adolescentes, às escolas e até à economia local. Nesse sentido, é possível levantar-se uma hipótese que pode ser denominada de emancipação progressiva de futuras gerações pelo potencial que esses programas podem apresentar na criação de condições de inclusão social;

d) Contraditoriamente, os limites dos Programas de Transferência de Renda de iniciativa municipais e estaduais são dados pelo seu aspecto quantitativo de atendimento restrito, pela adoção de critérios muito restritivos de inclusão das famílias, pela ausência de uma política nacional articuladora, pela sua concentração em Estados e Municípios mais desenvolvidos e, sobretudo, pela desarticulação desses programas de uma política de desenvolvimento econômico-social geradora de emprego, valorizadora da renda do trabalho e distribuidora da renda e da riqueza socialmente produzida, o que ultrapassa os limites dos Estados e Municípios.

4

Qualificando os programas de transferência de renda no Brasil

Historicamente, os inúmeros Programas de Transferência de Renda que vêm sendo implementados no Brasil desde 1995 constituíram um campo heterogêneo no seu conteúdo e especificidades, principalmente quando consideramos existir programas que se formaram e se desenvolvem em diferentes níveis de abrangência: municipal, estadual e federal. Essa realidade vem se modificando a partir de 2003 com a proposta de unificação desses programas mediante a implantação do Bolsa Família. Todavia, uma análise do conteúdo e do debate sobre estes programas nos permite identificar um conteúdo geral qualificador, permitindo demarcar certas tendências que têm servido para ir delineando as características e especificidades dessa Política Pública, destacando-se:

- transferência de renda como uma política pública, embora não tenha se firmado no âmbito do direito à cidadania, vem estabelecendo uma relação direta Estado/família, com transferência monetária alocada diretamente aos beneficiários, com possibilidade de contribuir para mudanças nas práticas políticas e na democracia, pela perspectiva de confrontar o clientelismo e o uso eleitoreiro que têm marcado as políticas sociais brasileiras;

- transferência de renda como uma política pública de acesso dos trabalhadores do mercado informal ao Sistema de Proteção Social Brasileiro, com perspectiva de construção de novo patamar de cidadania, com deslocamento das marcas meritocráticas que têm, historicamente, predominado nesse Sistema para tomar como referência o critério da necessidade;
- transferência de renda como uma política pública para complementação de outras políticas (educação, saúde, trabalho), tendo em vista articular o traço compensatório da transferência monetária, com mecanismos estruturais de médio e longo prazo, podendo fazer dessa política um mecanismo para melhorar a distribuição da riqueza e para enfrentamento da pobreza.

O desenvolvimento dessas ideias que parecem representar "consenso" é orientado por pressupostos que foram construídos ao longo da história da política social no Brasil:
- necessidade de assegurar um mínimo de subsistência aos pobres, com custo assimilável pela sociedade e sem desestimular o trabalho (pressuposto liberal);
- entendimento de que a organização da sociedade, em torno da produção, gera uma estrutura social de desigualdade, fazendo com que os indivíduos não nasçam com as mesmas características e não tenham acesso às mesmas condições, cabendo ao Estado intervir para corrigir as distorções geradas (pressuposto liberal);
- inexistência de relação direta entre crescimento econômico e bem-estar social, apesar de a riqueza ser produzida socialmente e em volume crescente, cabendo ao Estado intervir para a distribuição mais equitativa dos bens e serviços sociais, de modo que se garanta acesso a todos a um padrão mínimo de dignidade (pressuposto distributivista).

No campo qualificador dos Programas de Transferência de Renda, no Brasil, há que se destacar que a inovação mais significativa é a articulação de uma transferência monetária, direcionada à família, enquanto unidade beneficiária, com a política da educação para crianças e jovens. A exigência de manter crianças na escola parece ser socialmente significativa e expressa a originalidade dessa Política. Esse movimento articula o enfrentamento da pobreza com a melhoria de condições educacionais das futuras gerações, podendo fazer da transferência de renda uma política pró-família, pró-criança e pró-educação. Ademais, essa vinculação dos Programas de Transferência de Renda com a educação vem se ampliando de modo que outras políticas são também demandadas nesse movimento que se propõe a articular o compensatório ao estruturante, como: articulação da transferência monetária com ações no campo da saúde, do trabalho e do acesso aos serviços sociais básicos, mediante encaminhamentos de membros da família aos serviços demandados por estes.

Partindo dessas ideias gerais, tomadas mais como pressupostos do que como realidade dos Programas de Transferência de Renda e sem a pretensão de homogeneização, são apresentados, a seguir, os resultados de um esforço de sistematização de características e especificidades dos Programas de Transferência de Renda no Brasil.

4.1 Características e Especificidades

Na busca de sistematizar elementos qualificadores que representam as características e especificidades dos Programas de Transferência de Renda, a análise de projetos de leis, leis, decretos, regulamentos, portarias, manuais, relatórios e publicações diversas sobre diferentes propostas de experiências, possibilitaram a construção do quadro abaixo. Esse quadro contém indicações qualificadoras desses programas, embora venha se verificando, com a ampliação dessas experiências em nível federal e a proposta de sua unificação, relativas alterações, o que consideramos ainda relevante como referência de análise desses programas.

Características e Especificidades	Elementos Qualificadores
Posicionamento Estratégico	Articulação de uma transferência monetária para famílias pobres, como a política de educação para crianças e jovens, ou outras políticas, como a da saúde e a do trabalho.
Originalidade	Manutenção da criança na escola e encaminhamentos ou atendimento de saúde ou de preparação para o trabalho, bem como a retirada da criança e do adolescente do trabalho.
Origem e Abrangência	Predominância de propostas e experiências municipais e estaduais de 1995 a 1999, quando se iniciou a implementação do primeiro programa nacional (PGRM — "para toda criança na escola"), substituído, em 2001, pelo "Bolsa Escola", além de outros, verificando-se atualmente a prevalência de programas federais, particularmente, do Bolsa Família, em todos os municípios brasileiros.
Objetivos	Os objetivos são variados e peculiares a cada programa, referindo-se predominantemente a mudanças em situação de carência, educação, saúde e situação de risco de crianças e adolescentes, com destaque à questão do enfrentamento da pobreza, sendo que os objetivos do Bolsa Família são: a) combater a fome, a pobreza e as desigualdades por meio da transferência de um benefício financeiro associado à garantia do acesso aos direitos sociais básicos — saúde, educação, assistência social e segurança alimentar; b) promover a inclusão social, contribuindo para a emancipação das famílias beneficiárias, construindo meios e condições para que elas possam sair da situação de vulnerabilidade em que se encontram (Brasil/MDS, 2006).
Unidade Beneficiária	Família vivendo em extrema pobreza, tendo como público-alvo principal crianças de 7 a 14 anos, ou de 0 a 14 anos, ou, ainda, de 7 a 15 anos de idade, no caso dos programas municipais e estaduais e no caso do Bolsa Família, o público-alvo são famílias extremamente pobres, com ou sem filhos ou dependentes, e famílias pobres com filhos ou dependentes de 0 a 17 anos.
Critérios de Prioridade	Como geralmente os programas municipais e estaduais não têm capacidade orçamentária para atendimento do público-alvo, conforme seus próprios critérios de elegibilidade, foram instituídos critérios de prioridades que se associaram aos critérios gerais de elegibilidade, articulando renda com outras manifestações da pobreza (famílias com crianças e adolescentes em situação de risco ou com medida de proteção social; famílias com crianças desnutridas; famílias com maior número de filhos; famílias chefiadas por mulheres; famílias sem casa própria; famílias com dependentes idosos ou portadores de deficiência; famílias residentes

Características e Especificidades	Elementos Qualificadores
	em áreas carentes; famílias com adultos desempregado...). O Bolsa Família, como se propõe a ser um programa universal em relação ao seu público-alvo, não mantém critérios de prioridade, podendo as famílias permanecer no Programa, desde que atendam aos critérios de elegibilidade e cumpram as condicionalidades.
Benefício Principal	Transferência monetária para complementação da renda das famílias, tendo como referência uma linha de pobreza, cujo corte predominante, principalmente dos programas federais, vigentes até 2003, foi de meio salário mínimo de renda familiar *per capita*.[1] Desde 2009, o Bolsa Família tem como linha de pobreza, R$ 140,00 para famílias pobres e R$ 70,00 para famílias extremamente pobres. O benefício pode ser um valor diferencial (variável) ou fixo, sendo que o benefício é complementar à renda e a outros serviços sociais básicos, considerados ações complementares aos programas.
Benefícios Adicionais	Encaminhamentos de adultos da família para capacitação profissional, para o trabalho, para cursos de alfabetização e encaminhamentos para outros serviços sociais (creche, saúde, lazer etc.) e participação de membros da família ou das crianças e adolescentes em atividades socioeducativas. O Bolsa Família vem priorizando a inclusão das famílias beneficiárias em outros programas e ações sociais, conforme indicado quando da caracterização do Programa.
Exigências/Contrapartidas	O acesso e a permanência das famílias nos programas coloca como exigências/contrapartidas: frequência das crianças e adolescentes de 7 a 14 ou 15 anos de idade à escola; atendimento regular das crianças e adolescentes em postos de saúde; retirada de crianças e adolescentes das ruas; participação de adultos desempregados em treinamento profissional; participação do responsável pela família em reuniões socioeducativas periódicas; inserção de adultos da família em atividades ocupacionais, sendo que a matrícula e a permanência das crianças/adolescentes na escola é a exigência mais marcante. Especificamente, as condicionalidades do Bolsa Família são: a) em relação à saúde: levar as crianças de 0 a 7 anos para vacinação e manter atualizado o calendário de vacinação; levar as

---

1. Esse corte de renda, para fixação da linha de indigência e da linha de pobreza, foi rebaixado para R$ 50,00 e R$ 100,00, respectivamente, no Programa Nacional Unificado — Bolsa-Família, ampliado para R$ 60,00 e R$ 120,00 em 2006 e para R$ 70,00 e R$ 140,00 em 2009.

Características e Especificidades	Elementos Qualificadores
	crianças para pesar, medir e ser examinadas conforme o calendário do Ministério da Saúde; pré-natal para gestantes e as mães que amamentam devem continuar o acompanhamento médico após o parto, de acordo com o calendário do Ministério da Saúde; participar das atividades educativas desenvolvidas pelas equipes de saúde sobre aleitamento materno e alimentação saudável; b) em relação à educação: matricular as crianças e adolescentes de 6 a 17 anos na escola; garantir a frequência mínima de 85% nas aulas a cada mês para os de 6 a 15 anos e a frequência mínima de 75% para os adolescentes de 16 e 17 anos.
Vinculações Institucionais	Verificou-se que, na maioria, programas municipais tipo Campinas — PGRFM são vinculados às Secretarias de Ação Social ou similares; tipo Brasília — Bolsa Escola são vinculados às Secretarias de Educação. Os programas federais foram vinculados a diferentes ministérios, com um sistema de coordenação e acompanhamento em nível central, até 2003, mas a implementação dos programas ocorria de modo descentralizado em nível dos municípios, assumidos geralmente por Secretarias Municipais de Educação ou Saúde, Assistência Social, Trabalho, dependendo da natureza do programa.[2] Os programas estaduais têm sua localização numa secretaria de Estado, mas são também implementados pelos municípios. O Bolsa Família tem a coordenação nacional na Secretaria Nacional de Renda de Cidadania do Ministério de Desenvolvimento Social e Combate à Fome, sendo implementados pelos municípios e coordenados em cada Estado por Secretarias de Estado de Assistência ou Desenvolvimento Social.
Estratégias para Implantação	Os programas de iniciativa de municípios e estados têm-se utilizado de lista de beneficiários de programas já existentes; seleção de áreas pobres; cadastramento de populações específicas; encaminhamento de outros órgãos. Os programas federais têm critérios de elegibilidade e prioridades definidos e, por ser implementados de modo descentralizados, dependem da adesão dos municípios para sua implementação.
Financiamento	Os programas municipais e estaduais dependem de dotações orçamentárias dos Estados e municípios, variando de 1% a 3% do orçamento anual, com predominância de 1%, podendo ter outras fontes. O Bolsa Família tem como fonte de financiamento

---

2. Convém ressaltar que o Programa de Renda Mínima do Município de São Paulo foi vinculado à Secretaria do Desenvolvimento, Trabalho e Solidariedade da Prefeitura Municipal de São Paulo e, posteriormente, transferido para a Secretaria de Assistência Social.

Características e Especificidades	Elementos Qualificadores
	recursos da União que custeiam os benefícios diretamente transferidos para as famílias e transferem recursos do Índice de Gestão Descentralizada (IGD) para apoio às atividades administrativas e socioeducativas, em decorrência do desempenho dos municípios no acompanhamento das condicionalidades e atualizações cadastrais e manutenção do CadÚnico.
Acompanhamento/Avaliação	Talvez por se tratar de Programas que se pretendem inovadores, os Programas de Transferência de Renda têm dispensado certa atenção para o monitoramento e avaliação de suas ações, embora o acompanhamento das famílias desligadas dos programas não venha sendo devidamente considerado no sentido de verificar impactos de curto e médio prazos nessas famílias. Além da preocupação de realizar monitoramento do processo de desenvolvimento dos programas e avaliações internas de resultados e impactos, estudiosos e instituições nacionais e internacionais, como o Instituto Polis, o NEPP/UNICAMP, IPEA, UNESCO, Banco Mundial, UNICEF, CEDES/PUC/SP, Universidades, entre outros, têm desenvolvido estudos avaliativos, principalmente dos programas pioneiros e de outros mais representativos. O acompanhamento e a avaliação interna desses programas vêm se desenvolvendo, no caso principalmente dos programas estaduais e municipais, mediante acompanhamento de grupos socioeducativos, que se reúnem periodicamente como espaço de convivência; de discussão de problemas ou temas de seus interesses; de levantamento de informações e encaminhamento para outros recursos e serviços de membros da família beneficiária; registro de frequência escolar; visitas domiciliares, sendo desenvolvidos alguns esforços de avaliação com a participação do pessoal de execução ou técnicos externos. Dada a dimensão e repercussão que alcançou o Bolsa Família, este vem sendo objeto de inúmeras avaliações, sendo destacadas contribuições para melhoria de vida das famílias beneficiárias, para diminuição da desigualdade e da pobreza, principalmente da indigência, na dinâmica econômica e social dos municípios, na vida das mulheres, na saúde, nutrição e na educação. Muitas avaliações contratadas pelo MDS encontram-se disponíveis no *site* <www.mds.gov.br>.
Tempo de Permanência/ Desligamento das Famílias	Inicialmente, no caso dos programas municipais e estaduais, o prazo fixado na legislação específica de muitos programas para permanência das famílias beneficiárias era de um ano, sendo que a maioria estabelecia a possibilidade de renovação por igual período quando mantidas as condições iniciais que justificaram o benefício. Via de regra, é prevista reavaliação periódica,

Características e Especificidades	Elementos Qualificadores
	principalmente, para renovação, para permitir verificar as condições que asseguram o ingresso das famílias nos programas, sendo a visita domiciliar mais utilizada com essa finalidade, sendo destacadas: • não cumprimento das obrigações especificadas nos Termos de Responsabilidades, no caso dos programas municipais e estaduais e das condicionalidades do Bolsa Família; • prestação de declaração falsa ou uso de qualquer outro meio ilícito para obter o benefício; • término do prazo estabelecido; • cessada a necessidade do benefício. Posteriormente, com a verificação da dificuldade de autonomização dessas famílias, esses prazos foram se ampliando, sendo mais flexibilizados na sua aplicação. Inclusive, no Bolsa Família, a permanência das famílias está condicionada à manutenção das condições fixadas para inclusão das famílias no Programa e ao cumprimento das condicionalidades.
Resultados/Impactos	Os resultados gerais e impactos mais apontados pelos executores dos programas ou por estudos externos de avaliação podem ser resumidos através da identificação de: • melhorias concretas na superação de situações de sobrevivência das famílias no seu cotidiano (alimentação, pagamento de contas, compra de vestuário, material escolar, eletrodomésticos, melhoria da habitação...), com melhorias imediatas das condições de vida; • elevação da frequência escolar dos filhos/dependentes de 7 a 15 ou 17 anos; • diminuição da evasão e da repetência escolar; • melhoria do rendimento escolar; • redução do número de crianças e adolescentes das ruas; • maior frequência das crianças aos postos de saúde; • diminuição de casos de desnutrição entre famílias beneficiárias; • elevação da autoestima e maior autoconfiança, no presente e no futuro, por parte, principalmente das mães e das crianças. Ao lado desses resultados positivos, que merecem ser acompanhados para verificação durante a permanência da família nos programas, a partir do desligamento, é frequente a indicação de dificuldades em relação à inserção dos adultos no mercado de trabalho, verificando-se que, apesar de previstos em diversos programas, os serviços complementares destinados ao incremento da renda familiar a curto e médio prazo (por meio da participação em cursos profissionais, da intermediação de empregos e

Características e Especificidades	Elementos Qualificadores
	de estímulo a atividades econômicas autônomas) não vêm apresentando resultados significativos. Em boa parte, as dificuldades encontradas devem-se à ausência de planejamento e articulação sistemática dos Programas de Transferência de Renda com outros programas, serviços e ações desenvolvidas por entidades governamentais e não governamentais. Paralelamente, deve-se considerar que a possibilidade de melhoria da situação econômica das famílias encontra-se muitas vezes limitada pelas condições educacionais e psicossociais dos próprios beneficiários e, sobretudo, por condicionantes de ordem macroeconômicas do país. No que se refere ao Bolsa Família, como indicado no item 2.3.2, além dos impactos/resultados acima indicado, vem sendo creditado a este Programa também a diminuição da extrema pobreza e da desigualdade social no país.

A reflexão sobre a dimensão qualificadora dos Programas de Transferência de Renda que estamos desenvolvendo requer também a problematização de algumas questões que consideramos problemáticas na análise dessa temática.

4.2 Problematizando Questões Centrais

O desenvolvimento de estudos sobre os Programas de Transferência de Renda, no Brasil, e uma análise da produção técnico-científica que se vem acumulando sobre essas experiências permitem o levantamento de aspectos problemáticos que precisam ser considerados, aprofundados em estudos específicos e enfrentados nas práticas em curso para permitir o avanço do debate e dessas práticas, enquanto alternativa viável e efetiva de Política Social, merecendo destaque:

a) **Eixo Central Qualificador dos Programas de Transferência de Renda: obrigatoriedade de frequência à escola**

O próprio eixo central que qualifica os Programas de Transferência de Renda no Brasil — articulação da transferência monetária com a obrigatoriedade de frequência à escola por parte de crianças e adolescentes de 7 a 14 ou 17 anos de idade não é um aspecto pacífico e nem tão simples, já que a obrigatoriedade de frequência à escola não é suficiente para alterar o quadro educacional das futuras gerações e, consequentemente, alterar a pobreza. Essa exigência implica na expansão, na democratização e na melhoria dos sistemas educacionais estaduais e municipais. Não basta a criança estar matriculada e frequentando a escola. O ensino precisa ser de boa qualidade e estar em consonância com as demandas da sociedade contemporânea. Esse aspecto exige encaminhamentos também na Política Educacional brasileira, que vai além do campo específico dos Programas de Transferência de Renda. O mesmo questionamento pode ser aplicado à associação da transferência monetária a famílias com atendimento a necessidades básicas à saúde, o que implica também uma melhoria, ampliação e democratização dos serviços de atendimento à saúde.

b) **Articulação da Transferência Monetária com outras Políticas e Programas**

Além da debilidade em relação ao eixo central dos Programas de Transferência de Renda, acima considerada, vêm sendo colocadas, por técnicos responsáveis pela implementação desses programas, sérias dificuldades para efetivar articulação com outros programas sociais em desenvolvimento. Esse aspecto é sentido principalmente quando do encaminhamento de pessoas das famílias beneficiárias para participarem de ações complementares, como encaminhamento a postos de saúde, creches, programas de capacitação ou intermediação de trabalho etc. Nesses casos, tem sido verificado, com frequência, o não atendimento ou atendimento insatisfatório das pessoas encaminhadas.

É importante ressaltar que, apesar da intenção explícita do estabelecimento da relação dos Programas de Transferência de Renda, conforme o desenho desses programas, com a educação e com outras políticas sociais estruturantes, como a saúde e o trabalho, na maioria dos casos as propostas não explicitam, nem as experiências se direcionam para criar condições concretas para que essa articulação se efetive. Essa intencionalidade, para que seja materializada, requer que se priorizem e democratizem os programas e serviços sociais básicos, o que significa alterar o quadro conjuntural contemporâneo, dando lugar para que uma política de crescimento econômico, de geração de emprego e de distribuição de renda seja articulada à Política Social. Não basta que a criança ou o jovem seja retirado da rua ou do trabalho precoce para ir à escola. É necessário que se tenha escola de boa qualidade para todos. Isto é, articular programas de transferência monetária com serviços e programas sociais básicos significa também elevar o padrão e democratizar o acesso desses programas e serviços para toda a população que deles necessite.[3]

c) Os Programas de Transferência de Renda enquanto Política de Combate ao Trabalho Infantil e de Enfrentamento à Pobreza

O acesso à educação, o combate ao trabalho infantil e o enfrentamento à pobreza são identificados como aspectos centrais justificadores dos Programas de Transferência de Renda, no Brasil.

A articulação de uma transferência monetária com a obrigatoriedade da inserção das crianças de famílias pobres no sistema educacional significa a articulação de uma política compensatória, voltada para amenizar a pobreza, a curto prazo, com uma política estruturante, com potencialidade para reduzir a pobreza mediante interrupção do ciclo vicioso de sua reprodução a longo prazo. O pressuposto é de que a educação guarda estreita relação com oportunidades de trabalho e rendimentos auferidos no trabalho pelos adultos. Isso significa que a participação precoce da criança no mercado de trabalho, impossibilitando sua inserção no sistema educacional no presente, bloqueia a saída da pobreza de gerações futuras. Daí a proposição de que uma compensação financeira para cobrir os custos de oportunidade de rendimento que significa o trabalho infantil para famílias pobres, permitindo a ida das crianças à escola, pode significar um esforço de articulação de objetivos

---

3. Esse é um aspecto indicado como uma das preocupações centrais no âmbito do programa unificado do Governo Federal, o Bolsa Família, conforme indicamos no 2.3 deste livro.

sociais de curto prazo com objetivos sociais de longo alcance para romper o ciclo reprodutor da pobreza.

Por outro lado, há de se considerar que a causa estrutural da pobreza no Brasil é a desigualdade na distribuição da renda e da riqueza socialmente produzida mais do que a incapacidade de geração de renda.

Entende-se que a redistribuição de renda requer *focalização*, tanto nos ricos, cobrando mais destes, como nos pobres, redistribuindo renda para estes. Nesse sentido, qualquer política de enfrentamento à pobreza requer articulação com a política econômica; identificação dos pobres, separando os que têm condições de inserção no sistema produtivo dos que não as têm. Significa, portanto, articulação de programas compensatórios com investimento social de médio e longo prazo. Ou seja: a prevenção da pobreza parece exigir ampliação da inserção da população jovem no sistema educacional, mas também demanda políticas sérias e articuladas de geração de emprego e de redistribuição de renda. Portanto, só nesse contexto mais amplo é possível se visualizar os Programas de Transferência de Renda como efetivo mecanismo de enfrentamento da pobreza no Brasil.

d) Programas de Transferência de Renda Enquanto Mecanismo de Focalização na População Pobre

Estudos avaliativos sobre experiências de Renda Mínima/Bolsa Escola, no Brasil, ressaltam que, via de regra, esses programas têm conseguido um nível de focalização superior ao que, historicamente, tem ocorrido com os programas sociais brasileiros (Urani, 1998; Sabóya e Rocha, 1998; NEPP, 1996). Estudos mais recentes sobre o Bolsa Família evidenciam elevado poder de focalização desse Programa (Soares et al., 2007, PNAD, 2004 e 2006). Todavia, os critérios para inclusão das famílias são muito restritivos considerando o baixo corte de renda *per capita* familiar, no caso do Bolsa Família de R$ 77,00 a R$ 154,00, para inclusão de famílias extremamente pobres e pobres.

Portanto, nosso pressuposto preliminar é de que, considerando o número de famílias atendidas a partir dos critérios de elegibilidade restritivos fixados, grande contingente de famílias brasileiras pobres ainda fica fora desses programas, o que se agrava, se considerarmos as limitações em termos de recursos financeiros e humanos e as deficiências da gestão pública da maioria dos municípios brasileiros, responsáveis pela implementação desses programas.

e) **Programas de Transferência de Renda e Descentralização**

Os movimentos sociais da década de 1980 colocaram na agenda pública a descentralização das políticas sociais enquanto condição fundamental para democratização e controle social desses programas. Esse princípio é consagrado pela Constituição Federal de 1988, mas também é incorporado pelo ideário neoliberal que se tornou hegemônico, na sociedade brasileira, na década de 1990, embora essa incorporação não tenha como pressuposto o ideário ético-político que orientou o movimento social progressista da década de 1980. Para os neoliberais, descentralização significa muito mais uma possibilidade de transferência de responsabilidade da esfera do Governo Federal para os municípios, nem sempre acompanhada dos recursos necessários, ou transferência de responsabilidades para a sociedade, sob justificativa de parcerias. De qualquer modo, a descentralização passou a representar um consenso em matéria de política social, implicando uma articulação entre as três esferas de governo: federal, estadual e municipal e destas com a sociedade. Funda-se na crítica ao desenho e gerenciamento centralizados dos programas sociais que marcaram o período da ditadura militar; na heterogeneidade econômica, social e cultural que determina as disparidades inter e intrarregionais que marcam o país e na necessidade de aproximar os serviços dos seus usuários para permitir acesso, participação e controle social. Sobressai-se, por conseguinte, a tendência a destacar a importância da esfera pública municipal, sendo, nesse contexto, que floresceu a maioria das propostas e experiências dos Programas de Transferência de Renda no Brasil, a partir de 1995.

A descentralização é promissora quando coloca a possibilidade de participação ativa da população local nos programas sociais, como condição para democratizar o acesso da população e reduzir a fraude, que tem marcado a política social brasileira. Todavia, pensar a descentralização, na realidade brasileira, é necessário considerar os limites também presentes a essa prática. Entre esses, se destacam a diversidade dos 5.565 municípios brasileiros, na sua grande maioria municípios pequenos, com população inferior a 10 mil habitantes, vivendo praticamente com recursos do fundo de participação, transferidos pelo Governo Federal; seus limites em termos materiais e de recursos humanos e, consequentemente, sua incapacidade gerencial. A isso, soma-se o cotidiano de uma prática administrativa marcada pelo patrimonialismo e uma prática política clientelista, além da fragilidade da organização popular, limitando o poder de real participação e controle social sobre as ações municipais.

No caso específico de Programas de Transferência de Renda, a tendência de constituição e desenvolvimento desses programas, em relação às iniciativas de Estados e municípios, verificou-se uma concentração em Estados e regiões mais desenvolvidas (São Paulo, Minas Gerais, Paraná, Rio de Janeiro, Santa Catarina). No caso dos programas de iniciativa federal, com implementação descentralizada nos municípios que ostentam um desenvolvimento econômico mais elevado, os programas federais colidem com os locais, principalmente no que se refere ao valor monetário dos benefícios.[4] No caso dos municípios com orçamentos menores, os programas federais tendem a substituir os programas locais que em grande parte foram desativados.

Nessas reflexões, o entendimento é que a descentralização de programas sociais não invalida a definição de políticas nacionais, enquanto conjunto de diretrizes gerais orientadoras das práticas descentralizadas e enquanto mecanismo de suporte financeiro dessas práticas, principalmente no caso de Programas de Transferência de Renda que

---

4. Um exemplo desse tipo ocorreu no município de São Paulo que já tinha implantado seu Programa Municipal de Renda Mínima. Com a implantação do "Bolsa Escola" federal, o Programa de Renda Mínima de São Paulo teve que desenvolver a estratégia, após ampla negociação, de estabelecer uma integração entre os dois programas, de modo que o valor do benefício monetário atribuído pelo "Bolsa Escola" federal foi complementado com recursos da Prefeitura de São Paulo até alcançar o patamar do benefício atribuído por esse Programa. Todavia, as famílias beneficiárias dos dois programas ficaram com dois cartões magnéticos para retirada dos benefícios nas agências bancárias.

não podem ser assumidos financeiramente pela grande maioria dos municípios brasileiros. Ademais, o enfrentamento da pobreza e o avanço educacional no país demandam políticas descentralizadas, mas orientadas por uma Política Nacional capaz de articular as três esferas de governo e a sociedade, de modo que essa Política Nacional seja delineadora de diretrizes gerais e de suporte financeiro aos municípios. Todavia, a implementação do programa deve ser descentralizada, porém com liberdade de o município definir e adaptar critérios assim como possa desenvolver controle sobre seu programa. Esse entendimento coloca a necessidade de uma Política Nacional de Transferência de Renda como questão central nesse debate.

f) Critérios de Elegibilidade

Outro aspecto, no contexto dessas reflexões, que precisa ser problematizado, diz respeito aos critérios de elegibilidade que foram consolidados a partir das propostas e experiências, principalmente no que se refere a três deles: a renda, o tempo de residência e a faixa etária de inclusão-exclusão. A renda, por ser um indicador insuficiente para qualificar a pobreza, enquanto fenômeno multidimensional, é um fator problemático, além de restritivo. Soma-se a esse aspecto, principalmente no caso brasileiro, a dificuldade de comprovação de renda quando a estrutura do mercado de trabalho é constituída, em grande parte, por ocupações autônomas, informais e instáveis.

O tempo de residência, enquanto critério de inclusão/exclusão, no caso dos programas de iniciativas municipais e estaduais, é outro aspecto problemático pela consequência perversa de deixar de fora os migrantes mais recentes, quando, na realidade, entre esses tende a se encontrar a maior concentração de pobres. Todavia, esse critério perdeu significado com a desativação de programas municipais e estaduais e o avanço dos programas de abrangência nacional.

O critério de fixação de idade para crianças e adolescentes em famílias pobres, além da restrição de contingentes populacionais pobres, quando as famílias não têm filhos, é perverso quando deixa de fora exatamente crianças na faixa etária de 0 a 6 ou 7 anos de idade, aliás, as mais necessitadas de amparo e proteção pela fragilidade representada pela própria idade. Esse foi o caso da maioria dos programas municipais e estaduais.

Esse aspecto vem sendo flexibilizado com a implantação do Programa Bolsa Família, que já inclui famílias extremamente pobres sem filhos e adota a extensão da faixa etária dos filhos considerando crianças e adolescentes de 0 a 17 anos.

g) Tempo de Permanência das Famílias como Beneficiárias dos Programas

O tempo de permanência das famílias beneficiárias nos programas e seu desligamento têm sido apontados como questões problemáticas relevantes enquanto predominaram os programas municipais e estaduais. Nesse aspecto, esses programas tendiam a fixar um tempo arbitrário, via de regra, de um ou dois anos, com possibilidade de renovação, para permanência das famílias. Mais recentemente, esse critério vem sendo omitido por alguns programas e flexibilizado ou ampliado por outros.[5] Nesse caso, as questões que se colocam são: qual o tempo necessário para geração dos impactos desejados e fixados nos objetivos dos programas? Como pode se alcançar mudanças concretas em situações de insuficiência de renda, desemprego, educação e saúde em tão pouco tempo, quando, na realidade, o público atendido pelos Programas de Transferência de Renda apresenta limites pessoais profundos e estruturais, como: baixa escolaridade; desemprego/subemprego; falta de acesso a informações etc.? À medida que as experiências foram evidenciando a inadequação do estabelecimento de um limite de tempo para permanência das famílias nos programas, estes foram ampliando esse tempo, considerando, por exemplo, a finalização dos estudos do primeiro grau por parte dos filhos ou dependentes, embora se considere que, principalmente no caso dos

---

5. A tendência predominante era considerar o alcance da idade máxima de 14 ou 15 anos, para os filhos ou dependentes das famílias beneficiárias, para proceder se o desligamento destas dos programas, sendo que o Bolsa Família fixa a idade de 17 anos.

programas municipais e estaduais, os limites são determinados por questões orçamentárias.

A questão do tempo de permanência, por consequência, coloca a questão do desligamento (que também tem sido apontado como um aspecto nebuloso e criador de insatisfação). A necessidade de transparência, tanto nos critérios de elegibilidade como nos critérios para desligamento, parece ser consensual, sendo relevante um trabalho de preparação para esse desligamento, o que não deve ser confundido com esforço de convencimento do beneficiário para aceitação de uma situação que, via de regra, lhe é desagradável. Ademais, na medida em que nos Programas de Transferência de Renda for considerado o direito fundamental de garantia da sobrevivência do cidadão, com dignidade, a determinação do tempo de permanência nos programas terá como referência a necessidade de cada família, devendo ser considerado que muitas famílias não conseguem se autonomizar, mesmo assim, têm o direito a uma vida com dignidade.

h) Objetivos e Alcances

Os objetivos e alcances preconizados pelas propostas e experiências de Programas de Transferência de Renda, via de regra, são expressos por proposições amplas e de difícil dimensionamento. Nesse sentido, podem ser apontados também como aspectos problemáticos na medida em que parece vir se identificando um grande distanciamento desses com o real construído e evidenciado nas avaliações de programas já divulgadas, inclusive mencionadas ao longo deste livro. Tem sido frequente a indicação de que essas experiências têm alcançado resultados positivos, principalmente no que se refere ao aumento de frequência às aulas, diminuição dos índices de evasão escolar, aprovação de uma série para outra, maior frequência a postos de saúde, saída das crianças das ruas, retirada de crianças do exercício do trabalho infantil, elevação de autoestima, principalmente das mães. Todavia, essas mudanças têm sido identificadas, sobretudo, durante a permanência das famílias enquanto usuárias dos programas. A questão que se coloca é: até que ponto essas mudanças persistirão com o desligamento das famílias e durante quanto tempo?

Essa avaliação ainda não se vem fazendo e é fundamental para dimensionar impactos reais de longa duração desses programas. Por outro lado, com a ampliação dos programas federais, mormente o Bolsa Família, o Benefício de Prestação Continuada e o Seguro Social Rural, que já atendem a um público de mais de cinquenta milhões de pessoas, atingindo a todos os municípios brasileiros, não podemos desconsiderar que estudos recentes como o realizado pelo BIRD ("Ascensão e Queda da Desigualdade Brasileira"); "Radar Social", realizado pelo IPEA, e "Miséria em Queda", Pesquisa Nacional-PNAD 2004, 2005, 2006, 2007, 2008 e 2009, realizados pelo IBGE, estudos realizados pelo IPEA em 2008, 2009, 2010, e Soares, 2011, evidenciam um declínio da pobreza e da desigualdade social no Brasil principalmente a partir de 2001. No geral, os estudos creditam essas alterações à estabilidade da moeda, à recente diminuição do desemprego, com elevação do emprego formal, elevação do valor real do salário mínimo a partir de 2003 e aos Programas de Transferência de Renda, pela sua expansão e maior focalização na população pobre. Todavia, estudo desenvolvido sobre os impactos dos Programas de Transferência de Renda na redução da desigualdade e da pobreza no Brasil (Soares, 2006) demonstrou que o Programa Bolsa Família é bem focalizado nas famílias pobres brasileiras. Todavia, tem sido capaz apenas de melhorar a situação de vida dessas famílias, sem, contudo, retirá-las do nível de pobreza em que se encontram. A mesma pesquisa demonstrou que só os Programas de Transferência de Renda que transferem um salário mínimo para indivíduos, o Benefício de Prestação Continuada e o Seguro Social Rural, apresentaram impacto significativo na redução da desigualdade e da pobreza no Brasil.

Nesse sentido, reafirmamos que

> os Programas de Transferência de Renda, quando não articulados a uma política macroeconômica de crescimento sustentável e de redistribuição de renda, podem significar melhorias imediatas das condições de vida, de famílias que vivem em extrema pobreza, o que já é importante, mas não superam a pobreza, ultrapassando, somente em caráter marginal, a denominada linha de pobreza (Silva, 2007).

i) Continuidade e Autossustentação

Uma outra situação que pode ser considerada como aspecto problemático é a questão da sustentabilidade dos programas, expressa pela expansão e continuidade destes, haja vista que este tem sido um problema sério no desenvolvimento dos programas sociais no Brasil. Tem-se uma cultura de instituição de programas sociais muito mais como um símbolo ou engodo do que como alternativa de enfrentamento de uma questão social, ficando restritos a poucos e servindo muito mais para fragmentar a pobreza e dividir os pobres.

A continuidade e autossustentação dos Programas de Transferência de Renda precisam também ser consideradas nesse esforço de problematização das questões centrais, por algumas razões fundamentais. Entre estas, a tradição da administração pública brasileira em relação à manutenção/descontinuidade de programas e serviços sociais quando ocorrem mudanças de administração; a debilidade da administração pública brasileira associada a questões orçamentárias e, sobretudo, a falta de prioridade política em relação a programas e serviços sociais no Brasil; a fragilidade da organização popular como força de pressão para manutenção desses programas, além da subordinação e desvinculação da política social brasileira das políticas macroeconômicas, reduzindo as possibilidades de impactos estruturantes daquelas. Todavia, entendemos que os Programas de Transferência de Renda assumiram uma dimensão tal no âmbito da sociedade brasileira, mormente entre o público beneficiário, que parecem vir se constituindo numa Política Pública não de um governo, mas do Estado brasileiro, o que vem sendo claramente percebido nas campanhas eleitorais para presidente da República, desde 2006, a partir de quando nenhum dos candidatos tem a coragem de dizer que acabaria com o Bolsa Família, por exemplo.

j) Monitoramento e Avaliação

A questão da continuidade e sustentabilidade dos Programas de Transferência de Renda coloca como outro aspecto a ser considerado a questão do monitoramento e avaliação dos programas. Vem se verificando certo interesse pelo desenvolvimento de avaliações, tanto internas como externas aos programas em curso, talvez motivadas pela sua novidade e pela cultura que parece vir-se instituindo sobre a necessidade de monitoramento e avaliação dos programas sociais.[6] Contudo, ainda se precisa avançar na sistematicidade dessa prática, na continuidade dela e na definição do conteúdo relevante para essas avaliações, como a necessidade de acompanhamento e avaliação de famílias desligadas para dimensionamento de impactos a médio e longo prazos.

Finalmente, há que se destacar dois aspectos importantes nas questões que vêm sendo colocadas por implementadores de Programas de Transferência de Renda, que podem ser consideradas para problematização. O primeiro se refere ao desenvolvimento de trabalho socioeducativo[7] com representantes das famílias beneficiárias dos programas. Esse trabalho vem sendo desenvolvido, principalmente, por programas municipais e estaduais de menor porte, visto consistir em reuniões periódicas com a pessoa responsável pela família, geralmente a mulher, quando são debatidos assuntos educativos de interesse das famílias e oferecidas orientações, bem como efetuados encaminhamentos de membros do grupo familiar para outros programas que possam atender às necessidades básicas da família. Trata-se de uma prática considerada relevante no âmbito dos Programas de Transferência de Renda, principalmente pelo potencial que apresenta no sentido de contribuir para autonomização das famílias. Todavia, dado o número de profissionais envolvidos nessa prática, via de regra, assistentes sociais e psicólogos, tem sido uma prática pouco adotada pelos programas com número mais elevado de famílias atendidas. A questão então que se coloca não é sobre a importância e possíveis contribuições que essa prática possa oferecer para as famílias, mas sobre sua

---

6. A cultura que parece vir se estabelecendo sobre a necessidade de monitoramento e avaliação dos programas sociais decorre de pressão da própria sociedade e por exigência dos órgãos financiadores dos programas.

7. É importante registrar que, sob a designação de trabalho socioeducativo, é desenvolvida uma variedade diferenciada de práticas pelos diferentes programas, o que significa dizer não se verificar consenso nem quanto ao conteúdo e o encaminhamento das atividades consideradas como tais.

viabilidade, considerando a massificação desses programas, principalmente no caso do Bolsa Família.

Um segundo aspecto se refere à exigência de contrapartidas (condicionalidades) para que a família tenha acesso e continue vinculada aos programas. Nesse sentido, a questão que se coloca é sobre a condicionalidade imposta frente a um direito anterior que é a garantia à vida, portanto, à subsistência dessas famílias. Nesse sentido, as justificativas se referem principalmente ao fato de que, ao colocar exigências de contrapartida, os Programas de Transferência de Renda estão condicionando também esse direito fundamental. Todavia, há que se considerar que o que parece a negação de um direito pode ser visto como condição propiciadora de acesso a outros direitos, no caso o direito à educação, à saúde e ao trabalho, o que significa dizer que, antes de ser a negação de um direito, a exigência de contrapartida, quando fundamentada na criação de condições para autonomização futura das famílias, pode significar também afirmação de direitos. Portanto, entendemos que as condicionalidades postas pelos Programas de Transferência de Renda colocam, sobretudo, o dever de o Estado oferecer serviços de educação, saúde e trabalho, de qualidade e de acesso democrático, a toda a população brasileira e, nesse caso, aos beneficiários dos Programas de Transferência de Renda. Devem ser percebidas e encaminhadas numa perspectiva educativa e não punitiva, evitando que as famílias mais vulneráveis sejam, possivelmente, as mais prejudicadas com seu desligamento do programa.

CONCLUSÃO

Tecendo a ideia de uma Política Nacional de Transferência de Renda

A reflexão até aqui apresentada, além de ter como perspectiva considerar o desenvolvimento da construção histórica dos Programas de Transferência de Renda, no Brasil, vistos nesse texto como eixo central da Política de Assistência Social no âmbito do Sistema Brasileiro de Proteção Social, nesse despontar do século XXI, seu conteúdo e dimensão qualificadora, oferece elementos para concluir nosso pensamento apontando possibilidades e limites desses programas. Nesse sentido, partimos das dimensões já postas no presente estudo, procurando contribuir com indicações para a construção de uma Política Nacional de Transferência de Renda, que, no nosso entendimento, já é posta na agenda pública brasileira com a apresentação do Projeto de Lei do Senador Eduardo Suplicy, em 2002, propondo a criação de uma Renda Básica de Cidadania no Brasil, e começa a se concretizar com a unificação dos programas nacionais de transferência de renda, em curso no governo de Luís Inácio Lula da Silva, desde outubro de 2003.

Portanto, partindo do exposto nos capítulos anteriores, uma análise da dinâmica histórica e do conteúdo dos Programas de Transferência de Renda permite que essa modalidade prevalente na Política Social atualmente adotada no Brasil seja problematizada nos seus alcances e limites, merecendo destaque os aspectos a seguir apresentados.

a) Quanto às possibilidades

Apesar de os resultados e impactos até então identificados em relação à implementação de Programas de Transferência de Renda parecerem ainda limitados, subjetivos e de caráter mais imediato, dois aspectos precisam ser considerados.[1] Um primeiro seria o significado real, mesmo de caráter imediato, que esses programas representam para as famílias beneficiárias, ao permitir a aquisição ou ampliação de uma renda, inexistente ou insignificante, proveniente do trabalho, até porque o mercado de trabalho, no Brasil, é por demais excludente, não permitindo o acesso de grande parte da população. Nesse sentido, esses programas, para muitas famílias, são a única possibilidade de uma renda, embora muito baixa. Por outro lado, esses programas podem propiciar condições progressivas, mesmo que, a longo prazo, de inclusão de futuras gerações constituídas pelas crianças e adolescentes das famílias beneficiárias que são requisitadas a frequentar escola, postos de saúde, sair da rua ou do trabalho penoso e degradante, podendo, portanto, elevar o número de anos de escolaridade do futuro trabalhador brasileiro para além da baixa média de anos que historicamente tem alcançado. Ressalte-se que a possibilidade dessa modificação está, em muito, condicionada a mudanças na estrutura de distribuição de renda e no sistema educacional brasileiro, com melhoria do ensino e a continuidade e sustentabilidade dos programas sociais.

Parece que os Programas de Transferência de Renda podem vir a contribuir para um novo aprendizado institucional, principalmente pela indicação ou tentativa de superação de duas tradições que marcaram os programas sociais no Brasil: isolamento e desarticulação dos programas entre si, bem como a pouca atenção atribuída à avaliação de resultados. Nesse sentido, a introdução de uma prática de monitoramento e avaliação mais frequente nesses programas e a inclusão, no seu desenho, embora

---

1. Com essa afirmativa, não desconhecemos as contribuições desses programas para a diminuição da indigência, da pobreza e da desigualdade no país, conforme vem indicando estudos anteriormente citados, todavia esse processo, além de tímido e marginal, decorre principalmente de outras determinações, entre as quais ressalto a elevação anual do valor do salário mínimo acima da inflação e o incremento da inserção de trabalhadores na previdência social, cujo benefício mínimo, a partir da Constituição Federal de 1988, foi fixado em um salário mínimo.

na implementação os limites sejam enormes, de uma busca de articulação de transferência monetária com outros programas sociais, principalmente no campo da educação, da saúde e do trabalho, podem significar um avanço para ampliação de possíveis impactos. Ademais, a forma descentralizada como esses programas são implementados pode criar espaço para o controle social, e a forma de transferência direta do benefício para o beneficiário mediante cartão magnético, pode possibilitar entre outros avanços, maior liberdade das famílias na aquisição de bens e serviços que considerem atender melhor às suas necessidades; diminuição da possibilidade de corrupção por serem reduzidas as intermediações; simplificação do sistema e redução de custos de administração ou custos meios e redução de práticas clientelistas, embora estas não possam ser consideradas efeitos automáticos dos Programas de Transferência de Renda.

b) Quanto aos limites

Uma análise dos limites dos Programas de Transferência de Renda, mesmo sem pretensão de esgotá-los, aponta para alguns aspectos significativos. Um aspecto negativo apontado por analistas desses programas se refere à relação estabelecida entre o direito de a família ter acesso ao programa, portanto à sobrevivência, e as exigências ou contrapartidas fixadas, em termos de condicionalidades para permanência nos programas. Nesse sentido, a contrapartida representa uma questão polêmica, ao obscurecer a dimensão constitucional do direito à sobrevivência digna, independentemente de qualquer "merecimento" para obtê-la. Entendemos que a pretendida proteção aos direitos de crianças e adolescentes à educação, ao atendimento à saúde e sua retirada de trabalhos precoces e das ruas será necessariamente consequência de ampliação e disponibilização de serviços sociais básicos universais, acompanhados de sua divulgação e ações educativas para sua utilização por parte da população em geral. Nossa compreensão é que as ditas condicionalidades não devem ter o caráter punitivo, servindo como pretexto para desligamento das famílias dos programas a que têm direito. O acompanhamento e as avaliações já realizadas sobre Programas de Transferência de Renda, no Brasil, têm apontado o grande limite que a inexistência ou deficiências de programas e serviços sociais que atendam às necessidades das famílias brasileiras têm apresentado, dificultando a real efetivação de um dos aspectos inovadores e relevantes dos Programas de Transferência de Renda que é a inclusão em seu desenho da possibilidade de atendimento às necessidades das famílias beneficiárias mediante o encaminhamento de seus membros a outros programas e serviços, tendo em vista um atendimento múltiplo que possa satisfazer às necessidades básicas das famílias. Por conseguinte, o cumprimento desse requisito implica a ampliação e democratização dos serviços sociais básicos, o que não vem ocorrendo satisfatoriamente no Brasil. Exige também o desenvolvimento de estratégias de gestão que viabilizem abordagens intersetoriais, talvez o único caminho possível para enfrentar situações geradas por determinações multidimensionais e estruturais.[2]

A natureza e o nível dos diferentes impactos que os programas vêm produzindo nas famílias têm enfaticamente se restringido, com poucas exceções, ao atendimento de suas necessidades básicas e imediatas, além de produzir algumas mudanças no que diz respeito às suas relações sociais e autoestima, o que não é desprezível, mas pouco ainda para produzir a autonomização das famílias com repercussões mais significativas na vida das seus membros e no sistema educacional foco central no desenho desses programas. Todavia são registradas indicações da contribuição dos Programas de Transferência de Renda para redução da desigualdade e, sobretudo, da extrema pobreza no país.[3]

Finalmente, o debate mais recente sobre a capacidade e limites da contribuição dos Programas de Transferência de Renda, com destaque ao Bolsa Família, para redução da pobreza no Brasil requer situar esse debate no contexto das experiências na América Latina.

---

2. A ação intersetorial supõe a implementação de ações integradas e a superação da fragmentação da atenção às necessidades sociais da população. Envolve a agregação de diferentes setores sociais em torno de objetivos comuns e deve ser princípio orientador da construção das redes municipais. Nesse sentido transcende o caráter específico de cada Política e potencializa as ações desenvolvidas por essas políticas. Também, amplia a possibilidade de um atendimento integral aos cidadãos que dela se utilizam.

3. Sobre esse aspecto veja: Silva, 2013.

A partir dos anos 1990 vem se expandindo significativamente a adoção de Programas de Transferência de Renda condicionados e focalizados na pobreza e na extrema pobreza. Essa forma de proteção social situa-se no contexto da reestruturação produtiva da economia, sob a orientação da ideologia neoliberal. As Políticas Sociais no Continente vêm sofrendo profundas transformações desde os anos 1980, com fragilização da luta social pela universalização de direitos sociais. O movimento pela universalização cede lugar à implantação de programas focalizados na pobreza e na extrema pobreza, com grande destaque a partir dos anos 1990.

A pobreza no continente e, sobretudo, no Brasil, passa a ter maior visibilidade. Todavia, é percebida apenas como déficit de renda, sem que sejam consideradas as determinações estruturais geradoras da pobreza estrutural e da desigualdade social.

A principal decorrência vem sendo a redução do debate e da intervenção social a melhorias imediatas de condições de vida dos pobres. Trata-se de uma opção política que se limita a manter e a controlar a pobreza, ao mesmo tempo em que potencializa a legitimação do Estado. Mantém um estrato de pobres no limiar da sobrevivência, inserido no circuito do consumo marginal. Nesse processo, questões estruturais fundamentais, como a elevada concentração da propriedade e a extrema situação de desigualdade social, tão marcantes e históricas na sociedade brasileira, são secundarizadas, criando-se a ilusão de que a pobreza pode ser erradicada pela Política Social, mediante Programas de Transferência de Renda.

A proteção social universal, referenciada nos direitos sociais universais, coletivos e inalienáveis a todo cidadão, dá lugar ao direito à sobrevivência precária e marginal dos classificados, tão somente pela insuficiência de sua renda, em pobres e extremamente pobres.

Esse é o contexto que sustenta a prevalência dos Programas de Transferência de Renda com o foco em famílias pobres e extremamente pobres na América Latina e no Brasil. Programas que estabelecem deveres morais a serem seguidos pelas famílias mediante condicionalidades no campo da educação e da saúde, reeditando a teoria do capital humano quando consideram que a educação e a saúde das pessoas são suficientes para romper com o ciclo vicioso da pobreza, produto das condições estruturais decorrentes da forma como a sociedade capitalista se organiza para produção e reprodução econômica e das relações sociais. Isso sem considerar que o atendimento da educação e da saúde é insuficiente quantitativamente e de baixa qualidade para atender os pobres e extremamente pobres, visto que as exigências de condicionalidades não são acompanhadas de providências suficientes do Estado para garantir a expansão, democratização e elevação da qualidade dos serviços ofertados.

A esse quadro mais geral, devem ser acrescentados os problemas estruturais do Programa Bolsa Família. Nesse campo, tem-se a adoção do critério somente da renda para definição dos pobres e extremamente pobres a serem incluídos. Esse é um critério insuficiente para dar conta da dimensão estrutural e multidimensional da pobreza. Ademais, é estabelecida uma renda *per capita* familiar muito baixa para inclusão das famílias, limitando o acesso de muitas famílias que vivenciam extremas dificuldades. Tem-se ainda um benefício com valor monetário extremamente baixo e variado, limitando as possibilidades de impactos mais significativos sobre a pobreza das famílias. Por outro lado, estudos empíricos tem identificado a fragilidade do Bolsa Família na sua articulação com uma política macroeconômica que garanta crescimento econômico sustentável e priorize a redistribuição de renda, registrando também frágil articulação com programas estruturantes que permitam o acesso das famílias a serviços sociais básicos e ao desenvolvimento de ações de qualidade nas áreas de educação, saúde e trabalho (Silva, 2008).

A realidade problematizada sobre os Programas de Transferência Renda favorece e dissemina um falso moralismo subjacente a esses programas, que são reproduzidos na sociedade pela manifestação de que criam dependência, desestimulam ao trabalho e as famílias beneficiárias precisam ser educadas pelo cumprimento de condicionalidades. Todavia, essa realidade não anula a relevância desses programas para as famílias e as pessoas beneficiadas, por representarem possibilidades concretas de melhoria de condições imediatas de vida de grande parte da população brasileira.

Referências bibliográficas

ABRAMOVAY, Miriam; ANDRADE, Carla; WEISELFISZ, Julio Jacobo (Coord.). *Bolsa Escola*: melhoria educacional e redução da pobreza. Brasília: Unesco/Unicef, 1998.

ALVES, Cristiane Aparecida; PIRES, André. Algumas reflexões teóricas sobre os programas de transferência de renda. In: ENCONTRO DE INICIAÇÃO CIENTÍFICA DA PUC-CAMPINAS, 20., *Anais*..., 21 e 22 de outubro de 2008.

ARREGUI, Carola Carbajal (Org.). *Erradicação do trabalho infantil*: dimensionando as experiências de Pernambuco, Mato Grosso do Sul e Bahia. São Paulo: IEE/PUC-SP, 2000.

ATKINSON, Anthony B. *Public economics in action*: the basic income/flat tax proposal. Oxford: Oxford University Press, 1995.

AURELIANO, Liana; DRAIBE, Sônia Miriam. A especificidade do 'Welfare State' brasileiro. In: BRASIL. Ministério da Previdência e Assistência Social/Comissão Econômica para a América Latina. *Economia e Desenvolvimento*, Brasília, v. 1, p. 86-119, 1989.

BACHA, Edmar Lisboa; UNGER, Roberto Mangabeira. *Participação, salário e voto*: um projeto de democracia para o Brasil. Rio de Janeiro: Paz e Terra, 1978.

BEJARANO, Selva Ribas. Programas de Renda Mínima: a experiência de Campinas. In: TELLES et al. (Orgs.). Programas de Renda Mínima no Brasil. *Pólis*, n. 30, p. 25-48, 1998.

BIRD. *Ascenção e queda da desigualdade brasileira*, 2006.

BRASIL/MESA. *Cartilha do Programa Bolsa Escola*. Brasília, 2003.

BRASIL. *Relatório de Governo de Transição sobre os Programas Sociais*. Brasília, 2002. (Mimeo.)

BRASIL. Presidência da República. Medida Provisória n. 132, de 20 de outubro de 2003. Cria o Bolsa Família, 2003.

_____. Lei n. 10.836, de 9 de janeiro de 2004. Institui o Programa Bolsa Família, 2004.

_____. Decreto n. 5.209, de 17 de setembro de 2004. Regulamenta o Programa Bolsa Família, 2004.

_____. Decreto n. 6.214, de 26 de setembro de 2007. Regulamenta o Benefício de Prestação Continuada, 2007.

BRASIL. Ministério de Desenvolvimento Social e Combate à Fome (MDS). *Perguntas e respostas sobre o Bolsa Família*. Brasília, 2005. Disponível em: <www.mds.gov.br>. Acesso em: 20 mar. 2006.

_____. Portaria n. 666, de 28 de dezembro de 2005. Disciplina a integração entre o Bolsa Família e o Programa de Erradicação do Trabalho Infantil, 2005.

BRESSON, Yolan. *L'aprés salarial*: une nouvelle approche de l'économie. 2. ed. Paris: Econômica, 1993.

BRITTAN, Samuel. *Capitalism with a human face*. Aldershot: Edward Elgar, 1995.

BUARQUE, Cristovam. *A Revolução nas prioridades*: da modernidade técnica à modernidade ética. São Paulo: Paz e Terra, 1994.

CAMARGO, José Márcio. Os Miseráveis. *Folha de S.Paulo*, 3 mar. 1993, São Paulo.

_____. Pobreza e garantia de renda mínima. *Folha de S.Paulo*, 26 dez. 1991, São Paulo.

_____. Os Miseráveis 2. *Folha de S.Paulo*, 18 maio 1995, São Paulo.

CARNEIRO, Miriam Ferreira; SILVA, Maria Ozanira da Silva e. O Programa de Erradicação do Trabalho Infantil (Peti) no Maranhão: possíveis impactos. *Revista de Políticas Públicas*, v. 7, n. 1, p. 5-33, 2003.

CARVALHO, Maria do Carmo Brant de; BLANES, Denise Néri (Coord.). *O Programa de Renda Mínima de Campinas*. São Paulo: IEE/PUC-SP, 1997.

CASTEL, Robert. *Les métamorphoses de la question sociale*: une chronique du salariat. Paris: Fayard, 1995.

CFESS/CRESS. *O Programa Fome Zero e a Seguridade Social no Brasil*. Brasília, 2003. (Mimeo.)

DELGADO, Guilherme; CARDOSO JUNIOR, José Celso. Principais Resultados da Pesquisa Domiciliar sobre Previdência Rural na Região Sul do Brasil: Projeto Avaliação Socioeconômica da Previdência Rural. *Texto para Discussão*, Rio de Janeiro, IPEA, n. 734, 2000.

DEMO, Pedro. *Menoridade dos mínimos sociais*: encruzilhada da assistência social no mundo de hoje. Brasília, 1997. (Mimeo.)

DRAIBE, Sônia Miriam, et al. Políticas sociales y programas de combate a la pobreza en Brasil. In: REDE DE CENTROS DE INVESTIGATION ECONÔMICA APLICADA. *Estratégias para combater la pobreza en América Latina*: programas, instituciones y recursos. Santiago: Banco Mundial de Desarrollo, 1995. p. 97-162.

DRAIBE, Sônia Miriam. As políticas sociais brasileiras: diagnósticos e perspectivas. In: Ipea/Iplan. *Para a década de 90*: prioridades e perspectivas de políticas públicas. Brasília, 1990.

FONSECA, Ana Maria Medeiros da. *Família e política de renda mínima*. São Paulo: Cortez, 2001.

_____. *Discurso da secretária-executiva do Programa Bolsa Família*. Brasília, 2003 (divulgado pela Presidência da República/Secretaria de Imprensa e Divulgação).

FRIEDMAN, M. *Capitalism and freedom*. Chicago: University of Chicago Press, 1962.

GAUDIER, Mayse. *Pauvretés, inegalités, exclusion*: renouveau des approches theoriques et des pratiques socials. Genebra, Institut International d'Études Sociales, 1993. (Série Bibliografique, n. 17.)

GIOVANNI, Geraldo di. (Coord.). *Trabalho infantil em Campinas*. Campinas: Instituto de Economia/Unicamp, 2002.

GORZ, A. L'allocation universelle: verson de droite et verson de gauche. *Revue Nouvelle*, Paris, n. 81, p. 419-428, 1985.

_____. *Métamorphose du travail*: quête du sense. Paris: Galilée, 1991.

_____. *Les chamins de paradis:* l'agonie du capital. Paris: Galilée, 1983.

GORZ, A.; FRIEDMAN, Milton. *Capitalismo e liberdade*. Rio de Janeiro: Editora Arte Nova, 1975.

GOVERNO DE BRASÍLIA. *Bolsa Escola, Poupança-Escola*. Brasília: GDF, 1995.

GUERRA, Alexandre; POCHMANN, Marcio; SILVA, Ronnie Aldrin. *Atlas da Exclusão Social. Dez anos depois no Brasil*. São Paulo: Cortez, 2014. v. 1.

IAMAMOTO, Marilda. *O Serviço Social na contemporaneidade*. São Paulo: Cortez, 1998.

IBGE. *Pesquisa Nacional por Amostra de Domicílios* (PNAD 2004). Rio de Janeiro: IBGE, 2005.

_____. *Pesquisa Nacional por Amostra de Domicílios* (PNAD 2005). Rio de Janeiro: IBGE, 2006.

_____. *Pesquisa Nacional por Amostra de Domicílios* (PNAD 2006). Rio de Janeiro: IBGE, 2007.

_____. *Pesquisa Nacional por Amostra de Domicílios* (PNAD 2007). Rio de Janeiro: IBGE, 2008.

_____. *Pesquisa Nacional por Amostra de Domicílios* (PNAD 2008). Rio de Janeiro: IBGE, 2009.

_____. *Pesquisa Nacional por Amostra de Domicílios* (PNAD 2009). Rio de Janeiro: IBGE, 2010.

_____. Pesquisa Nacional por Amostra de Domicílios (PNAD 2010). Rio de Janeiro: IBGE, 2011.

_____. Pesquisa Nacional por Amostra de Domicílios (PNAD 2011). Rio de Janeiro: IBGE, 2012.

_____. *Miséria em queda*. Rio de Janeiro, 2005.

_____. Resultados preliminares do Censo 2010. Disponível em: <www.ibge.gov.br>. Acesso em: 25 fev. 2012.

IPEA. *Radar Social 2005*. Brasília: Ipea, 2005.

_____. *Pobreza e riqueza no Brasil metropolitano*. Brasília: Comunicação da Presidência, n. 7, ago. 2008.

IPEA. *Desigualdade e pobreza no Brasil metropolitano durante a crise internacional*: primeiros resultados. Brasília: Comunicação da Presidência, n. 25, ago. 2009.

_____. *Pobreza, desigualdade e políticas públicas*. Brasília: Comunicação da Presidência, n. 38, jan. 2010.

INSTITUTO DE CIDADANIA. *Projeto Fome Zero*. 3ª versão, 2002.

_____. *Projeto Fome Zero*. 1ª versão, 2001.

MINISTÉRIO DA PREVIDÊNCIA E ASSISTÊNCIA SOCIAL/SECRETARIA DE ESTADO DE ASSISTÊNCIA SOCIAL. Programa de Erradicação do Trabalho Infantil (Peti). Brasília, 2000. (Manual Operacional.)

MONTEIRO, Carlos Augusto. A dimensão da pobreza, da fome e da desnutrição no Brasil. *Estudos Avançados*, v. 9, n. 24, 1995.

NEPP. *Estratégias para combater a pobreza no Brasil*: programas, instituições e recursos: relatório final. Campinas: NEPP/Unicamp, maio 1994.

_____. *Relatório da Pesquisa de Acompanhamento e Avaliação da Implementação do Programa de Renda Familiar Mínima da Prefeitura Municipal de Campinas*. Campinas, 1996.

_____. *Projeto de Acompanhamento e Avaliação da Implementação do Programa de Renda Familiar Mínima da Prefeitura Municipal de Campinas*. Campinas, 1995. (Mimeo.)

OLIVEIRA, Francisco. *Democratização e republicanização do Estado*, s.l., 2003. (Mimeo.)

PAUGAM, Serge. *L'Europe face à la pauvreté*: les expériences nationales de revenu minimum. Paris: Ministère de l'Employ et la Solidarité, 1999.

PEREIRA, Potyara A. P. *Necessidades humanas*: subsídios à crítica dos mínimos sociais. São Paulo: Cortez, 2000.

POCHMANN, Marcio; AMORIM, Ricardo (Orgs.). *Atlas da exclusão social no Brasil*. São Paulo: Cortez, 2003.

PRESIDÊNCIA DA REPÚBLICA/CASA CIVIL. Decreto n. 4.675, de 16 de abril de 2003. Regulamenta o Programa Nacional de Acesso à Alimentação — "Cartão Alimentação". Brasília, 2003.

_____. Medida Provisória n. 132, de 20 de outubro de 2003. Cria o Programa Bolsa Família e dá outras providências. Brasília, 2003.

RAMOS, Marilene de A. *O Programa Bolsa-Familiar para Educação no Distrito Federal*. Dissertação (Mestrado) — Faculdade de Educação da UnB, Brasília, 1997.

RELATÓRIO DE ATIVIDADES. *Bolsa Escola Federal*. Brasília: Secretaria Executiva do Bolsa Escola, 2002.

ROSANVALLON, P. *La Nouvelle Question Sociale*: repenserl'État-providence. Paris: Seuil, 1995.

SABÓYA, João; ROCHA, Sônia. Programa de Renda Mínima: linhas gerais de uma metodologia de avaliação a partir do estudo do DF. In: LOBATO, Ana Lúcia (Org.). *Garantia de Renda Mínima*: ensaios e propostas. Brasília: Ipea, 1998, p. 251-284.

SANT'ANA, Sílvio R.; MORAES, Andrea. *Avaliação do Programa Bolsa Escola do GDF*. Fundação Grupo Esquel Brasil, maio 1997. (Mimeo.)

SANTOS, Wanderley Guilherme dos. *Cidadania e Justiça*: política social na ordem brasileira. 2. ed. Rio de Janeiro: Campus, 1987.

SCHWARZER, Helmut. Impactos socioeconômicos do sistema de aposentadorias rurais no Brasil: evidências empíricas de um estudo de caso no Estado do Pará. *Texto para Discussão*, Rio de Janeiro, Ipea, n. 729, 2000.

SILVA, Lidiany dos Santos. *Apoio financeiro familiar e desempenho escolar dos filhos*: a experiência do Distrito Federal. Brasília: 1997 (Relatório de Pesquisa do Pibic, Departamento de Serviço Social da UnB).

SILVA, Maria Ozanira da Silva e. *A inclusão vs. exclusão social na perspectiva das políticas públicas*: o caso brasileiro. Texto preparado para apresentação no 2007 Congress of the Latin American Studies Association, Montreal, Canadá, 5-8 set. 2007.

_____ (Coord.). *O Comunidade Solidária*: o não enfrentamento da pobreza no Brasil. São Paulo: Cortez, 2001.

_____. *Renda Mínima e reestruturação produtiva*. São Paulo: Cortez, 1997.

_____. A política pública de transferência de renda enquanto estratégia de enfrentamento à pobreza no Brasil. *Revista de Políticas Públicas*, v. 7, n. 2, p. 233-253, 2003.

_____ (Coord.). *O Bolsa Família no enfrentamento à pobreza no Maranhão e Piauí*. 2. ed. São Paulo: Cortez/EDUFMA/Editora Gráfica UFPI, 2013.

SILVA, Maria Ozanira da Silva e (Coord.). *Avaliando o Bolsa Família*: unificação, focalização e impactos. São Paulo: Cortez, 2010.

_____; GUILHON, Maria Virgínia Moreira; LIMA, Valéria Ferreira Santos de Almada. As condicionalidades e o Índice de Gestão Descentralizada (IGD) enquanto dimensões centrais do Bolsa Família (BF): uma incursão na realidade do programa no Maranhão. Cadernos de Pesquisa, São Luís, ano 1, n. 1, 2013. Disponível em: <www.gaepp.ufma.br>. Acesso em: 20 jun. 2013.

SILVEIRA, Antonio Maria da. Erradicação da miséria: o pacto base. In: SUPLICY, Eduardo M. *Programas de Garantia de Renda Mínima*. Brasília: Gráfica do Senado, 1992, p. 175-177.

_____. Redistribuição de renda. *Revista Brasileira de Economia*. Rio de Janeiro: Fundação Getúlio Vargas, v. 29, n. 2, abr./jun. 1975.

SOARES, Fábio Veras et al. *Programas de transferência de renda no Brasil*: impactos sobre a desigualdade e a pobreza. Brasília: Ipea, 2006.

SOARES, Sergei. *A desigualdade de renda de 1995 a 2009 e Tendências Recentes*. Texto para Discussão n. 51, ago. 2011. Disponível em: <www.proac.uff.br/cede>.

_____ et al. *Programas de transferência condicionada de renda no Brasil, Chile e México*: impactos sobre a desigualdade. Brasília: Ipea, 2007. (Texto para Discussão n. 1293.)

SOUSA, Nair Heloisa Bicalho. Avaliação do impacto sobre as famílias beneficiárias. Programa Bolsa Escola do Distrito Federal. *Pólis*, n. 30, p. 59-107, 1998.

SPOSATI, Aldaíza. Mínimos Sociais e Seguridade Social: uma revolução da consciência da cidadania. *Serviço Social & Sociedade*, n. 55, p. 9-38, 1997.

SUPLICY, Eduardo Matarazzo. *Renda de cidadania*: a saída é pela porta. São Paulo: Cortez, 2002.

_____. *Programas de Garantia de Renda Mínima*. Brasília: Gráfica do Senado, 1992.

_____. *Programas de Garantia de Renda Mínima*. Brasília: Gráfica do Senado, 1996.

TELLES, Vera da Silva. No fio da navalha: entre carências e direitos. Notas a propósito dos Programas de Renda Mínima no Brasil. In: TELLES, Vera da Silva et al. *Programas de Renda Mínima no Brasil*. São Paulo: Pólis, 1998.

UNIVERSIDADE FEDERAL DE PERNAMBUCO. Relatório 2ª Missão Técnica. *Monitoramento e avaliação do Programa de Erradicação do Trabalho Infantil em Pernambuco*. Recife, 2001. (Mimeo.)

URANI, André. Renda Mínima: uma avaliação das propostas em debate. In: LOBATO, Ana Lúcia. *Garantia de renda mínima*: ensaios e propostas. Brasília: Ipea, 1998. p. 81-125.

VALENTE, Flavio Luiz S. A mobilização da sociedade será fundamental. *PUC Viva*, revista dos professores da PUC-SP, São Paulo, ano 5, n. 19, 2003.

VASCONCELOS, João Paulo Pires. Renda Mínima: o Brasil humano. In: SUPLICY, Eduardo M. *Programas de Garantia de Renda Mínima*. Brasília: Gráfica do Senado, 1992. p. 199-200.

VUOLO, Rubén lo (Comp.). *Contra la exclusión*: a proposta del ingreso ciudadano. Buenos Aires: CIEEP/Miño y Dávila Editores, 1995.

WORLD BANK. *Rapport sur le dévolopment dans le monde*: la pauvreté. Washington: World Bank, 1990.

YAZBEK, Maria Carmelita. "Fome Zero": uma política social em questão. *Saúde & Sociedade*, revista da Faculdade de Saúde Pública da Universidade de São Paulo e Associação Paulista de Saúde Pública, v. 12, n. I, jan./jun. 2003.

Sobre os Autores

MARIA OZANIRA DA SILVA E SILVA

Doutora em Serviço Social pela Pontifícia Universidade Católica de São Paulo (PUC-SP). Desenvolveu estágio pós-doutoral no Núcleo de Estudos de Políticas Públicas da Universidade Estadual de Campinas. Pesquisadora Nível 1A do CNPq. É professora do Programa de Pós-Graduação em Políticas Públicas da Universidade Federal do Maranhão (UFMA) e coordenadora do Grupo de Avaliação e Estudo da Pobreza e de Políticas Direcionadas à Pobreza (GAEPP — <www.gaepp.ufma.br>), onde realiza pesquisas sobre Políticas Sociais, com destaque para a Política de Assistência Social e os Programas de Transferência de Renda. Vem desenvolvendo também estudos no campo da avaliação de políticas e programas sociais. Foi membro integrante do Comitê Assessor de Psicologia e Serviço Social no CNPq (nas gestões 2003-2005 e 2008-2011); foi representante adjunta da área de Serviço Social na Capes (gestões 2002-2004; 2005-2007). É autora ou coordenadora e coautora dos seguintes livros publicados pela Cortez Editora, de São Paulo: *A política habitacional brasileira: verso e reverso* (1989); *Refletindo a pesquisa participante*, 2. ed. 1991; *Formação Profissional do Serviço Social*, 2. ed. 1995; *Renda mínima e reestruturação produtiva*, 1997; *Comunidade Solidária: o não enfrentamento da pobreza no Brasil*, 2001; *Serviço Social, pós-graduação e produção do conhecimento no Brasil*, 2005; *O Serviço Social e o popular*, 7. ed. 2011; *Políticas Públicas de Trabalho e Renda no Brasil Contemporâneo*, 3. ed. 2012); *Política social brasileira no século XXI: prevalência dos programas de transferência de renda*, 6. ed. 2012; *O Sistema Único de Assistência Social no Brasil: uma realidade em movimento*, 3. ed. 2012; *O Bolsa Família no enfrentamento à pobreza no Maranhão e Piauí*, 2. ed. 2013, *Avaliando o Bolsa Família: unificação, focalização e impactos*, 2. ed. 2014 e *Os Programas de Transferência de Renda na América Latina e Caribe*, 2014. É Coordenadora e coautora dos seguintes livros publicados pela Veras Editora, de São Paulo: *Avaliação de Políticas e Programas Sociais: teoria e prática*, 2. reimpressão da 1. ed., 2010; e *Pesquisa Avaliativa: aspectos teórico-metodológicos*, 2. ed. 2013 e publicou pela EDUFMA *Políticas públicas de enfrentamento à pobreza*, 2013. É, também, autora de vários capítulos de livros, artigos publicados em periódicos e trabalhos completos publicados em anais de eventos científicos nacionais e internacionais.

MARIA CARMELITA YAZBEK

Assistente Social com doutorado em Serviço Social pela PUC-SP e Pós-doutoramento no Instituto de Estudos Avançados da USP. Atualmente é professora da Pós-Graduação em Serviço Social da PUC-SP da área de Fundamentos Teórico-Metodológicos do Serviço Social. Membro do Conselho Científico e Acadêmico da Faculdade de Serviço Social da UNLP-Argentina e pesquisadora 1A do CNPq. Docente de várias universidades em Portugal, Argentina e África. Principais livros organizados e publicados: *Classes subalternas e assistência social* (7. ed. Cortez, 2009); *Assistência na Trajetória das Políticas Sociais Brasileiras*, em coautoria com Sposati et al. (11. ed., Cortez, 2010); *Políticas públicas de trabalho e renda no Brasil contemporâneo*, organizadora em coautoria com Maria Ozanira da Silva e Silva (Cortez, 2008); *A Política Social brasileira no século XXI: a prevalência dos programas de transferência de renda*, em coautoria com Maria Ozanira da Silva e Silva e Geraldo Di Giovanni (6a. ed., Cortez, 2012); *Estudos do Serviço Social Brasil e Portugal*, organizadora em parceria com Aldaíza Sposati et al. (Educ, 2002). Autora de capítulos de livros e de artigos em revistas especializadas na área do Serviço Social.

GERALDO DI GIOVANNI

Professor aposentado do Instituto de Economia da Universidade Estadual de Campinas (Unicamp), do qual foi diretor e onde continua ministrando as disciplinas de *Análise de Políticas Públicas e Políticas Sociais*. É um dos fundadores do *Núcleo de Estudos de Políticas Públicas (NEPP)* daquela universidade, que coordenou por dois mandatos. Na Unicamp, foi responsável pela institucionalização da área de estudos interdisciplinares, iniciada nos anos 1980. Participou também de pesquisas e projetos de avaliação de políticas públicas, com ênfase nas áreas da saúde, educação e assistência social. Na qualidade de editor, sua publicação mais recente é o *Dicionário de Políticas Públicas*, editado pela Fundap, 2013.